北のベトナム、南のチャンパ

ベトナム・遠い過去への旅

土方美雄

新評論

❷

❸

❶

扉写真：カイディン帝廟
❶—カイディン帝廟の内部
❷—トゥドゥク帝廟
❸—フエの王宮
❹—午門

❹

❻

❺

❺—ポー・ナガールの南東副祠堂
❻—バンアン遺跡
❼—チェンダン遺跡

❼

❾

❽

❿

❽—ホアライ北副祠堂のガルーダ
❾—見事な破風彫刻が残る
❿—ミーソンC1主祠堂の女神像
⓫—ミーソン遺跡遠望

⓫

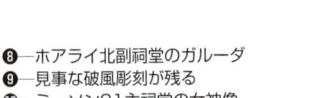

CONTENTS

もくじ

CONTENTS

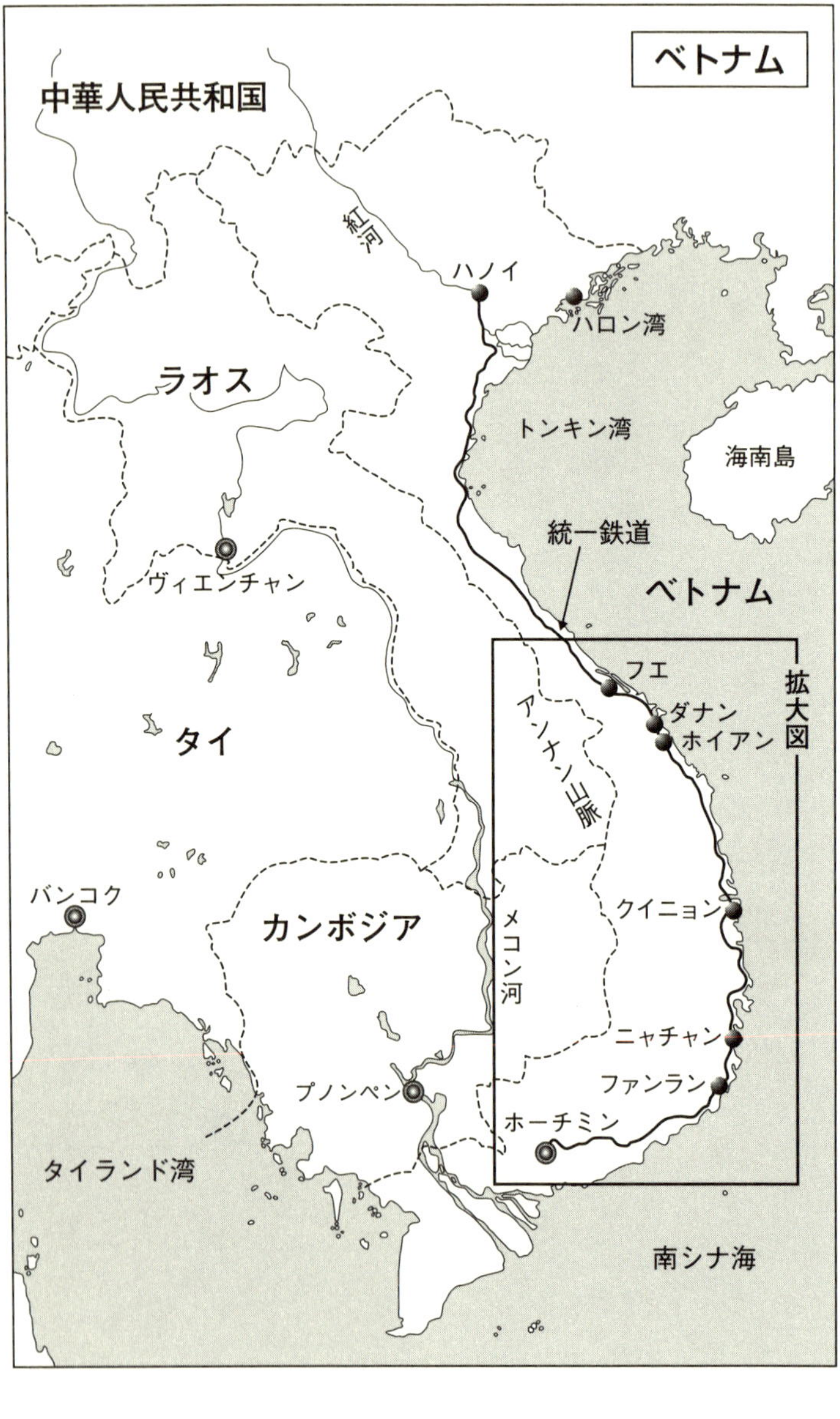
ベトナム
中華人民共和国
紅河
ハノイ
ハロン湾
ラオス
トンキン湾
海南島
統一鉄道
ヴィエンチャン
ベトナム
フエ
ダナン
ホイアン
拡大図
タイ
アンナン山脈
クイニョン
バンコク
カンボジア
メコン河
ニャチャン
ファンラン
プノンペン
ホーチミン
タイランド湾
南シナ海

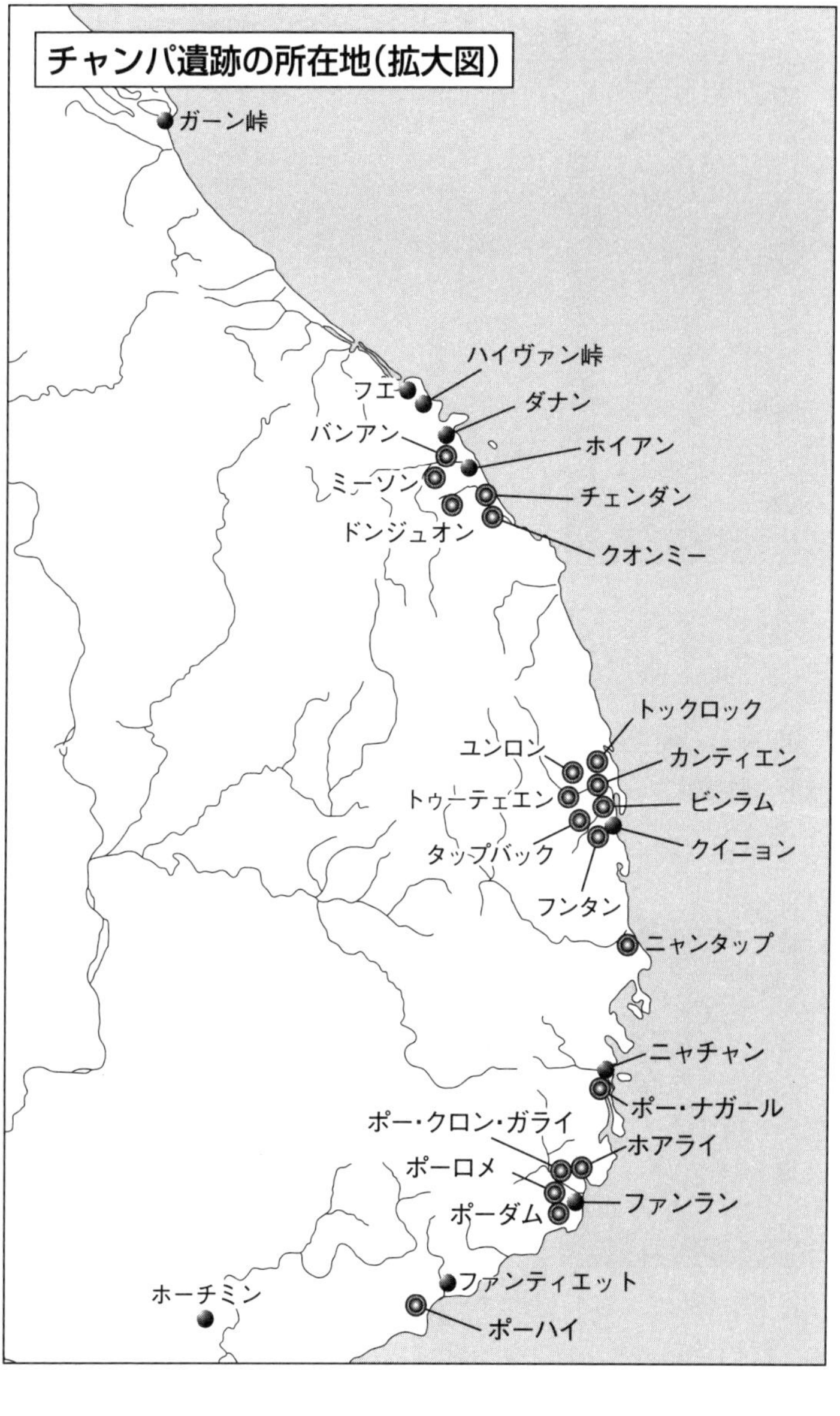
チャンパ遺跡の所在地（拡大図）
ガーン峠
ハイヴァン峠
フエ
ダナン
バンアン
ホイアン
ミーソン
チェンダン
ドンジュオン
クオンミー
トックロック
ユンロン
カンティエン
トゥーテェエン
ビンラム
タップバック
クイニョン
フンタン
ニャンタップ
ニャチャン
ポー・ナガール
ポー・クロン・ガライ
ホアライ
ポーロメ
ファンラン
ポーダム
ファンティエット
ホーチミン
ポーハイ

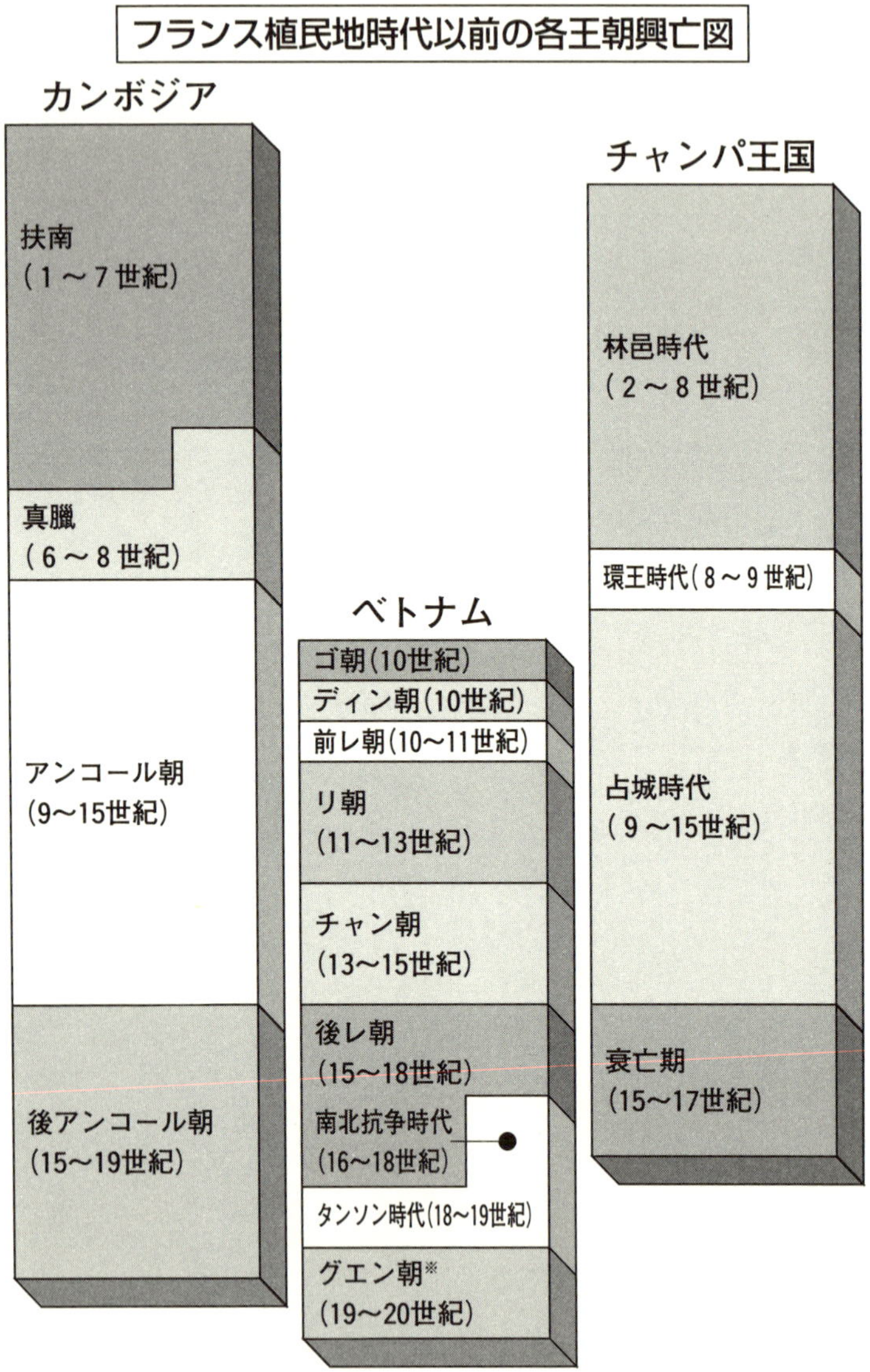
フランス植民地時代以前の各王朝興亡図
カンボジア
扶南
（1～7世紀）
真臘
（6～8世紀）
アンコール朝
（9～15世紀）
後アンコール朝
（15～19世紀）
ベトナム
ゴ朝（10世紀）
ディン朝（10世紀）
前レ朝（10～11世紀）
リ朝
（11～13世紀）
チャン朝
（13～15世紀）
後レ朝
（15～18世紀）
南北抗争時代
（16～18世紀）
タンソン時代（18～19世紀）
グエン朝※
（19～20世紀）
チャンパ王国
林邑時代
（2～8世紀）
環王時代（8～9世紀）
占城時代
（9～15世紀）
衰亡期
（15～17世紀）

注）※印＝19世紀後半以降は事実上のフランス領

北のベトナム、南のチャンパ
——ベトナム・遠い過去への旅——

プロローグ……ホーチミン

ベンタイン市場前のロータリーを斜めに横切って、ファングラーオ通りをしばらく歩き、左折してデタム通りに入る。狭い通りの両サイドには、格安な料金で泊まれるミニホテルやゲストハウス、カフェ、さらにはさまざまなお土産物店など、もっぱら外国人バックパッカー目当ての店が文字通りひしめいている。カフェでは、旅行代理店を兼ねている「シンカフェ」と「キムカフェ」[1]があまりにも有名だが、私はその二軒をあえて避けて、二組しか客のいない「ビンカフェ」という店に入り、空いているテーブルにショルダー・バッグをドカッと置いて椅子を引いた。

やって来たウェーターに「カフェ・ダン」、すなわちベトナム式ブラック・コーヒーを注文する。三〇〇〇ドン。現在のレートでは一USドルが一万四〇〇〇ドン弱だから、三〇〇〇ドンは日本円に換算すれば二五円前後ということになるが、いちいち計算が面倒なので、私は常に一〇〇分の一に切り下げて三〇円と考えることにしている。ベトナム人がコーヒー一杯を一体いくらで飲むのかは知らないが、同じ外国人観光客向けの店でも、たとえば目抜き通りのドンコイ通りにある冷房の利いた「パリス・デリ」[2]などで飲めば一万

(1)共にカフェではあるが、格安ツアーなどを扱っている旅行代理店でもある。電話は、前者が8367338、後者が8369859。なお、ホーチミン市の市外局番は「8」。

(2)クーラーの利いたセルフサービス方式のカフェで、年中無休。7時～21時の営業。日本の「ドトールコーヒー」並のお値段。電話：8297533。

八〇〇〇ドン、実に六倍の料金となる。

　ベトナムのコーヒーは、小振りなガラスのグラスの上に置いたアルミ製のチープなフィルターに挽いたコーヒー豆を入れ、お湯を注ぐ。コップの底に濃厚な黒い液体がたまっていくのを気長に待って、最後にグラニュー糖をたっぷり入れて、よくかき混ぜて飲む。別に、砕いた氷をいっぱい入れたやや大きめのグラスがついてくることもあり、小さなほうのグラスでつくったブラック・コーヒーをこれに開ければアイス・コーヒーになる。ブラックというのはコンデンス・ミルクを入れないコーヒーという意味であって、砂糖を入れないコーヒーという意味では必ずしもない。ブラックでないコーヒーを頼むと、グラスにあらかじめ厚さ数センチのドロッとした白い液体、すなわちコンデンス・ミルクを入れて持ってくる。

　抽出に時間がかかるのでコーヒーはたいていぬるくなっていて、しかも日本で飲むエスプレッソ・コーヒー並みに濃厚だ。量が少ないから、せいぜい三口ほどで飲んでしまう。あとはテーブル越しに、デタム通りを往来する人の姿でもぼんやりと眺めているしかない。

しかし、ご心配なく。ベトナムの律義な商売人たちは、私のような外国人観光客を一人でそんなにのんびりさせておいてはくれない。通りの角や、カフェや安ホテルの前にたむろするバイク・タクシーのドライバーたちが、入れ替わり立ち代わり客引きに訪れる。

「今日はどこへ行くの、博物館？　チョロン？(3)　どこへでも行くよ、一時間一ドルでＯＫ

（3）いわゆるチャイナタウン。市の中心部からは西に5キロほど離れている。近くにビンタイ市場という大きなマーケットがある。

ね。ツアーに参加するより安いよ。目を見てくれ、俺は嘘はいわない……」

ベトナム人の名誉のためにいえば、嘘をいわないドライバーがまったくいないというわけでは、もちろんない。ただ、乗る前にあらかじめ交渉で決めた料金でそのまま降りられるとはかぎらないのもまたベトナムという国である。以前、私の乗ったシクロのドライバーは、半日で五ドルと決めて乗ったのに、いざ降りるときになると、「俺は一時間で五ドルといった」と、頑強にいい張った。そのときはまだ真っ昼間で、幸いにもそこが繁華街だったので、二〇分近くやり合った末、最初に決めた五ドルに多少色をつけた料金で降りることができたが、これが深夜で、しかも人通りのない街頭でのことだったら、泣く泣く向こうの言い値を払わなくてはならなかっただろう。

少しでも対応するとますます粘るから、こちらに

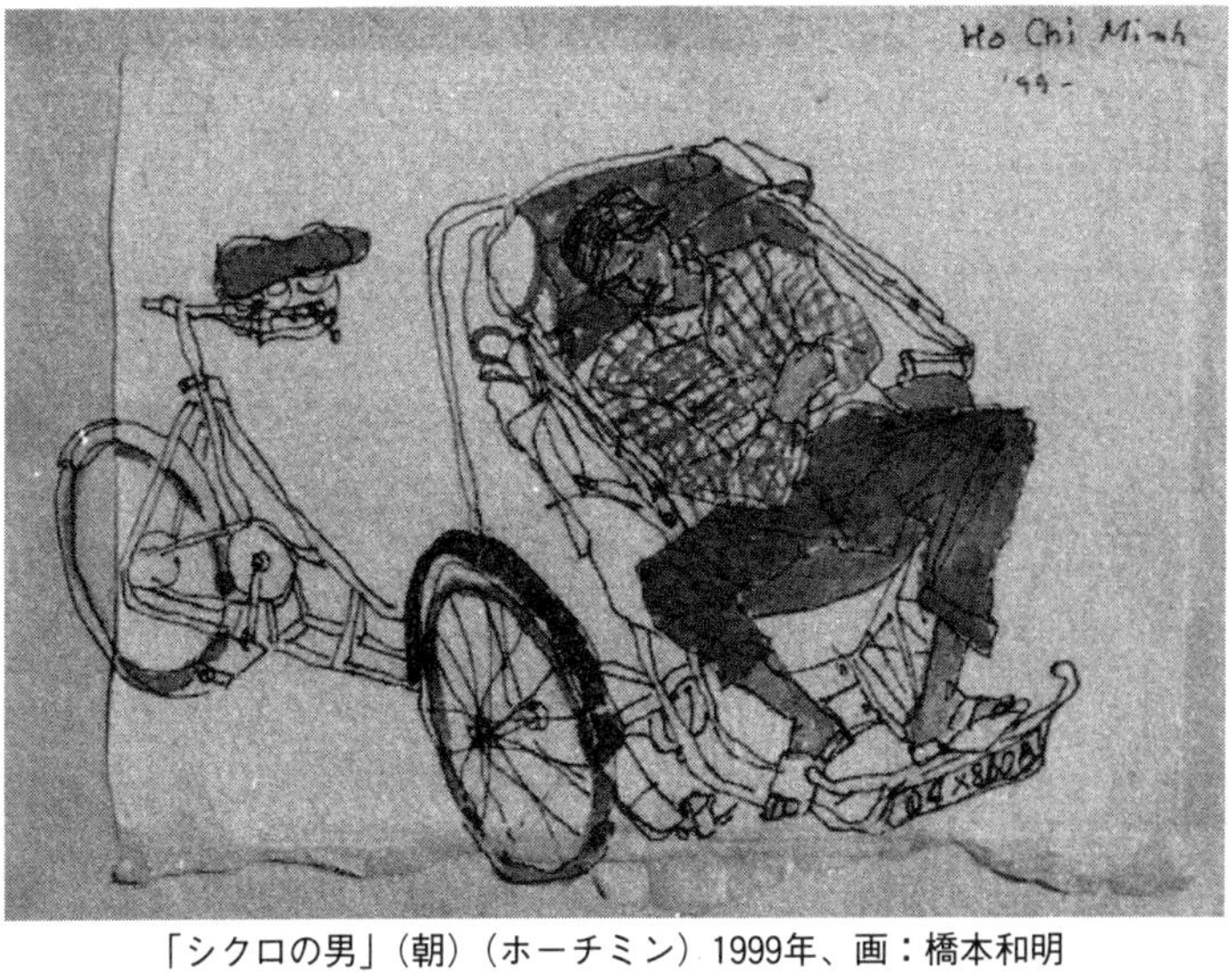

「シクロの男」（朝）（ホーチミン）1999年、画：橋本和明

その気がないときには、盛んに話しかけてくるドライバーを無視し続けるしかない。

　ドライバー以外にも、たとえば新聞売りがやって来る。こちらが日本人と見ると、サッと〈朝日新聞〉や〈毎日新聞〉のその日の朝刊を差し出すところはさすがだ。靴磨き屋がやって来る。残念でした、私はスニーカー。大きなダンボール箱をかかえた男が入ってきたので、見たら箱のなかにはギッシリと英語かフランス語の本が入っていた。この箱のなかには、さすがに日本語の本はなかったが、近くの古本屋では、旅行者が二束三文でたたき売ったか捨てていった日本の文庫本も、しっかり店頭に並んでいた。

　カフェに黙って座っているだけで、旅人にとって必要なありとあらゆるものが手に入ってしまう街。これは、やはり尋常ではない。

　店の一角では、老人といってもいいぐらいの年の白人が、二人のベトナム人の少女を両脇に座らせ、フランスパンとハムエッグ、コーヒーの朝食をとっていた。少女たちは老人の耳のすぐそばまで顔を近付け、何事かをその老人に囁いて笑った。一人の少女の背中には、いつの間にか、しっかり老人の手が回っている。一体、どんな一夜を過ごしたのか。あるいは過ごし続けているのか。まさに、ここは何でもありの街なのだ。

　私が初めてホーチミンにやって来たのは一九九二年のことだが、そのときには絶対に想像もできなかった変わりようである。どこかの旅行代理店の広告に「三年前とは別の国」というキャッチフレーズがあったが、確かにそれが今のベトナム、とりわけその南の玄関口であるホーチミンという街の現状だ。

ファングラーオ通りでも、道の北側はすべての建物が壊されてさら地になって、高い塀で囲われていた。これは政府の再開発計画の一環で、いずれここには高層のオフィス・ビルやショッピング・センター、高級ホテルなどができるのだという。そうなれば、イメージの悪いバックパッカー向けの安宿街などは、なるべく目につかない場所へとさらに追いやられていく運命にあることは火を見るより明らかである。

こうして街は、短期間のうちに変幻自在にその姿を変えていく。

私は今でも、八年前にこの街に初めてやって来たときのことを、あたかも昨日のことであるかのように思い出す。

当時のホーチミンのタンソンニャット国際空港は、まるで田舎のバスターミナルのような所だった。厳しい税関チエックがあると事前に聞かされていたが、厳しいというよりは単に段取りが悪いだけで、荷物といえば小さなリュックサック一つの私は、それこそあっという間に入国審査と税関を通過してしまった。しかし、大荷物をかかえた旅行者の荷物検査がダラダラと続き、そのときはパックツアーでの参加だったので、結局のところ一時間近くも到着ロビーで待たされることになった。入国者の中にビデオ・カメラと予備のテープ数本を持っていた人がいて、係員が検査のためにそのテープを別室に持っていくと、その係員が帰ってくるまで検査はもう完全にストップしてしまうのである。その客だけ待たせておいて、その間に次の客の荷物検査をすればいいのではないかと思うのだが、そういかないところがいわゆる社会主義国家の「お役所仕事」たるゆえんである。

それでも、ようやく総勢一五人のツアー客全員の荷物検査が終了して、送迎車に乗って宿泊先である「ドックラップホテル」(4)に向かう。車窓から見るホーチミンの街は、大きなホテルやレストランなどは別にして、明かりがまったくなく、その暗闇の中を信じられないほどの大量のバイクと自転車が、息苦しいほどの排気ガスと騒音を周囲にまき散らしながら縦横無尽に走り回っていた。

「街の急速な発展に電力の供給が追いつかず、停電は四六時中のことで、ホテルやレストランなどはもっぱら自家発電に頼っているのが現状です」と、ベトナム人のガイドが説明した。

そのとき宿泊したドックラップホテルは、今はその名前をフランス植民地時代の「カラベルホテル」に戻し、二四階建ての超高層ホテルにその姿を変えて、目抜き通りのドンコイ通りに文字通りそびえ立っている。宿泊料金も一泊シングルで一二〇ドルからと、私が気楽に泊まれるような値段のホテルではなくなってしまった。当時のドックラップホテルはいかにもクラシックな西洋建築のホテルで、薄暗い廊下と高い天井、素っ気ない白い壁で囲まれたシンプルそのものの室内は不思議に心が安らいだ。

(4)現在の「デルタ・カラベルホテル」。今は超高級ホテルになっていて、何と900ドルのスウィート・ルームもある。電話：8234999、FAX：84-8-8243999。「84」はベトナムの国番号。

まるで古い小説の世界から抜け出てきたような白い上着を着た年配のボーイが、私のリュックサックを部屋まで運んでくれ、渡したチップを当然のことのようにスマートに受け取って出ていった。テーブルの上に置かれた部屋のキーには、改名前のカラベルホテルの名前が記されていた。

ホテルの名前同様、街の名前も「ホーチミン」という新しい名前はまだ定着しておらず、ほとんどのベトナム人が改名前の「サイゴン」を使っていた。そもそも、旅行の手配をしてくれた国営旅行社の名前からして「サイゴン・ツーリスト」というのである。

そのときのホーチミンでの滞在は、隣国のカンボジアに行くためのもの、つまりトランジットで、翌日、早朝にカンボジアへ出発し、帰りに再びトランジットで立ち寄った。街は相変わらずの停電で、主に観光客や外国人商社マン向けの高級ホテルやレストラン、ナイトクラブだけが、あたかも魔法にでもかけられたように眩いばかりの光を発していた。

あれから八年がたち、ホーチミンはそれこそあたかもまったく別の街のように生まれ変わった。今でも停電はよくあるというが、街全体が真っ暗闇になってしまうような停電はもはやない。道路という道路を覆い尽くすバイクと自転車の群れは相変わらずだが、街の角々にいたシクロ・マンは少なくとも表通りからは姿を消し、それに変わってメーター付きのタクシー(5)が走るようになった。

(5) 最初の1kmが6,000ドンで、以降距離により加算される仕組み。メーターを倒さず走り出そうとするドライバーもいる。

あまり守られているとはいえないが、道路には信号も設けられ、お洒落なブティックやカフェには外国人だけではなくベトナム人の姿も見られるようになった。街をかっ歩する若いベトナム人の女性の服装も変化し、東京の街で見かけても何ら違和感のない、ファッショナブルなものとなりつつある。さすがに年中くそ暑いホーチミンで、日焼けを嫌って昼間からミニ・スカートをはく女性は少ないが、夜になると、彼氏の運転するバイクの後ろに乗っているお嬢さんのなかにはかなりの割合でミニ・スカートが登場する。

レストランやカフェでゆっくりしていると、至る所で携帯電話の着信音が鳴り響く。少なくともベトナムの商社マンの間では、日本とまったく同様に、携帯はなくてはならないビジネス・ツールになりつつある。

しかし、変わらないものもある。八年前のホーチミンで、深夜、エアコンの利いたとても心地のよいレストランで夕食をとっていた私たちの前には、店の人に追われても追われても入ってくる、素足にサンダル姿の貧しい身なりの子どもたちの姿があった。ついに、店の主人が業を煮やして入り口のドアに鍵を掛けてしまったのだが、ガラス戸越しにじっとこちらを見つめている子どもたちの視線に、いたたまれない気持ちになった。街を歩いていると、いきなり袖をつかまれ、振り向くと「金をくれ」という仕草をする老婆もいた。ベトナムはれっきとした社会主義の国だというのに、至る所に野宿生活者や物乞いの姿が満ちあふれていた。

　そんな現状は、今も、残念ながらあまり変わっているようには見えない。流行の服に身を包んで、自信に満ちた表情で颯爽と街をかっ歩するお嬢さんがいる一方で、観光客相手に日柄一日、絵葉書や土産物の扇子などを売る少女もいる。

　今回のベトナムの旅で知り合いになった日本語の達者なベトナム人の少女は、ドンコイ通りを北上したチラン公園界隈を拠点にして、絵葉書と扇子を売っていた。駆け寄ってきていきなり私の手を握り、「お兄さん、絵葉書買って」という。その手を振り切ることもできず、しばらく手をつないだまま一緒に歩く。「ごめんね」というと、いったんは諦めかけてチラッと公園のほうを見た。そこにいた恐らくは母親であろう女性の表情を見て、さらに手を固く握ったままついて来る。「私、可哀相ね。とても惨めね。絵葉書買って。扇子もあるんだけど……」といって、さらに体を寄せてくる。絵葉書くらい買ってもいいかなと思っていたが、彼女のその一言でそれができなくなった。ここで絵葉書を買ってしまえば、彼女をいっそう惨めにするだけである。

　ホーチミンを離れてニャチャン、ファンラン、クイニョンと回り、またホーチミンに戻った。ドンコイ通りを歩いていると、その物売りの少女にまた会った。今度は母親が近くにいないせいか商売をしようという気はサラサラなく、私の姿を見て駆け寄ってきて、「ケチなお兄さん、また来たの」といいつつ、満面の笑顔でふざけて私の腹に拳を打ち込んだ。何だかとてもホッとした。

　これもまた、偽らざるベトナムという国の、そしてホーチミンという街の現状である。社会主義の美しい理想とはまったく裏腹に、貧富の差はいっそう拡大しつつある。

　先に、街の少なくとも表通りからはシクロの姿が消えたと書いたが、これはハッキリいって、政府が街中の主要な幹線道路からシクロを締め出したからである。シクロなんていう前近代的な乗り物は、ホーチミンという近代都市にふさわしくない、とお偉方が判断したためなのである。だから、少し金銭的に余裕のあるシクロ・マンは何とかバイクを入手して、バイク・タクシーのドライバーに変身したのだろう。バイク・タクシーならば一見普通のバイクと区別がつかないため、商売がやりやすいからである。しかし、高額なバイクを手に入れる余裕のないシクロのドライバーは、裏通りであまりやって来ない客を延々と待ち続けるしかない。客が目に見えて減ったから、いったんつかまえた客からは、それが外国人観光客であればできるだけぼろうとする。それが彼らの評判をますます落とし、乗る客がさらに少なくなるという悪循環に完全に陥っている。

　ホーチミンという街は、一見、八年前とはまったく別の街だが、表通りを歩いているだけでは見えない、この街の姿があるのである。

　ホーチミンは人口約四九〇万人、ベトナムの南の玄関口であると同時に、人口では首都ハノイの実に二倍以上という、文字通りベトナム最大の商業都市である。この地はもともと「プレイノコール」と呼ばれクメール人（カンボジア人）の勢力圏であったが、一七世紀にカンボジア王室の混乱に乗じてベトナム中部を拠点とするグエン氏が進出し、一七九〇年には同地にグエン朝初代皇帝のザーロン帝となるグエン・フオック・アイン(6)がザーロン城を築き、グエン朝による南部支配の拠点とされた。新たな地名となった「サイゴン」は、「プレイノコール（カポックの繁る森）」のベトナム語訳であるといわれている。

一九世紀に入るとベトナムをその植民地支配下に置こうとするフランスの拠点となり、一八七四年にフランス領コーチシナが成立すると、その政庁がこの地に置かれた。また、サイゴン港はフランス領インドシナ貿易の一大中継地として大いに栄えた。南北分断時代のベトナムでは、サイゴンはアメリカの傀儡《かいらい》政権（ベトナム共和国）の首都となり、一九七五年の南北統一後は、偉大なベトナム独立運動の指導者であるホーチミン(7)の名前をとって「ホーチミン市」と改名され、今日に至っている。

しかしながら、前述したようにこの「ホーチミン」という都市名は、南のベトナム人の間にいまだ定着しているとは言い難い。街には至る所に「サイゴン」という文字が氾濫しているし、ニャチャンで見たホーチミン行きのバスにも、ハッキリと「サイゴン行き」と大書されていた。

ホーチミンは「ドイモイ（刷新）」と呼ばれる国の経済優先政策の成果と矛盾を、まさに凝縮した都市である。建ち並ぶ高層ビルと一際目立つ欧米や日本企業の大看板、ここが

（6）(1762〜1820)。ベトナム全土を統一したグエン朝の初代皇帝。詳しくは第２章、第４章を参照。

（7）(1890？〜1969)。ベトナム独立運動の指導者で、ベトナム民主共和国初代大統領。詳しくは「エピローグ」を参照。

社会主義国家であることを思わず忘れてしまうような、みなぎる活気と一見自由な雰囲気。そして、自信に満ちあふれた表情の人々。しかしその反面で、前述したように社会主義の理想をあざ笑うかのように貧富の差は拡大し、一部地域のスラム化や野宿生活者の増大も進んでいる。

基本的には、一党独裁制による強大な官僚機構とその腐敗、そして賄賂政治の横行も深刻な社会問題化するに至っている。旅行中、小さな貿易会社を経営しているというベトナム人から、話を聞いた。

「たとえば、港に荷物が着くとするでしょう。役人に賄賂を払っていれば、すぐに我々の手元に荷物は届く。しかし、賄賂を払わないと届くのが一体いつになるか、何ヵ月先になるのか、サッパリ見当がつかないんです。賄賂はいけないことだとはわかっていても、実際に賄賂を払わずに商売を続けていくことは不可能です」

これもまた、ベトナムという国の現実である。

コーヒーの最後の一滴を飲み干して、私は席を立った。ボロ屑のようになったクシャクシャの紙幣で代金を支払う。デタム通りをブラブラ歩き、チャンブンダオ通りに出てベンタイン市場前のロータリーへと戻る。それからレロイ通りを経由して、グエン・フエ通りにある宿泊先のホテルに戻る。つまり私は、デタム通りなどファングラーオ通り界隈の安宿街の住人ではない。一泊シングルでUS三〇ドル（ベトナムの中級以上のホテルの宿泊料金は大抵ドル表示）もする「オスカーホテル(8)」に、私は泊まっているのである。一泊三〇ドルはさして高い料金だとは思わないが、「貧乏旅行」を信条とする安宿街の住人の仲間には、私は到底入れてはもらえないだろう。

ホテルに戻ってシャワーを浴びてサッパリしたら、ドンコイ通りにあるお洒落な雰囲気のベトナム料理店「ベトナム・ハウス(9)」に、四万九〇〇〇ドンなりのランチを食べに行くことにしている。それから、レロイ通りと平行して街をほぼ南北に走るレタイントン通り界隈でもぶらついて、どこか気に入ったカフェに入って本を読み、夜はドンコイ通りの近くにある細井康久氏経営の日本食堂「どらえもん」でカツ煮定食でも食べようかと、実は考えている。ベトナムに来た早々に日本料理とはいかにも軟弱だが、これから出るベトナム中・南部の旅では、日本料理なんか食べたくても食べられないから。

街中を歩いていると、「ヘイ、ユー」から「こんにちわ」まで、さまざまな言葉で声がかかる。相手はもちろん、客をなかなか見つけることのできないバイク・タクシーのドライバーだ。しつこさでは彼らはおそらく東南アジア一だが、以前のような過激なまでのしつこさでないことに、突然、気づく。そうだ、かつてのシクロのドライバーはこちらが断っても断ってもしつこくつきまとい、途中でカフェに一時間くらい入っても店の前でずっと待っていたり、ついにはホテルの前までついてきてしまったという輩《やから》もいた。

(8)シングル1泊30～90ドル。電話：8292959、FAX：84-8-8292732。

(9)営業時間：11時～14時、17時～22時。チョイスできるランチのセットメニューがおすすめ。電話：8291623。

街のなかを歩いていると、お馴染みの『地球の歩き方』を手に、少人数で連れ立って歩いている日本の若い女性の姿がやたら目につくようになったのも以前との違いである。ベトナムは、比較的安全で、物価が安く美味しい料理の食べられる、近くて気軽に行ける観光地になりつつあるのである。日本の書店の棚に見るベトナム紀行本の多さも、そのことを物語っている。

かくいう本書もまた、そうした数多くのベトナム紀行本の一冊であるにすぎない。内容的には、カンボジアのアンコール王朝の盛衰記をメインに、それとの関連で隣国のベトナムやタイ、ラオスの歴史や現状についても若干触れた拙著『アンコールへの長い道』（新評論刊）の続編を意識したが、もちろん、まったく独立した読み物になっている。本書は、数多くのベトナム本のなかの一冊であるにすぎないが、書く以上、それらと同工異曲の内容にしたいとは思わなかった。国家としてはすでに消滅してしまった南（正確には中・南部）の「チャンパ王国」と、それに代わって全土の覇者となった北のベトナムとの抗争を軸にした、過去の歴史への関心に踏まえつつ、私なりの視点で旅の記録をまとめたいと、そう努力したつもりである。果たしてそのようなものになっているかどうか、それはもちろん、読者の皆さんの判定を仰ぐしかない。

さぁ、前置きはこのぐらいにして、喧騒の街・ホーチミンを離れ、ベトナム各地への、その遠い過去への旅にともに出ることにしよう。

第1章

ニャチャン、ファンラン

――チャンパ王国の始まりと終焉――

丘の上のポー・ロメ遺跡

旅の始まり

ベトナムに着いた日、その夜、ホーチミン随一の目抜き通りであるドンコイ通りのすぐ近く、正確にはドンコイ通りから枝分かれしたドンユー通り沿いにある日本料理店の「どらえもん[1]」に行った。

「どらえもん」は日本人オーナーの細井康久氏が経営している店で、刺身やテンプラから焼き魚、寿司、そのほか各種和定食、天丼、カツ丼に至るまで、たいていの日本食が揃っている。ついているテレビはＮＨＫの衛星放送だし、日本の新聞もその日のものが店内に置いてある。つまり、日本にある大衆食堂がそっくりそのままベトナムに引っ越してきたような、そんな店なのだ。私は、この街に来るとたいてい一度はこの店を訪れる。

何てことを書くと、友人からは「お前って軟弱な奴だな」と必ずいわれる。せっかく日本を離れてベトナムに来たんだから、ベトナム料理を思う存分堪能すればいいじゃないか、というのである。しかし、それは余計なお世話というもので、私は日本にいるときも週に一度くらいは必ず、有楽町にあるベトナム料理店「サイゴン[2]」に、好物のベトナム春巻の「ネム」や、「フォー・ボー」という牛肉うどんなどを食べに通っているのである。

日本では反対に、いわゆる日本食らしい日本食をまったく食べない日も多い。朝はマク

（1）営業時間：10時～23時。電話：8244284。

（2）ＪＲ有楽町駅の近くにあるベトナム料理と中国料理のレストラン。最近、銀座に２号店も出来た。電話：03-3561-5048（両店共通）。

ドナルドのモーニング・セット、昼は行きつけの神保町のタイ飯屋で米粉の汁そばである「クティオ・ナーム」をすすり、夜は夜で友人との会食で、新宿の歌舞伎町にあるインドネシア料理店の「インドネシア・ラヤ」[3]なんていうこともよくあることなのである。

だからというわけではないが、私はベトナムに来たからといって、必ず毎食ベトナム料理を食べようなんていう気はサラサラない。たとえば、ホーチミンに洒落たインド料理店ができたと聞けば顔を出すし、もしマクドナルドがあれば滞在中におそらく一度くらいは入るだろうが、残念ながら、ホーチミンには今のところマクドナルドはない。その代わりに、グエン・フエ通りにある「チャオ・カフェ」[4]のハンバーガーはボリュームもたっぷりで、値段はやや高めだがめちゃ美味いので必ず一度は食べる。

さて、その日の「どらえもん」にはお客がたった二人しかおらず、当然のことながら二人とも日本人だった。「どらえもん」は、外見は至極大衆的な日本食堂だが、たとえばこの日、私が食べたカツ煮定食はUS八ドルと、日本で食べるのとそう違わないお値段だが、これはベトナムの物価水準から見れば決して安くはない価格設定である。つまり、地元のベトナム人が気楽に食べられるという料金の店ではないのである。だから、お客のほとんどが当然ながら日本人ということになる。もっとも、価格がもっと安かったとしても、ごく普通のベトナム人がわざわざ日本料理を食べたいと思うかどうかは私にはわからない。

二人のお客はどうやらホーチミンに長期滞在している人らしく、オーナーの細井さんと

(3)新宿・歌舞伎町の雑居ビルの中にあるインドネシア料理専門のレストラン。料理もうまいが、店のインテリアが最高。電話：03-3200-4835。

(4)グエンフエ通りのオスカーホテルの近くにある。一応はイタリア料理店だそうだ。営業時間：7時〜23時半。電話：8251203。

も顔見知りのようで、ずいぶんと世間話が弾んでいる。私はそのカツ煮定食を注文すると、運ばれて来た料理を食べながらテレビを見た。三宅島での火山活動がまた激しくなったと、NHKのアナウンサーがしゃべっている。

やがて二人の常連客が相次いで帰り、暇になったオーナーが私に話し掛けてきた。

「ご旅行ですか？」

「ええ、これからニャチャンとファンラン、そしてクイニョンへ行くんです」

そう、私は答えた。

ホーチミンへは、関西国際空港（関空）より、その日の午後発のベトナム航空の便で来た。日本からホーチミンへの直行便は、最近は成田空港からも飛び始めたようだが、自宅が羽田空港のすぐ近くにあることもあって、家から電車を乗り継いで二時間近くかかってしまう成田空港へ行くよりは、羽田から関空に行くほうが私の場合はよっぽど近いのである。

関空からホーチミンへの直行便は一日一便あり、いずれも日本航空とベトナム航空の共同運行便である。つまり、どちらのチケットを購入しても同じ飛行機に乗ることになる。また、直行便にこだわらないのであれば、時間はかかるが香港やバンコクなどを経由して、うまく乗り継ぎが出来れば同日中、そうでなければ翌日の午前中にホーチミン入りすることも可能である。

一方、ベトナムの首都であるハノイに、その日のうちに着くのは少し難しい。現時点では、日本からの直行便がないので、ホーチミンや香港、バンコク、台北などで、飛行機をうまく乗り継がなくてはならないからである。もちろん、こちらも同様に、同日中の到着に必ずしもこだわらないのであれば何の問題もない。

六時間弱のフライトでホーチミンに着き、すぐに車でグエン・フエ通りにある、一応は高級ホテルに分類されている「オスカーホテル」に向かい、早速チェック・インをすませた。一応はというのは、つまり、こういうことである。

ホーチミンのホテルは、一般的なホテルのランクとは別に、泊まる部屋によって料金の幅が実に大きいのが実情で、たとえば目抜き通りのドンコイ通りにある中級ホテルの「フーンセンホテル」(5)や「ボンセンホテル」(6)などにも、設備などを全面的に改装して一泊三〇ドル以上もする高級ホテル並みの価格設定の部屋が存在する。反対にランク的には高級ホテルに分類されてはいても、私の泊まるオスカーホテルはその設備の老朽化は歴然で、たとえば私の泊まった部屋は一泊三〇ドルと、フーンセンホテルやボンセンホテルの高めの価格設定の部屋と、実のところ料金的にはほとんど変わりはないのである。

もちろん、同じ高級ホテルでも「カラベルホテル」などは全館をリニューアルしてぐっとグレードが上がり、最低でも一泊一二〇ドルはする、決して手の届かない料金というわけ

（5）様々なタイプの部屋があり、料金も様々。私も2度泊まったが、サービスはマズマズ。電話：8291415、FAX：84-8-8290916。

（6）フーンセンホテルとドンコイ通りを隔ててちょうど向かい側にある中級ホテルで、日本人の宿泊客が多い。電話：8291516、FAX：84-8-8298076。

ではないが、あまりすすんで泊まりたいとは思わない料金の、「超」のつく高級ホテルになってしまった。

今回、宿泊先をオスカーホテルに決めたのは旅行代理店にすすめられたからだが、私にすればドンコイ通りかその周辺にあり、一泊二、三〇ドル程度の料金のホテルであれば別にどこでもよかったのである。

場所をドンコイ通り周辺と決めているのは、日本ほど治安がいいとはいえないホーチミンで夜にあちこち出歩くのに便利だからだし、また二、三〇ドル程度の部屋であれば、室内に一応エアコンやバスタブ、冷蔵庫にＴＶなどの必要なものはすべて完備されていて、まずは快適な滞在が保障されているからである。もうすぐ五〇に手が届く年齢になった私にとって、ベッドがあるだけの殺風景な狭い部屋と、クソ暑い部屋の空気をむなしくかき混ぜるだけの扇風機……という典型的な安宿に連泊しての貧乏旅行は、体力的にきつく、ほかにまったく宿がないというような必要に迫られなければさすがにできなくなっていた。

チェック・インをすませ、部屋に荷物を置いた後に私がまずするのは、グエン・フエ通りとレロイ通りのちょうど交差点にある国営百貨店の一階奥のスーパーマーケットでミネラル・ウォーターなどの当面の必需品を買い込むことである。ここは、夜遅くまでやっている上に食料品や日用品雑貨の品揃えが豊富で、しかもベトナム語がサッパリな私にとってうれしいことに定価販売である。ここで、たとえばミネラル・ウォーターのスモール・

ボトルがいくらするのかをチェックしておけば、定価を明示していない街の商店などで同じものを買うとき、店員のいい値が高いのか安いのかを知る一つの目安にもなる。

ホーチミン市の中心部は、ほぼ東西に平行して走るドンコイ通りとグエン・フエ通り、これとほぼ垂直に交差するレロイ通りの周辺である。レロイ通りを南西の方向に進むと「ベンタイン市場」(7)のあるロータリーにぶつかり、さらにそのまま直進すると通りの名前がチャンブンダオ通りと変わって、やがて「チョロン」と呼ばれるチャイナ・タウンに至る。ロータリーを東の方向に曲がればハムギ通りとなり、やがてサイゴン川の河畔に至る。このハムギ通りとレロイ通り、そしてドンコイ通りを「サイゴン・トライアングル」と呼ぶとガイドブックなどにはよく書いてあるが、ハムギ通りとドンコイ通りがどこかで交差しているというわけでは実際にはない。ちなみに、ドンコイ通りも、グエン・フエ通りも、レロイ通りと反対方向に進めばやがてともにサイゴン川の河畔に至る。市の中心部からは、かなり離れたチョロン地区に行くのでなければ、別にバイク・タクシーなどに乗らなくてもどこへでも楽に歩いていける距離である。

レロイ通りとグエン・フエ通りの交差点には、通りを挟んで高級ホテルのレックスと前述の国営百貨店が、またレロイ通りとドンコイ通りの交差点には遠くからでもひと目でそれとわかる二四階建ての超高層ホテルである「カラベルホテル」と、まさに白亜の殿堂という感じの市民劇場が並んで立っているので大変わかりやすい。

(7) レロイ通りに面したホーチミンの中央市場で、生鮮食品から日用品雑貨、衣類、貴金属に至るまで何でも揃う。簡単な食事をとれる店もあり、一日いても飽きないという友人もいた（私は飽きます）。お土産などは言い値で買うのではなく、必ず交渉を。

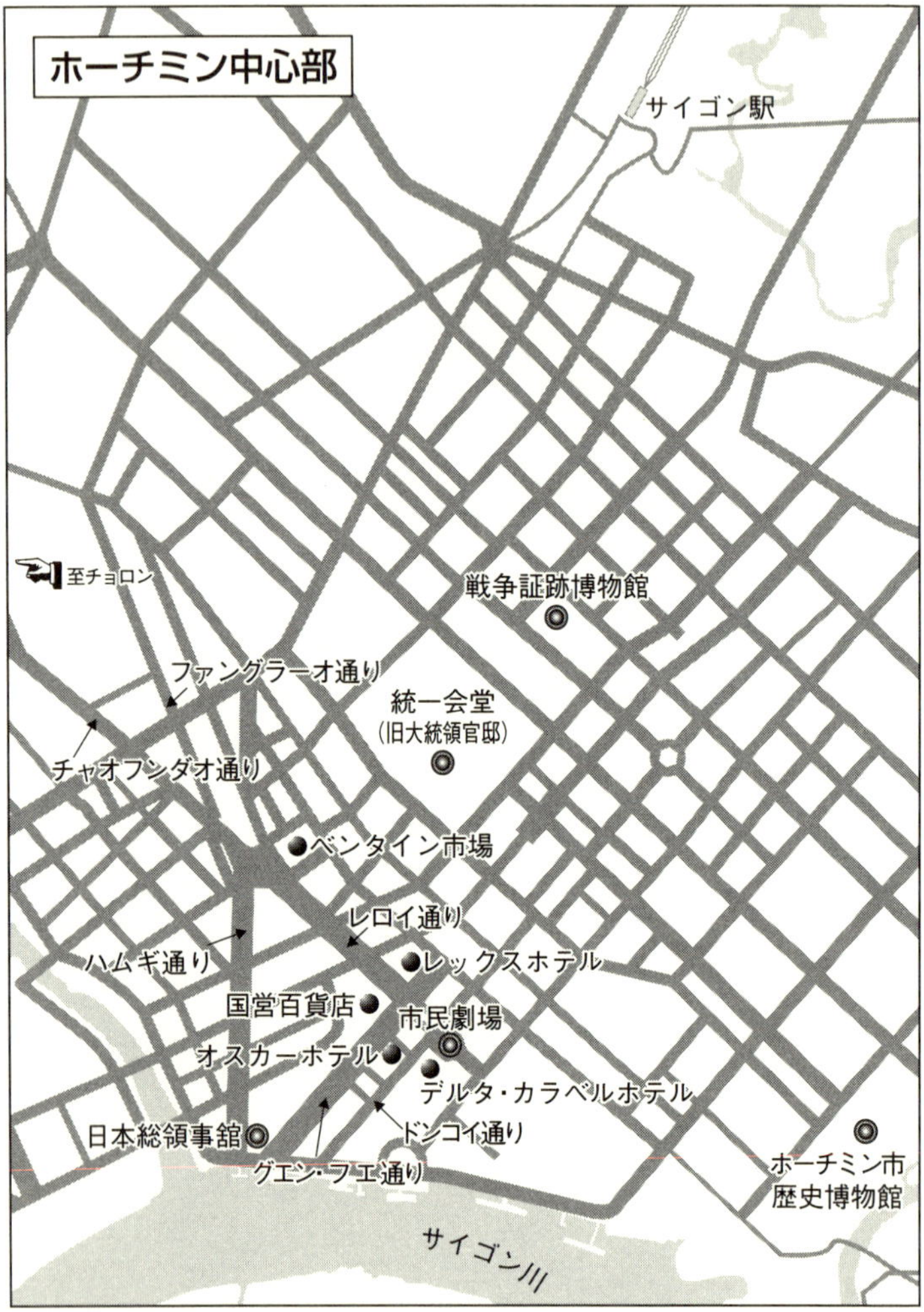

(８)解放後は国際会議等で使われる建物になっている。会議等で使用されていなければ見学可能。開館時間：７時半〜16時（昼休みあり）。入場料は４ドル。

(９)実物兵器の展示や、米軍が行った枯れ葉剤による被害状況の展示などがメイン。開館時間：７時半〜17時（昼休みあり）。入場料１万ドン。

国営百貨店での買い物を終えた私が、夕飯を食べる店を探して夜の街をうろつくのもまたたいていこの界隈である。

　ホーチミンは文字通りベトナム最大の人口密集都市であるが、正直いって観光的にはこれといった見どころがあるわけではない。フランスとアメリカの傀儡《かいらい》政権であった南ベトナム政府の旧大統領官邸が「統一会堂」(8)という名称で保存されて一般公開されているのをはじめ、ベトナム戦争下でのアメリカ軍の戦争犯罪を告発するために造られた「戦争証跡博物館」(9)、先史時代から今日までのベトナムの歴史をさまざまな遺物を通して紹介する小振りな「ホーチミン市歴史博物館」(10)、それにチョロン地区に残る古い華僑寺院である「天后宮」(11)などがわずかに観光名所といえるもので、これらは一日もあればすべて回ることができる。

　だから、ホーチミンが好きで好きで何度も通い詰めているという人は、たいてい決まって街歩きや食べ歩き、あるいはショッピングなどが大好きだという人たちである。私は美味しいものを食べることはもちろん嫌いではないが、別に三食ジャンク・フードでもＯＫという、おおよそグルメとは縁遠い人間だし、人ごみの中を目的もなく歩き回るのは特段好きではなく、とりわけショッピングなんかは自分でするのも人に付き合うのも「大」のつくほど嫌いという、女性の友人と一緒に旅行すると必ず相手を怒らせてしまう類いの人間である。ホーチミン市を好きか嫌いかと二者択一的に問われれば、実はあまり好きでは

(10) 先史時代から今日に至るベトナムの歴史を紹介する博物館で、各地のチャンパ遺跡から出土した遺物や扶南の港湾都市・オケオからの出土物なども展示されている。開館時間：８時～16時半（昼休みあり）。入場料は１万ドン。

ない、と正直に告白するしかない。それでもホーチミンに通い続けるのは、ホーチミンがベトナム世界への文字通りの玄関口であるからにほかならない。

「へぇ、ニャチャンはわかるけど、ファンランやクイニョンというのは日本の人はあまり行かないよね」と、「どらえもん」のオーナー、細井さんがつぶやいた。

確かに、『地球の歩き方』や『個人旅行』など日本の代表的なガイドブックを見ても、ベトナムを代表するビーチ・リゾートであるニャチャンは必ず載っているが、ファンランやクイニョンは載っていない。否、正確にいうのならば、『地球の歩き方』には以前、ファンランやクイニョンの紹介がちゃんと載っていたのだが、最新版ではそれがカットされてしまったのである。やはり行く人がきわめて少なく需要があまりない、だったらそのスペースを別の記事に差し替えたほうがいいということなのだろう。

これには、正直いってまいった。ファンランには「トンニャットホテル」という最近全面改装された中級ホテルと、「ヒューギホテル」という古くからある安ホテルの二軒くらいしかホテルがないことはわかっていたから、迷うことなく前者を選んだ。ところが、クイニョンについては、ソコソコの規模の街でホテルの数も多いのに、『地球の歩き方』にその紹介記事が載っていたのははるか昔の一九九五・九六年度版のことで、そのホテル・リストなどは現在ではまったく参考にならないことがハッキリしていたからである。旅行

(11) 18世紀に建てられた華僑寺院で、ベトナムでは最古のものの一つといわれている。海の守り神「天后聖母（ティエンハウ）」を祀り、一日中多くの参拝者で賑わっている。

代理店からは「ハイアウホテル」という、最近できた中級クラスのホテルがいいですよとすすめられたが、それが街の一体どのあたりにあり、またどういう客筋の多いホテルなのか皆目見当がつかなかった。

旅行代理店が紹介してくれるホテルは、確かに設備はソコソコ整っていても、街の中心部からはかなり離れていたり、大型で団体客中心のホテルが得てして多い。そういうホテルでは、夜、ちょっと歩いて街に夕御飯を食べに……というわけにもいかないし、いきおいホテルのレストランで夕食をとることになるが、従業員は酔って大騒ぎする団体客の接客で手いっぱいで、こちらは片隅の小さなテーブルに追いやられた揚げ句、なかなか注文をとりに来てもくれないなどというケースがよくある。

しかし、私にはクイニョンの街の様子がまったくわからず、手元には地図もホテル・リストもなく、当然、これといった対案もなかったので、そのハイアウホテルをすすめられるまま宿泊先に決めた。出発直前に、神田の本屋で立ち読みしていて、ロンリー・プラネット[12]のガイドブックにクイニョンの街の地図が載っているのを偶然発見し、その分厚い英文のガイドブックを購入しても読み通す気力はまったくなかったので、東京駅のすぐ近くにあるガイドブックや旅行関係の図書が揃っている観光文化資料館[13]で当該ページのみをコピーさせていただいて持っていった。その地図にもにも、ハイアウホテルは載っていなかった。

(12)世界中で読まれている、最も信頼できるガイドブックの一つ。簡潔で適格な文章と詳細な地図が身上で、ビジュアル重視の日本のものとは対極を成す。
(13)八重洲口近くにある、ガイドブックや地図、旅行関連書を集めた図書館（貸出不可）。開館時間：10時～17時半で、土・日・祝日休館。電話：03-3214-6051。

その夜は部屋に帰って寝る以外にすることがなく、また、店にもほかに客がいなかったので、今回の旅の目的について、私は細井さんに問われるまま話し始めた。

「幻」のチャンパ王国

私がかつてベトナム中・南部に君臨したチャンパ王国に対する関心を抱くきっかけとなったのは、一九九二年に隣国・カンボジアの、かつてのアンコール王朝の王都「アンコール・トム」の中心寺院であったバイヨン寺院(14)に行き、その第一回廊に刻まれたクメール(カンボジア)兵とチャンパの兵士による水陸での激しい戦闘シーンを生々しく描いた見事なレリーフの数々を見て、その並々ならない迫力に文字通り圧倒されたことによるものである。

このことについては別の本(『アンコールへの長い道』新評論刊)でも書いたが、話を先に進めるために、同書を読んでくださった読者には大変申し訳ないが重複して書かせていただきたい。

バイヨン寺院第一回廊に描かれたレリーフを、言葉で説明するのならばこんなふうになるだろう。

(14) 12世紀の末から13世紀の初頭に建立された第４次アンコール王都「アンコール・トム」の中心寺院で、全部で196面あるという観世音菩薩の巨大な四面像であまりにも有名。

壁面の一方に、長槍で武装し、密集したクメール歩兵の大部隊がいる。彼らは皆上半身裸で丸刈りの頭、ふんどし状の飾り帯をつけている。その背後には、巨象の上から敵兵にさかんに矢を射かける兵士がいて、さらにやはり象に乗り、冠をかぶった指揮官の姿もある。

そのもう一方の側に陣取っているのは、クメール兵とは対照的に半袖の上着に半ズボン姿で、頭部には兜をかぶり、頭巾を肩までたらした格好のチャンパ歩兵の大部隊であり、やはり長槍を構えている。クメール軍同様、敵兵に向かって矢を射かける兵士や、象の上の指揮官の姿も描かれている。

両者は壁面のほぼ中央でまさに激突し、双方が入り乱れての激しい白兵戦が繰り広げられている。その頭上を、多数の矢が飛び交っている。これが陸上での戦いの光景であるとすれば、水上での戦いの模様はこうである。

両軍はここでも多数の小型船に完全武装の歩兵が密集して乗って、左右に分かれて相手を威嚇しつつ対峙し、またその先端では我先にと敵船に舳先をぶつけては相手の船に乗り込み、こちらも文字通りの白兵戦を展開しているところである。まさに血飛沫が飛び散り、傷ついた兵士は容赦なく水中に蹴落とされている。

全部で一九六面あるといわれる、不思議な笑みを浮かべた観世音菩薩の巨大な四面像が境内狭しと林立し、その観世音菩薩の慈愛がまさに雨のように降り注ぐバイヨン寺院の

バイヨン寺院第一回廊に描かれた象上のクメール兵

チャンパの水軍

「聖なる空間」のなかにあって、このクメール軍とチャンパ軍の大会戦を描いた一連のレリーフは、一見場違いと思えるほどの異様なまでの迫力と生々しさで見る者を圧倒し、クメール美術の最高傑作の一つといわれている。

このレリーフに描かれた大会戦が実際に行われたのは、一二世紀後半のことである。

一一七七年、当時、本国カンボジアはもとよりタイやラオスの南部、そしてベトナムの一部をその支配下に置き、東南アジア随一の大帝国にまで成長していたアンコール朝の王都をチャンパの水軍が奇襲した。彼らは船団を組んでメコン河からトンレサップ川、そしてトンレサップ湖を横断してアンコール王都に至り、これを水上から攻撃したのである。それまでただの一度も外敵からの攻撃を受けたことのなかった内陸の王都は軍事的にはまったくの無防備で、チャンパ軍の奇襲の前にあっけなく陥落し、以降四年間にわたって王都をチャンパに明け渡すという、まさにクメール民族にとって前代未聞の屈辱の事態が発生する。

一一八一年、新たに王位に就いたジャヤヴァルマン七世(15)は満を持してチャンパとの大会戦に挑み、これに勝利して王都を奪回するとともに、一二〇三年には、逆にチャンパの当時の王都であるビジャヤ（現在のベトナム中部のクイニョン周辺）にまで攻め込んで占領し、チャンパの王を捕虜としてカンボジアに連行した。

ジャヤヴァルマン七世は、チャンパの支配によって荒廃した王都の再建に着手する。こ

(15) 1177年に即位。チャンパ軍を破って王都を取り戻すと共に、積極的に領土を拡大。この王の治世に、アンコール朝は最盛期を迎えた。数多くの寺院を建立した「建設王」としても知られている。

れが、現在、私たちがその目で見ることができる第四次アンコール王都、すなわち「アンコール・トム」である。バイヨン寺院はその王都の中心寺院としてジャヤヴァルマン七世によって建設されたもので、王は王都の繁栄を示す市中の情景などとともに、チャンパから王都を取り戻した自らの偉業を後世に伝えるために、チャンパとの大会戦のレリーフを寺院の壁面に刻ませたのである。

アンコール王都における最後の会戦が行われたのは、陸上ではアンコール・トムの北側にある大仏教寺院であるプリヤ・カーンの付近で、水上では王都の南側のトンレサップ湖上であるといわれている。ちなみに、プリヤ・カーンもまた、ジャヤヴァルマン七世がチャンパとの戦いに勝ったことを記念して建立した、空前のスケールの石造の大伽藍である。

当時、まさに向かうところ敵なしの状態であったアンコール朝の権威に、敢然として立ち向かい、その王都を一時的とはいえ攻略したチャンパの人々とは一体どういう人たちだったのだろうかというのが、私が彼らに対してまず最初に抱いた素朴な疑問だった。

東洋史関係の本を読んで、チャンパが主に二世紀から一五世紀にかけてベトナムの中部から南部で栄えたインド文化の影響を色濃く受けた海洋民族の王国で、その後、北のベトナムの南進政策の前に次第に力を失い、ついには国家としてはベトナムに「同化」され消滅した「地図にない国」であることなどを漠然とは知っていても、それ以上の知識は当時の私にはまったくなかった。また、一九九二年の時点でチャンパに関する日本語で書かれ

(16) 東南アジアを主な対象に文化面での国際協力を続けている、トヨタ自動車がつくっている財団。遺跡の保存・修復や人材育成などに多大な功績を上げている。
(17) 大阪大学大学院助教授で、ベトナム史・アジア海域史が専門。著書に『歴史世界としての東南アジア』（山川出版社、1996年）など。

たまとまった本といえば、それこそベトナム社会科学院編の『チャム彫刻』(連合出版)があるのみだった。かつての宗主国フランスではチャンパに関する研究が相当進んでいることは知っていたが、悲しいかな、私には仏文の文献を読む能力がなかった。

ところが、一九九四年から一九九五年にかけて流れが大きく変わった。まず、トヨタ財団(16)の後援によって、東京・大阪・名古屋など全国五ヵ所で「チャンパ王国の遺跡と文化」展が開催された。これは、主に写真パネルの展示とミーソン遺跡のA1主祠堂の模型による再現のみという、内容的にはきわめて不満の残るものであったが、展覧会にあわせて制作されたパンフレットは、ベトナム史・アジア海域史が専門で、チャンパ史にもきわめて造形が深い大阪大学助教授の桃木至朗氏(17)や、チャンパ建築史研究の日本における第一人者である日大建築学科助手の重枝豊氏(18)などが執筆する、実に充実した内容の概説書であった。

また、その展覧会を見に行ったことがきっかけで、一九九五年六月に東京で開催されたトヨタ財団と東南アジア史学会共催の「林邑《りんゆう》とベトナム」というシンポジウムにも参加することができた。これは、日本に古くから伝わる雅楽の「林邑楽」について、これが本当に「林邑(チャンパ)」から伝来した音楽であるのか否かを検証するシンポジウムで、当時、宮内庁雅楽師であった東儀秀樹氏(19)による実際の「林邑楽」の貴重な演奏も聴くことができた。シンポジウムの結論としては、「林邑楽」が必ずしもチャンパから中国経由で伝わった音楽であると断定することはできないというものであったが、しかしながら日本と

(18) 工学博士。東南アジア建築史が専門で、日本のチャンパ遺跡研究の第一人者。著書に『アンコールワットの魅力』(彰国社、1994年)など。

(19) 宮内庁楽士を経て、現在は独立してソロ活動を展開。「篳篥(ひちりき)」を主に演奏、雅楽と現代音楽を融合させたコンサートを続けている。

チャンパの古来からのかかわり、たとえば正倉院に残る香木「蘭奢待《らんじゃたい》」はチャンパ伝来のものであることなどを知ることができ、きわめて有意義な経験になった。

ベトナム各地のチャンパ遺跡の現状やその行き方に関する情報も、『地球の歩き方／ベトナム』の一九九四・九五年版に前述の重枝豊氏の執筆によって掲載され、これでベトナムに出かけても何とかなるという目途《めど》もたったので、私は一九九五年の一〇月から一一月にかけて、一〇日ほどの休みをとってベトナム中部の街ダナンへ出かけることにした。まず手始めとして、チャンパの聖地「ミーソン」とその周辺にあるクワンナム遺跡群に行くことにしたのだが、この旅は現地旅行社のあまりにもでたらめな対応と台風の直撃とにより、実に惨憺たる結果に終わった。

つまり、今回の旅は、いってみればそのリベンジなのである。

私が一九九五年に初めてそのチャンパ遺跡の幾つかに行ったときと、今回、すなわち二〇〇〇年とでは状況がまったく変わった。まずその間に、ダナンのチャム博物館に勤務するベトナム人研究者のチャン・キィ・フォン氏[20]の英文と仏文による原著の邦訳に重枝豊氏が詳しい解説をつけた遺跡ガイドの決定版とでもいうべき『チャンパ遺跡』（連合出版）が一九九七年に、また、桃木・重枝両氏と写真家の樋口英夫氏[21]の共著による本格的な入門書『チャンパ　歴史・末裔・建築』（めこん）が一九九九年にそれぞれ出版されて、チャ

(20) サイゴン大学等を卒業後、ダナンのチャンパ博物館の学芸員としてチャンパ遺跡の研究に取り組んでいる。

(21) 写真家で、『黄金のパゴダ～ビルマ仏教の旅』（佼正出版社、1989年）、『タイ・黄衣のゆらぎ』（平河出版社、1991年）など著書多数。

ンパの歴史や遺跡に関する基礎知識を、日本語による本でもたやすく仕入れられるようになった。加えて、ミーソンがユネスコの世界遺産に登録されたこともあって、テレビや雑誌などでも広く紹介されるようになり、従来のベトナム中部ツアーに定番の古都フエだけでなく、ミーソンやチャム博物館の見学を組み込む旅行社もそれにつれて増えた。ことミーソンに関しては、遺跡へのルートもソコソコには整備され、ミーソン遺跡はもはや、いわゆる「秘境」などではまったくなくなるとともに、逆に観光客による環境破壊が心配されるまでに至った。チャンパ遺跡が観光資源になると知ってしまったベトナム・サイドによる安直な遺跡の観光目当ての修復は、各地で遺跡を逆に取り返しのつかない無残な状態に追い込みつつあることもまた事実である。今回の旅行でも、前述の出版物に掲載された姿とはまるで異なる姿になってしまった遺跡に各地で遭遇した。

今の時点での各地のチャンパ遺跡の置かれている現状を、研究者による学術調査とは別の次元で記録し、何らかの形にして残しておきたいというのが、今回の私の旅の主たる目的の一つである。確かそんな話を、ただの一介の旅行者であるにすぎないにもかかわらず、私はそのとき不遜にも細井さんにしたのである。

「林邑《りんゆう》」から「環王《かんおう》」、そして「占城《せんじょう》」へ

詳細は前述の専門書などを読んでいただくことにして、ここでチャンパの歴史について、その概要のみをごく簡潔に整理して記述しておこう。

中国側の史料に、チャンパに関する記述が初めて現れるのは紀元二世紀のことである。当時、漢の支配下にあった日南郡《にちなんぐん》の最南端に位置する象林《しょうりん》県でしばしば反乱が起こり、「区連《くれん》」という反乱軍のリーダーが一九二年についに漢の支配から独立を勝ち取り、自ら王を名乗った。この「区連」の建てた国を中国側の史料では「林邑」と呼んでいるのであるが、その「林邑」こそが「チャンパ」のことであると考えられているのである。象林県は現在のベトナム中部の東岸沿いにあったと考えられており、これはその後のチャンパの勢力圏とほぼ一致する。ただし、「区連」が現地出身の人物なのか、あるいは漢人の反逆者なのかは、まったくのところ不明である。「林邑」は、その後も漢の権勢の揺らぎに乗じて東岸北部への攻撃を繰り返し、三四〇年代の「范文《はんぶん》」という王の時代に、一時的にではあれ、その勢力をほぼ日南郡全域までに拡大したといわれている。

「林邑」の勃興した当時の中部ベトナムは、中国と西方を結ぶ「海のシルクロード」の重要な中継地点の一つであり、またベトナム中部の山地は、沈香《じんこう》や黒檀《こくたん》といった香木や象牙

(22) インドの言語で、バラモン僧によって主に使用された。18世紀までバラモンによる著書や経典は、ほとんどがこの言語によって書かれている。

(23) 私は勉強したことがなくよく分からないが、サンスクリットの文字を変形した独自の文字を用いて表されているという。

などの高級輸出品の宝庫でもあった。そうした高級輸出品による富の蓄積と、「海のシルクロード」を行き交う高度な文化による強い刺激とが、海岸沿いにへばりつくように存在する狭い耕作地しかない「林邑」という国を次第に、たとえばアンコール王朝などのいわゆる内陸型の農業大国にも十分に対抗できるだけの力を有した、東南アジア屈指の強国へと成長させていくのである。

四世紀の末になると、「范文」の孫ともいわれる「バドラヴァルマン」というサンスクリット語[22]名をもった王が、現在のベトナム中部・クワンナム地方のチャキュウ（ダナンの近く）で即位し、聖地ミーソンに初めてサンスクリット語による碑文を建て、またヒンドゥー教の主神であるシヴァ神を祀る寺院を同地に建立する。バドラヴァルマン王は、中国側史料に登場する「范胡達《はんこたつ》」という同時期の林邑王と同一人物ではないかともいわれているが、これには異論もある。ともあれ、林邑王がその王名にサンスクリット語を用い、聖地にヒンドゥー教の寺院を建立したことは、このころまでに林邑がすでに「海のシルクロード」を通して同地に伝わったインド文化の影響をきわめて色濃く受けた、もしくはインド文化をその権威の後ろ盾にした王国になっていたことを何よりも物語っている。

チャンパの碑文には、インド伝来のサンスクリット語のもののほかに古代チャム語[23]表記のものも多数発見されており、このことからチャンパはアウストロネシア語[24]族のチャム人による国家であると、一般的にはそう考えられるようになった。

(24) マレー・ポリネシア語系に属する諸民族の総称。マレーシアやインドネシアに住む人々の大半が、このアウストロネシア語族に属している。

しかしながら、大阪大学助教授の桃木至朗氏は、前述の『チャンパ　歴史・末裔・建築』の中で、「碑文には国民としての『チャンパ人』とは書いてあっても、民族としての『チャム人』という呼び方は出てこない」こと、「チャム人という呼び名はもともと、中国人かベトナム人が『チャンパ（占城）人』をちぢめて呼んだもので、特定の民族名ではなかったのではないかと筆者は疑っている」ことなどから、チャンパは現在のチャム人による単一民族国家と必ずしも考えるべきではないとの説を唱えている。

また同氏は、当時の「東南アジアの古代国家はどれも、領域や民族構成のはっきりしない、地方王権の連合体のようなもの」で、チャンパの実態もまた、そうした幾つかの地方王権の連合体であったと考えられること、その証拠として、「われわれが『チャンパの王』と呼ぶものは、碑文ではしばしば、多くの地方王権のうちの最強者として『王たちの王』と呼ばれ」ていたことなどを挙げている。

八世紀の半ばになると、中国側史料におけるチャンパの呼称が、それまでの「林邑」から突如として「環王」に変わる。この時期のチャンパの碑文がそれまでの中部ベトナムのクワンナム地方ではなく、より南方の、現在のニャチャン周辺で数多く発見されているところから、チャンパの王都が何らかの理由でこの地に移ったのではないかと考えられている。しかしながら、これもまたチャンパは複数の地方王権の集合体であるという前述の桃木氏の説に従うならば、この時期にはニャチャン周辺の地方王権がクワンナム地方のそれを凌駕していたためであるとの考え方も、当然、成り立つところであろう。

ともあれ、八七五年ごろ、王権の中心地は再びクワンナム地方へと戻る。中国側の史料でも、それに合わせてチャンパの呼称が「環王」から「占城《せんじょう》」へと変わる。この時期の碑文には、「インドラヴァルマン二世」という王が王都「インドラプラ」に観世音菩薩を祀った大寺院を建立したとの記述があり、この大乗仏教の寺院が、現在はわずかに碑文庫の一部を残すのみの「ドンジュオン寺院」であると考えられている。

インドから東南アジアに伝わった仏教には大きく分けて「上座部仏教」と「大乗仏教」の二つがあり、現在では、前者がビルマ、タイ、ラオス、カンボジアなどの諸国で、民衆の間にスッカリ定着した宗教となっている。

「上座部仏教」と「大乗仏教」の違いについて簡単に説明すると、まず前者は仏教の創始者であるブッダの教えのみを唯一絶対のものとし、それを忠実に守る厳しい戒律が特徴である。主に、インドからスリランカを経て東南アジア諸国へ伝わったため、その布教ルートから「南伝仏教」とも呼ばれている。なお、「上座部」とは上座に座る僧侶、すなわち高僧たちに支持された保守的な仏教といった意味である。

これに対し後者は、元来はヒンドゥー教の神々や、各地の土着の神だったものまでをもその内部に取り込む形で発展し、主にインドからチベットや中国を経て遠く日本にまで広まった。その布教ルートから「北伝仏教」ともいわれている。

ちなみに、前者についてはよく「小乗仏教」と書かれることがあるが、これは上座部仏教をより劣ったものと考える大乗仏教サイドから見た差別用語であるため、本書では使わない。

七、八世紀以降のカンボジアのアンコール朝や中部ジャワのシャイレンドラ朝(25)などで、ヒンドゥー教とともに王権強化・正当化の原理として、いわば「王家の宗教」として定着していたのは後者の「大乗仏教」であり、ヒンドゥー教とはそもそも共存共栄の関係にあった。したがって、たとえばアンコール朝では歴代の王のほとんどが信仰したのはヒンドゥー教だが、一二世紀後半に大乗仏教徒のジャヤヴァルマン七世が即位すると王家の宗教は大乗仏教に変わり、王都には多くの仏教寺院が建立されるようになったのである。しかしながら、そうした仏教寺院にもヒンドゥー教の神話を題材にしたレリーフなどが数多く残されており、このことも仏教とヒンドゥー教の共存関係を裏づけるものとなっている。

チャンパの歴代の王が主に信奉したのもまたヒンドゥー教であるが、インドラヴァルマン二世の治世にはおそらく同様のことが起こったのであろう。

ところが九八二年、インドラヴァルマン二世の築いた王都「インドラプラ」は、ベトナム北部の、中国の混乱に乗じて独立したベトナム人による国家「大越《ダイヴェト》」の侵攻を受けて破壊され、またその折り、当時のチャンパ王・パラメシュヴァラヴァルマンが殺害されてしまうという事態が発生する。この結果、チャンパは王都を中国や大越などの北からの攻

(25) 8世紀から9世紀にかけてインドネシアの中部ジャワに栄えた王朝で、ボロブドールの大遺跡を建立したのもこの王朝である。ほぼ同時期に栄えたマタラム王朝との関係や、突然の滅亡の理由など、未解明の謎が多い。

撃に備えるために、やや南方の、現在のクイニョン近郊に西暦一〇〇〇年前後に移し、国家の再建を図ることになる。このクイニョンの新王都は「ヴィジャヤ」と呼ばれ、多くのチャンパ遺跡が現在でも残っている。

もっとも、王都がヴィジャヤに移ってからも、クワンナム地方では聖地ミーソンなどに新たな祠堂が一二世紀まで引き続き建立されており、この地が大越《ダイヴェト》の支配下に置かれたということでは必ずしもなかったようである。

ヴィジャヤ時代のチャンパは、大越の南進軍との度重なる戦いに加えて、一二世紀から一三世紀にかけては二度にわたって隣国カンボジアのアンコール朝から大規模な攻撃を受け、一時的とはいえ王都を占領されてしまったり、一二八二年には、中国を支配し、さらにアジア全域への支配拡大をめざすモンゴル（元）のフビライ帝(26)の遠征軍との対決など、文字通り気の休める暇もない激動の時代となった。

しかしながら、チャンパは決して一方的にやられっぱなしだったわけではなく、たとえば一〇七五年にはハリヴァルマン四世が大越の南進軍を撃破し、大勝利を収めたとの記録も残っている。また、一三七〇年、七七～七八年と二度にわたり、大越の王都「昇竜《タンロン》」（現在のハノイ）への焼き打ちを決行したとの記録もある。アンコール朝に対しても、前述のように、一一七七年にそのアンコール王都を水軍によって奇襲・占領しているのである。

(26)（1215～1294）。チンギス・ハーンの孫で、モンゴル帝国第5代皇帝になった。新たな都を大都（現在の北京）に築き、国号を「元」と定めた。

さらには、圧倒的な軍事力を有し、歯向かう者は必ず力によってねじ伏せていったモンゴルの大軍に対しても、いったんは山岳地方に撤退したが、そこからの執拗なゲリラ攻撃によって相手を疲労困ぱいさせ、最終的にはこれを退けることに成功した。

桃木至朗氏は前著において、一九二〇年代にフランス人歴史学者によって定着させられた、周辺諸国に圧迫され続けた不幸なインド式国家というチャンパの基本イメージを改めるべきだとして、「実際は、大越やカンボジアなどチャンパより大きな農業基盤を持つ国家も、当時はまだ『マンダラ』から脱皮しきってはおらず、農業社会を強力に支配したり、農業社会の力のすべてを組織することはできなかった」、つまり、「チャンパ攻撃の主目的も、破壊・略奪と武力の誇示」であり、「そもそも発展するアジア交易の世界から見れば、チャンパこそが中心的な大国だった。だから狙われたのは、豊かな中国が遊牧民族によく狙われたのと同じことだ」などと記している。

ここで桃木氏のいう「マンダラ」とは、「領域や民族構成のはっきりしない、地方王権の連合体」のような東南アジアの古代国家の実態を指している。

しかしながら、大越は、一〇〇九年ないし一〇一〇年にリ・コン・ウアン(27)により創建された「リ朝」と、それに続く一二二五年にチャン・トゥ・ド(28)によって創建された「チャン朝」の時代（「リ・チャン時代」と呼ばれる）に、伝統的なベトナムの村落社会を基礎に、律令制にもとづく強力な中央集権国家への変貌を急速に遂げつつあり、すなわち桃木氏の

(27) (974〜1028)。リ朝の創始者。王都をタンロンに定め、仏教の導入にも積極的であったという。

(28) (1194〜1264)。リ朝に代わるチャン朝の創始者。中国の科挙制度や儒教の導入などにより、強力な国造りを目指した。

いうところの「マンダラ」国家からの脱却を図りつつあった。なかでも、紅河デルタの開発などによる経済的な基盤の確立は農民人口の急増を生み、次第にその一枚板のような強固な組織力と数の力で、ゆるやかな連合国家としてのチャンパを圧倒し始めるのである。

一四一八年、チャン朝の内紛に乗じてベトナムに侵攻した中国（明）との一〇年にもおよぶ戦いに勝利したレ・ロイ[29]が、「後レ朝」（九八〇年にレ・ホアンが創建した「前レ朝」と区別してこう呼ぶ）を創建した。後レ朝は、チャンパに対する強力な南進政策を開始し、ついに一四七一年に王都ヴィジャヤが陥落する。しかも今回の王都の占領は、決して「破壊・略奪と武力の誇示」のためだけの一時的なものにはならなかった。後レ朝は、ヴィジャヤに軍を常駐させるとともに大量のベトナム人農民を入植させ、ヴィジャヤ以北を恒久的に大越《ダイヴェト》領としたのである。

この一四七一年のヴィジャヤ陥落をもって、以降チャンパは、一地方勢力として細々と生き残ることになるというのがこれまでの通説である。しかしながら、桃木氏はこれに対しても異論を唱えている。つまり、一六～一七世紀の「大航海時代」に東南アジアを航海したヨーロッパ人が、「マラッカ、マニラ、マレー半島のパハンやパッタニー、スラウェシ島のマッカサ、重要な港ではどこでもチャンパの船や商人を目撃」していることなどを例に挙げて、東南アジア各地に亡命したチャンパ人の奮闘ぶりを強調しているのである。

もちろん、チャンパはベトナム国内でも南部の、現在のファンラン近郊のパーンドゥラ

(29)（1385～1433）。後レ朝の創始者。土豪の出身だが、明との戦いに勝利して自ら帝位に就いた。国造りの半ばで死去。

ンガを拠点に、少なくとも一六世紀の末までは中国への朝貢を続けていることが確認されている。同地には、この時期の遺跡である「ポー・クロン・ガライ」や「ポー・ロメ」が残っている。

一八三二年、ベトナム全土を支配した初めての強力な中央集権国家となったグエン朝の二代皇帝ミンマン帝(30)は、パーンドゥランガのチャンパ王に対してもグエン朝の直接支配下に入ることを要求し、そのパーンドゥランガを含む南部地域のグエン朝支配に抗しての反乱も、一八三五年までには武力で完全に鎮圧された。同地のチャンパ人の多くは隣国のカンボジアなどに亡命し、これでチャンパ王国は完全に歴史の表舞台からその姿を消すことになる。

結局のところ、最後の最後に勝利を収めたのは、海洋民族国家のチャンパではなく、中央集権的な強大な農業国家としてのベトナム（グエン朝は、清より「越南《ヴェトナム》」の国号を一八〇四年に受けていた）だった。ミンマン帝は、チャンパの遺跡の上に、征服者としての威厳を示すために「虎園」という格闘場を造り、象と虎とを争わせて大いに楽しんだという言い伝えが残っている。

(30)（1791～1841）。ザロン帝の第４皇子で、グエン朝第２代皇帝となった。自らも儒学者で、ベトナムを南の中華帝国にするために奔走した。

ファンランへ向かう

「どらえもん」に行った翌日、朝の五時に起きて、タクシーでタンソニャット国際空港の国内線出発ロビーに向かった。

手続きを済ませて出発ロビーに行き、多くのベトナム人や白人の観光客とともにベンチに腰掛けていると、ベトナム航空よりの呼び出しがあって、職員からサンドイッチとロールケーキ、果物、缶入りコーラのトレイを渡された。どうやら機内食の先渡しで、ロビー内にあるレストランを指差して、あそこで食べろという。レストランには同じように、トレイを前に朝食をとっている人があちこちにいた。

レストランに入ってトレイの機内食を食べ、食後にベトナム式のブラック・コーヒーの「カフェ・ダン」を頼んだ。五〇〇〇ドンであった。

機内食を先渡しされたことから「ああ、きっと飛行機の出発が遅れるのだな」と漠然と考えていると、実際に一時間あまり遅れた。出発時間の変更はよくあることなのか、時間を気にしたり、いら立っているような人は少なくともベトナム人のなかには一人もいない。

食事を終えてベンチに戻ると、背広姿の若い、いかにもエグゼクティブ風のベトナム人がノート・パソコンを開いて、さかんに何かを打ち込んでいた。少し離れた席では、Tシヤツに半ズボン、ゴムサンダル姿の大柄な白人観光客が大汗をかきながらペットボトルの水をがぶ飲みしている。突然、日本語の嬌声が響きわたり、思わず振り返ってみると、数人の若い女性が大声でしゃべりながら待合室に入ってきて一ヵ所に固まって座った。

聞くつもりはないのだが、ほかにあまりしゃべっている人がいないので、どうしてもその話し声が耳に入ってくる。彼女らはどうやら揃ってハノイに行くらしく、『地球の歩き方』を開いて、ここへも行こう、あそこへも行こうと、屈託なく話し合っている。

予定時間よりちょうど一時間と五分遅れて、ニャチャン行きVN四五〇〇便出発のアナウンスがあった。あの大汗かきの白人が、大きなバックパックを背負って慌てて立ち上がった。ほかにも白人の老夫婦が数組。あとは、ベトナム人の乗客である。私がロビーを出るときも、背後では日本人女性の話し声や笑い声が続いていた。

ニャチャンの空港には、わずか五五分で着いた。空港の到着ロビーでチャム人のガイド、ティエン・サン・チー[31]さんと落ち合うことにしていた。ティエンさんは現地旅行代理店の「エーペックス・インターナショナル」[32]によれば、ニャチャンやファンランのすべてのチャンパ遺跡に精通した、ほとんど唯一のガイドということであった。英語だけでなく、日本語もペラペラであるというから驚きだ。

実際に対面したティエンさんは、日焼けしてひき締まった体型のまだ若い男性で、ブラ

(31) 僻地のチャンパ遺跡巡りを考えているなら、彼が最適の人材。「エーペックス・インターナショナル」に名前を指定して依頼するのがベスト。

(32) ホーチミンなどにオフィスをもつ旅行代理店。私は「西遊旅行」を通して手配を依頼したが、東京オフィスの電話番号：03-3350-8866。

ンドものの濃紺のポロシャツと白いスラックス姿。頭にはやはりブランドのロゴの入った白い目刺し帽をかぶり、一目で高級品とわかる腕時計を着けている。洗いざらしで色のだいぶ落ちたTシャツに年期の入ったヨレヨレのGパン、持っているのはさして大きくないリュックサックただ一つというスタイルの私とではえらい違いで、なんとなく気後れがしてしまうほどである。

「土方先生ですか。ティエンです。お待ちしていました」

と、そのティエンさんが周りの人も思わず振り返るほどの大声でいう。旅行の間中、私はティエンさんに頼むからその「先生」という呼び方だけはやめてくれと懇願し続けたが、彼はずっと「先生」といい続けた。もっとも、なにかの拍子に「社長」とも口走るので、どうも日本人観光客の男性に対しては、「先生」か「社長」のどちらかで呼ぶことに決めているらしい。

ティエンさんはファンランの出身で、今はホーチミンで貿易会社を経営しつつ、ときどきエーペックスで日本語ガイドの仕事もやっているという。日本の超有名女優がベトナムで写真集を撮影するときに通訳をしたこともあるというので、その女優の名を聞くと「長谷川理恵」だった。長谷川理恵さんが超有名かどうかはともかく、確かあの石田純一との「不倫は文化」騒動で、一時期、その名前がテレビのワイド・ショーなどによく登場していたことは確かだ。

空港からニャチャンの市街地には向かわず、国道1号線をほぼ東海岸沿いに南下する。国道1号線は、少なくともニャチャン～ファンラン間は舗装された立派な道路が続き、ニャチャンからしばらくの間は四車線もある。車の通行量はさほど多くなく、私たちの乗った車は実に快適に飛ばす。車窓から見る光景は、ときどき海岸線が見える以外は見わたすかぎりの水田と遠くの山並みである。

以前、車でカンボジアから陸路、国境を越えてベトナムへ入ったときにつくづく感じたのだが、ベトナムに入ると光景が一変する。それまでのカンボジアの乾き切った赤茶けた大地が隅々まで水の行き届いた瑞々しい稲穂の海へと、まさに劇的なまでに変わるのである。それほどまでに、ベトナムの水田地帯はよく整備され、美しい。

その背景には、カンボジアは長く過酷な内戦によって文字通り疲弊し切り、国土も人心もボロボロになった国であるということもあるが、ベトナムとて超大国アメリカを向こうに回してのベトナム戦争に、最終的に勝利したとはいえ、実に多くの犠牲を払ってきた国であることに何ら変わりはない。もちろん、復興から現在までの時間の差ということもあるだろうが、それだけではない違いがそこにはあるような気がして、それが何なのか、私はずっと考え続けてきた。

一時間ほど走ると、海岸沿いに延々と続く塩田が見えてきた。盛り土の土手で碁盤の目状に囲んだ塩田に、おそらく満潮時に海水を取り入れて、それを天日で乾燥させて塩をつくっているのである。日本にも塩田はあると聞いてはいるが、まだ一度もその実物を見たことがなかった。強い直射日光を避けるために目刺し帽をかぶり、タオルで覆面のように顔を隠した人々が、長い竿のようなものでさかんに塩の水をかき回している。それがやがて乾いた塩の結晶となり、商品として出荷されるまでに果たしてどれだけの時間がかかるのか、私には見当がつかなかった。

それから三〇分ほどで、風化して草に覆われた赤茶けたレンガの固まりが二つ、国道沿いの草むらのなかに見えてきた。写真で見てよく知っている「ホアライ遺跡」である。ここにはファンランからの帰りに寄ることにして、先を急いだ。まずは、一番の難所といわれている「ポーダム遺跡」に向かうためである。

ファンラン周辺のチャンパ遺跡

現在のファンランの周辺はかつて「パーンドゥランガ」と呼ばれ、一四七一年にヴィジャヤが大越《ダイヴェト》の攻撃によって陥落したのち、チャンパの国内では最後の拠点が置かれた地である。この地には、重枝豊氏によって「衰亡期の遺跡群」に分類される「ポー・クロン・ガライ遺跡」や「ポー・ロメ遺跡」が残っていて、終焉を前にしたチャンパ王国の最後の輝きを私たちにかいま見せてくれる。

また、ファンランの周辺にはそれとは別に、「ポーハイ遺跡群」と呼ばれる八世紀から九世紀ごろにかけての比較的初期のチャンパ遺跡も残っている。これはこの時期、チャンパ王国の中心地がそれまでのクワンナム地方からニャチャンやファンラン周辺に一時的に移ったと考えられているからである。

ここで一つ、注釈を入れておきたい。それは何故、「ポー・クロン・ガライ」や「ポー・ロメ」の遺跡には「ポー」の後に中黒（・）を入れるのに、「ポーハイ」には中黒を入れないのかという点に関してである。これは単に専門家の桃木・重枝両氏の表記に従ったものだが、同じように見えても前者はチャム語、後者はベトナム語による表記であるためであるという。私は別に専門家ではないので、今まではすべて同じように、たとえば後者に関しても「ポー・ハイ」と統一的な書き方をしていたのだが、今回、本にするに際して、やはり専門家の表記に従ったほうがいいだろうと考えたからである。表記の不統一が気になって仕方がない読者がいるといけないので、あえてその旨を明記しておくことにする。

さて、その「ポーハイ遺跡群」はポーハイ、ポーダム、ホアライの三つの遺跡からなる。いずれも八世紀から九世紀にかけての遺跡と考えられているが、このうちポーハイ遺跡のみは、ファンランから海岸沿いにさらに南下したファンティエットの街のすぐ近くにあり、南シナ海に面した小高い丘の上に、現在、主祠堂と二つの副祠堂が残っている。ファンランの街からはかなりの距離があることもあって、今回は時間の関係でポーハイ遺跡へ訪れるのは断念せざるを得なかった。

ここでチャンパの遺跡の特徴について、これについても詳しくは『チャンパ遺跡』『チャンパ　歴史・末裔・建築』などの専門書を読んでいただくことにして、ごく簡単に整理しておこう。

まず、一般的にチャンパの遺跡といわれているものは、大乗仏教の寺院であるドンジュオン遺跡を別にすれば、チャンパの王や地方の権力者によって建立されたヒンドゥー教の寺院遺跡である。

その建物は「祠堂」と呼ばれ、建築素材としては主要に焼成レンガを使い、それを少しずつ迫り出すようにして積み上げて屋根の部分を造っている。建物の基壇や階段、また開口部（出入口）には、側柱やその上に置く「まぐさ」部分などに砂岩などの石材を使用することがあるが、ほかはすべて焼成レンガで造られているのがその特徴である。迫り出し工法を用いず、壁面のみをレンガで造り、その上に木造瓦葺きの屋根をかけたケースもあるというが、もちろんそのようなケースでは、現在においては木造の屋根は完全に風化しておりその痕跡をとどめていない。

隣国カンボジアのクメール遺跡との比較でいうと、その違いは、カンボジアではプレ・

アンコール時代の遺跡やアンコール時代(33)のごく初期には、主要建築素材として同様にレンガが使われていたが、その後は砂岩などの石材やラテライト(34)が使われるようになるのに対し、チャンパの人々は最後の最後までレンガで祠堂を造ることにこだわり続けた、ということになるであろう。

主要建築素材をレンガから石材に代えたアンコール朝では、王朝の繁栄とともに、次第に祠堂と回廊を複雑に組み合わせた、きわめて規模の大きな壮麗な伽藍建築がさかんに造られるようになっていったが、手づくりの要素がきわめて強く、おそらく工程の体系化の図りにくかったであろうチャンパの寺院建築には、あまり規模の大きなものはない。

重枝氏はチャンパがあえてレンガ造りの建築にこだわった理由について、「チャンパの人々にとって、大地を意味する『土』が、破壊と生命を象徴する『火』を加えることによって変化し、神に捧げるための祠堂を建築する材料（レンガ）に変質すること。この造営行為自体に、大きな宗教的意味が含まれていたと見ることもできる」と、分析している（『地球の歩き方』一九九四・九五年版）。

祠堂はチャム語では「カラン」と呼ばれ、その内壁には装飾を施さず、あっても壁龕《へきがん》程度で、中央にシヴァ神のシンボルであるリンガ（石造の男根）をヨニ（石造の女性器）と組み合わせて安置するのが一般的である。反対に、外壁にはヒンドゥー教の神々の姿や装飾文様などの精緻なレリーフが施されることが多いが、なかにはほとんど何の装飾も施さ

(33)802年、ジャヤヴァルマン２世がカンボジアの再統一を成し遂げアンコール朝の基礎をつくってから、シャムの侵入に耐え切れず、1432年にアンコール王都を放棄するまでの時代を「アンコール時代」、それ以前を「プレ・アンコール時代」と呼んでいる。

れていない祠堂もある。

祠堂は一基のみか、もしくは主祠堂の周辺に副祠堂を数基配したものがあり、そのほか、決まって舟型の屋根を乗せた「宝物庫」や「聖水庫」、「矩形房《くけい》」と呼ばれるその用途がよくわからない建物、同じく方形で四方に出入り口がある「碑文庫」と呼ばれている建物、そして塔（楼）門などが配され、全体で一つの伽藍を構成している場合もある。

これもクメールの石造建築との比較でいえば、チャンパのそれは祠堂などの配置のシンメトリーにあまりこだわっていない感じがするが、これはあるいは、各祠堂の建築時期が必ずしも同じではないという理由によるものなのかもしれない。

チャンパがその聖地ミーソンに初めて祠堂を建立したのは四世紀末のことであるが、現在、ミーソンに残っている祠堂はすべて八世紀から一三世紀にかけての建物であり、それ以前はおそらく木造で祠堂が造られていたのではないかと考えられている。したがって、八世紀から九世紀にかけての建造物である「ポーハイ遺跡群」は、現存するもっとも古い時期のチャンパ遺跡ということになる。

国道1号線沿いのホアライ遺跡を通りすぎてから約三〇分ほどで、ポーダム遺跡の近くに到着した。もちろん、フル・スピードで飛ばしてきたこともあるが、ニャチャンの空港を出てから二時間あまりの距離である。もっとも、遺跡は車の入ることのできない田んぼ

(34) 鉄分を多く含んだ赤土で、乾燥させると、見てくれは悪いが硬質の建築素材となる。

のなかのあぜ道の彼方にあり、ここからは歩いて行くか、あるいはバイクなどに乗っていくしか方法がない。ティエンさんが近くの農家に交渉に行って、オンボロバイクとそのドライバーを連れて戻ってきた。

ドライバーの後ろに体重八〇ウンキロの私とティエンさんが乗って、デコボコが多く、しかも至る所に大きな水溜まりのできた、これぞ悪路の見本という感じの狭いあぜ道を、三人乗りのバイクがヨロヨロと進む。しかも今は、ベトナムはちょうど稲の刈り入れと脱穀の季節。狭いあぜ道に刈り入れた稲が至る所で山になっており、そんな所ではいちいちバイクを止め、稲の山に抱きつくようにして歩いて反対側へ回りこまねばならない。

途中でついにというか、バイクが水溜まりにはまってGパンや靴が泥まみれという惨状になりつつも、それでも約三〇分ほどでどうにか遺跡のある丘の麓までたどり着いた。

丘の麓にはホーチミン～ハノイ間を結ぶ統一鉄道(35)の線路が走っており、ここでバイクを降り、徒歩で鉄路を越えて遺跡へと向かう。遺跡は、丘というか小山のちょうど中腹あたりにあり、周辺は背丈ほどの草で覆われている。

重枝氏の作成した図面では、遺跡はほぼ南西向きに開口部を開けた主祠堂を中心に、その前方に同方向を向いた南東副祠堂と南西副祠堂、その後ろに唯一、東北方向に開口部を開けた南副祠堂の合計三つの副祠堂が配され、また主祠堂の背後にはさらに二つの副祠堂が配置されていたことになっているが、実際に残っていたのは主祠堂と南東、南西の副祠

(35)ハノイとホーチミンを結ぶ、全長1726㎞の南北縦断鉄道。全線走破には最も速い列車でも34時間かかる。

(36)インドネシアをはじめ東南アジアの寺院装飾に多用される鬼面の怪物。

堂の合計三つのみであった。それ以外の副祠堂については、「おそらく完全に崩壊してしまったのではないでしょうか」と、ティエンさんが語る。

二つ並んだ南東と南西の副祠堂については、その上部構造はほぼ崩壊し、建物はさながらねじれた飴のようにゆがんでいる。主祠堂に関しては一部に新しいレンガを入れて補強されており、外壁には花葉文様の装飾や、中部ジャワのヒンドゥー遺跡などによく見られる「カーラ」[36]に似た怪物の顔のレリーフなどが残っていた。

主祠堂の近くには小さな石が地面にじかに立てられているが、私にはどうしてもリンガにしか見えない。しかし、ティエンさんによれば、それはリンガではなく「リック」というチャム式の墓石であるという。

このリックについては、チャン・キィ・フォン氏と重枝豊氏が、その著書『チャンパ遺跡』のなかで

崩壊寸前の南東、南西副祠堂

書いている「クット」のことであると思われる。両氏によれば、クットは「埋葬の際の記念碑」のようなものとされ、その説明として次のように記述されている。

「神格化された祖先または神王崇拝は、徐々に、その対象が彫像から『クット』と呼ばれる埋葬の際の記念碑へと変わっていったことがわかる。

クット崇拝への移行は、長期間ヒンドゥー教の影響を受けた王国の信仰がしだいに地方色の強い宗教信仰の復興へと進んでいったことを意味している。クットを以って祖先崇拝をすることは、天地儀礼の遵奉、つまりインド文明との接触以前に東南アジア各所に見られた、地の神々を象徴する石像崇拝を反映するものであろう。

チャム族のクットは普通、素朴な刻り方である。人物像は雲と水に象徴化されている。これは大越の美術的影響に対して受動的であったことを示す。ニ

「リック」もしくは「クット」

ントゥン省、ビントゥン省のチャム人の墓には、今でもクット信仰が見られる」クット（もしくはリック）がさかんにつくられるようになったのは王国末期のことであるというから、その小さな石がリンガではなくクットであるとすれば、ポーダム祠堂の建立の後、かなりの年月が経過してからこの地が、おそらくはチャム人の埋葬地として再利用されたのであろう。

ポーダム遺跡は風化が進んで祠堂の多くがただの瓦礫と化しており、主祠堂の外壁彫刻を別とすればこれといった見どころがあるわけではなく、また全然美しくもない。そもそも遺跡の近くまで車を乗り入れることが不可能な場所にあることもあって、観光コースからは完全に外れ、訪れる人もほとんどいないというのが現状だった。三つの祠堂の周囲を何度か歩き回り、写真を撮った後、主祠堂の基檀に腰掛けて三〇分近くぼんやりしていたが、もちろん、その間にチラリとでも人の姿を見ることはまったくなかった。

背の丈ほどの草をかきわけつつ遺跡のある丘から下りると、鉄路の脇でティエンさんとバイクのドライバーが、すっかり退屈した表情で私が戻るのを待っていた。きわめて危なっかしい三人乗りバイクで来た道を戻り、そこから車に乗り換えて次の訪問地の「ポー・ロメ遺跡」へと向かう。

途中で、ファンランのビーチ沿いにある屋外レストランに寄って昼食をとった。

車のドライバーとガイドのティエンさん、それに私の三人で、ブツ切りの魚と野菜のすっぱいスープ、殻付きエビの炒め物、そしてイカと野菜の炒め物をとって、料理が各三万ドン、三人では食べきれないほどの山盛りご飯の大皿が六〇〇〇ドン、そのほかモロモロで、しめて一二万ドンというお値段。

ファンランのビーチはあまり美しいとはいえないものの、白い砂浜がソコソコ続き、私が生まれ育った湘南海岸などと比べればよっぽど海水浴に適していると思われるが、泳いでいる人の姿はまったくない。ホテルや各種のマリンスポーツ設備、海浜レストランなどの集中している一大観光地「ニャチャン」が、すぐ近くにあるせいかもしれない。

食後、大振りの陶器のポットで出された熱いお茶をすすりながら、しばらくぼんやりと海を見つめていた。寡黙なベトナム人ドライバーは、車に戻ってシートを倒して仮眠態勢に入った。

「今日は、この後ポー・ロメに行ったら、ファンランの街に戻ってそれでおしまいです。ファンランの街には、夜、遊びに行くような所があまりありません。寝るしかありません」と、ティエンさんがいう。

「別に夜遊びをするつもりはないから、それで構わないよ」と、私は答える。

今日はスケジュール的にたっぷり時間があるので、小一時間ほど休んでから車でポー・ロメ遺跡へと向かう。遺跡は、ほとんど緑のない荒涼とした丘の上にポツンと立っていた。車を降りて、赤土とサボテンの道をしばらく歩く。所々に背の低い木がまばらに生えているが、そのほとんどがサボテンである。一目で、耕作には不適当な不毛の土地とわかるが、実際、周囲に人家はまったくない。

ポー・ロメの祠堂は丘の上に東向きに建てられており、丘の上まで上るコンクリート造りの新しい階段が北側に設けられている。本来は祠堂の正面に階段が設けられていたと考えられているが、すでに崩壊してしまっている。祠堂は一基のみで、その南側に隣接してレンガの崩れた壁の一部が残っていて、宝物庫であったと考えられている。

祠堂は東側一ヵ所にのみ開口部があり、前房が設けられている。また、その四方の隅に尖塔を配した三層のレンガ造りの屋根がかけられているが、屋根の各層には壁龕《へきがん》が設けられ、ヒンドゥー教の神像が安置されている。ただし、いずれもまだ真新しい石像で、おそらくはレプリカであると思われる。また、屋根の各層の四隅には火焔状の装飾が施され、最上部のみそれが聖牛ナンディン像になっている。全体的に見れば、翌日に行くことになっているポー・クロン・ガライ遺跡の主祠堂によく似ているが、より荒削りな造りであるという。

ポー・ロメ祠堂が建立されたのは、一六世紀前半のことといわれている。この時期のチ

ポー・ロメの主祠堂

ャンパ王国は、北のベトナムの南進政策の前に完全に追い詰められ、少なくとも国内的にはすでに一地方勢力にすぎない存在になっていたと考えられている。ポー・ロメとは、そのチャンパの王の名で、祠堂の内部にはその王の像が安置されているという。

しばらく待っていると、どこからか男がやって来て、祠堂の入り口の鍵を開けてくれた。ティエンさんによれば、男は彼と同じチャム人で、遺跡の管理を任されているという。薄暗く狭い祠堂の内部には、きわめて貧弱なポー・ロメの石像が安置されていた。そのポー・ロメ王は八本の腕をもち、両サイドに聖牛ナンディンを従えている。明らかにシヴァ神の姿をしている。

ティエンさんの通訳を介して聞いたところでは、管理人の男は遺跡から数キロ離れたチャム人の村に住んでいて、昼間は管理人として遺跡に詰めているのだという。遺跡には、普段チャム人はあまりやっ

ポー・ロメ王の像

て来ないが、私が訪れる少し前に行われた年に一度のお祭りのときには、多くのチャム人が近隣の村からここに集まるという。私が祠堂内の撮影を終えると、男はティエンさんよりチップをもらい、再び入り口の鍵を閉めて戻っていった。

主祠堂の近くには、こちらはハッキリとリンガではなく、何かの記念碑とわかる「クット」が立っていた。「王の墓です」と、ティエンさんはいう。ポー・ロメ王は、どうして王の権威の象徴としての祠堂を、このようなサボテンしか生えないような不毛の地に造ったのであろうか。そこまで、チャンパがベトナムに追い詰められていたということなのか。

遺跡を後にして、ファンランの街に向かう。途中でチャム人の村を通過したので、車を止めてもらって村の中を散策した。レンガ造りで平屋の家が多く、家畜として豚を飼っている家が意外に多いので、チ

チャム人の村

ャム人といってもこのあたりの村はイスラム教徒の村ではないようだ。これは後から聞いた話なのだが、ベトナムに住むチャム人のいまだ約六割がヒンドゥー教徒であるという。

ここでチャム人というのは、現在、インドネシア各地に住むアウストロネシア語系の民族のことを指し、ベトナムではニャチャンからファンラン、ファンティエット周辺にもっとも多く居住し、人口としては一〇万人程度といわれている。一方、隣国のカンボジアにはそれをはるかに上回る約二〇万人ともいわれるチャム人が、主にメコン河流域やトンレサップ湖畔に居住しており、漁業や水産加工業などに従事している。カンボジアのチャム人はその大半がイスラム教徒であり、その異なる生活習慣などからポル・ポト時代(37)に弾圧の対象となり、人口の約三分の二が虐殺されたといわれている。一一三ヵ所もあったモスクも大半が破壊されるという大打撃を受けたが、現在、各地でその再建が進んでいる。チャンパ王国＝チャム人の国家といえないことは前述の通りだが、チャム人がその主要構成民族であったことだけは間違いないだろう。

突然、乱入してきた日本人の観光客に驚いて、たちまち好奇心の強いチャム人の子どもたちが集ってきた。好奇心が強いのはいいのだが、やはりときおり訪れる観光客がいるのだろう。私のTシャツを引っ張って、「何かくれ」と手を差し出す子どももいる。観光公害がこんな小さな村にも確実に広まりつつある現状を見るのは（かくいう、私も紛れもないそうした観光客の一人なのだが）とても悲しい。

(37)ポル・ポト率いるクメール・ルージュがカンボジアを支配していた1975～79年の４年間。

「どこかの家を見学していきますか？」とティエンさんがいったが、子どもたちをゾロゾロ引き連れてこれ以上の散策を続ける気はなかったので、断って車に戻った。ドアを閉めて手を振ると、諦めて笑顔で手を振り返す子どもたちもいたが、なかには諦めきれずに両手でドンドンとドアを叩く子どももいた。

ファンランは、国道1号線沿いの、頻繁に車の行き交う埃っぽい街だ。「トンニャット通り」とも呼ばれる国道1号線の両側に、さまざまな日用品雑貨を扱う商店やレストランというよりはただの飯屋（店の看板にベトナム語でご飯という意味の「コム」、うどんという意味の「フォー」などと大書されている）、ガソリンスタンドなどがしばらくの間密集していて、それが街の中心部を構成している。ちなみに、比較的街外れにある宿泊先の「トンニャットホテル」(38)から繁華街がそろそろ終わる市場の付近まで歩いてみたが、ゆっくり歩いてもものの一〇分もかからなかった。

国道からちょっと脇道に入ると、そこにはただの民家が点在しているのみである。

トンニャットホテルは、比較的最近に改築したことのハッキリわかる、外見はまだ真新しい雰囲気のホテルだった。部屋にはエアコンにテレビ、冷蔵庫と一通り揃っていて、バスタブはなくシャワーのみだが、一応お湯が出ることになっている。ただし、私の泊まった部屋のシャワーは、ついにチェック・アウト時まで水のままだった。料金は、一泊朝食

(38) 宿泊料は30万ドン～。設備などに関しては本文の通り。電話：827201、FAX：84-68-822943。「68」はファンランの市外局番。

付で三〇万ドン。日本円に換算すれば三〇〇〇円足らずの料金である。

ホテルの建物は見てくれはともかく、内部から見るとかなりの安普請であることが歴然としており、あらゆる設備に早くもガタがきている。まずは、ドアがちゃんと閉まらない。そして、いったん閉めると今度はなかなか開かない。窓には網が張ってあって、窓を開けても蚊が入ってこないようになっているものの、窓枠自体がゆがんでズレていて、結局、何の役にも立っていない。これには、タオルをその隙間に詰め込んで対処した。接触が悪く、冷蔵庫が機能していない。これは、入れたミネラル・ウォーターがいつまでたっても冷たくならないので気づき、コンセントにコードを入れたり外したりしているうちに、突然バチンと火花が散り、ゴゴゴゴと大きな音を立てて冷蔵庫が動き出した。

ドルからドンへの両替が、何故かできない。フロントの女性は英語をまったく解さず、ちょっと簡単なことを頼んでもたちまち大騒ぎになり、どこからか英語を話す人を連れてくる始末。これでは、何かを頼むこと自体、気が引けてしまう。まぁ、田舎のホテルはこんなものだと、そう思うしかない。

チェック・インの際、ティエンさんに「夕食はどうしますか？　ホテルのレストランは予約制で、ディナーはコースで六万ドンだといっています」というので、六〇〇〇円弱ならいいかと思って夕食の予約を入れた。夕食時に二階のレストランにいざ行ってみると、出るわ出るわ、昼食時に食べたブツ切りの魚の入ったすっぱいスープに加えて、蒸しエビ、イカと野菜の炒め物、鳥肉の炒め物の各大皿にご飯が出て、「これは一体、何人前？」という感じ。食後にはこれまた大皿に山盛りの、ライチに似た果物が出て、当然のことながらその大半を残すことになった。

客は、私以外は数人のベトナム人が一組いるのみで、私のテーブルにビッシリ隙間なく並べられた料理に仰天しているのがありありとわかる。もちろん、頼んだ私のほうでも十分に仰天しているのだ。頼むから、そんな目で見ないでくれ。これ以降、私はコース料理を頼むのをやめた。

ほうほうの手で部屋に戻って、ベッドに横になって本を読んだ。ところが、しばらくして停電になり、当然のことだがエアコンも切れてしまい、うだるような暑さに眠るどころではなくなった。

翌日、起きると空模様がおかしい。そう思っていると、車でホテルを出て間もなく、ポツポツと雨が降り始めた。その日は、一日中、曇り時々雨という天候になった。

今日は午前中、ポー・クロン・ガライ遺跡とホアライ遺跡へ行ってからニャチャンに戻り、ポー・ナガール遺跡を見るだけの、比較的楽なスケジュールである。いわゆる難所はまったくなく、多少雨が降っても心配はいらなかった。

ポー・クロン・ガライ遺跡もまた、ポー・ロメ遺跡同様、人里離れた不毛な丘の上にひっそりと立っていた。ここは完全な観光地で、入り口にはゲートがあり、係員が常駐して五〇〇〇ドンの入場料を取っている。

遺跡は丘の上に東向きに建てられていて、前房付の主祠堂と典型的な舟型屋根の宝物庫、上部構造が崩れた矩形房《くけいぼう》、それに塔門で一つの伽藍を構成している。本来は塔門のある東側に階段が設けられていたはずであるが、今はなく、南側に新たなコンクリートの階段とアーチ型の門が設けられている。

主祠堂は、ポー・ロメ祠堂のそれと同様に、その四方の隅に尖塔を配した三層の屋根がかけられ、またその各層の四隅には砂岩でできた火焔の装飾が、そして最上層のみ聖牛ナンディンの装飾が施されている。祠堂東面には前房と砂岩で造られた開口部があり、そのまぐさの上には六本の腕をもった踊るシヴァ神のレリーフの刻まれた破風装飾が施されている。

ポー・クロン・ガライ遺跡全景

祠堂内に入ると、中央にヨニの上に乗ったシヴァ神の象徴であるリンガが安置されており、そのリンガには人面が彫り込まれ、極彩色に着色されている。このシヴァ神と文字通り一体化した人物こそが、祠堂の建立者であるポー・クロン・ガライ王である。

また、開口部の砂岩製の側柱には古代チャム語で書かれた碑文が残っており、ジャヤシンハヴァルマン三世というチャンパ王がこの寺院を修復したとの記述もある。

遺跡は一九八〇年代にポーランド隊によって修復され、主祠堂、宝物庫、塔門ともにほぼ完全な姿を保っている。主祠堂と塔門は尖塔を林立させ、遠くから見ると、それ自体があたかも燃え上がる火焔のようである。見事ではあるが、見方によってはやや装飾過多で、ゴテゴテしすぎているようでもある。祠堂の建立時期は一四世紀ごろといわれており、これはチャンパ王国の栄光に陰りの色がきわめて濃く

主祠堂に残る踊るシヴァ神のレリーフ

なってきた時期に相当する。ヴィジャヤの陥落が、すでに目前に迫っていたのである。

遺跡のなかを写真を撮りながら歩いていると、雨脚が相当強くなってきた。主祠堂の南側の木陰で、しばらく雨宿りをする。たまたま二人で連れ立って遺跡の見学に来ていたベトナム人の若いお嬢さんも一緒になって、ティエンさんの通訳を介して少し会話をする。二人はニャチャンに住んでいて、休みにスクーターに乗って郊外の名所巡りをしているのだという。ここに来たのは初めてだといい、チャンパ遺跡に関する知識はほとんどないようである。

我々が木陰で固まっているのを見て、遺跡の管理人もやって来た。彼はティエンさん同様チャム人で、つい最近、この寺院で年に一度のチャム人のお祭りが盛大に行われたことなどを話す。チャンパ王国は確かにベトナムに力で制圧されて滅んでしまったが、国外に脱出せずベトナム国内にとどまったチャム人

ポー・クロン・ガライ王像

にとって遺跡は、今もなにがしかの心の拠り所になっている。そのことを知って、少し嬉しかった。

やがて雨も小降りになってきたので、遺跡を後にすることにした。お嬢さんたちとはゲートまで連れ立って下り、そこで別れた。車をしばらく走らせていると、彼女らの二人乗りスクーターが颯爽と我々の車を追い越していった。すれ違いざまに、二人はこちらに向かって笑顔で手を振った。

国道1号線に出てニャチャンへと戻る途中、前日に車窓から見たホアライ遺跡に寄った。この遺跡について重枝豊氏は、『チャンパ　歴史・末裔・建築』のなかで「観光施設として、無残な修復がなされている現場」であると書いている。つまり、「根拠のない基壇の修復が行なわれ」、そのため「全体の調和を欠く姿となってしまっている」というのである。

ホアライ遺跡の祠堂は東向きに、ちょうど国道1号線に背中を向ける格好で立っており、本来は主祠堂とその両サイドに配された北と南の副祠堂の三基が並んで建てられていたが、現在、主祠堂は完全に倒壊し、散乱するレンガの山となっている。「ベトナム戦争のときに砲弾の直撃を受け、破壊されてしまったのです」と、ティエンさんが説明する。

北の副祠堂は南のそれよりもかなり新しい時代の建造物に見えるが、それはもっぱら、

北副祠堂の壁面に残るレリーフ

祠堂の外壁に相当数の真新しいレンガが入れられて補修されているためである。外壁には精緻な装飾文様やガルーダのレリーフなどが施されているが、どこまでそれがオリジナルなものなのか私にはよくわからない。これに対し、南の副祠堂は草木に覆われ古色蒼然とした姿で、上部構造の崩壊が相当進んでいる。下から見上げたかぎりでは、壁面に装飾文様などが残っているようには思えない。

どちらの副祠堂も、その内壁には壁龕《へきがん》が残っている。ほかには何にもない空っぽの祠堂の内部には、思わずむせ返るような臭気が充満している。おそらく、コウモリか鳥の糞の匂いであろう。

ホアライの祠堂が建立されたのは、八世紀から九世紀初頭のことといわれている。ファンランの周辺には、チャンパ王国の比較的初期と末期のそれぞれの時期の遺跡が混在し、王国の盛衰を、私たちに束の間ではあるがかいま見せてくれる。

ホアライ遺跡の周辺は柵で囲われ、その入り口には料金所が造られていた。まだ料金所に人が常駐しているような気配はないものの、重枝氏のいうように、チャンパ遺跡の観光資源化の波がすぐそこにまで押し寄せてきていることを実感する。

ポー・ナガール遺跡とニャチャン

ホアライ遺跡からニャチャンの市街地までは、車で一時間半ほどの距離である。車窓から眺める光景は、のどかな田園風景そのものである。よく整備された水田に畑、そのあぜ道で草をはむ、放し飼いにされたウシやブタなどの家畜、それに黒いヤギの姿もある。

「ホーチミンの人はよくヤギを食べます」と、ティエンさんがいう。ヤギは沖縄で一度口にしたが、私としてはもう二度と食べたくないものの筆頭である。

ニャチャンはベトナムを代表するビーチ・リゾートであるため、ホーチミンからは日に数便、ハノイからも一日一便の国内線のフライトがある。市内には鉄道駅もあるが、こちらはホーチミンから七時間半ほどかかる。南シナ海に面し、長く南北に伸びたニャチャンのビーチは、白い砂浜と椰子並木が延々と続く実に美しいビーチで、海岸沿いのチャンフー通

ニャチャンのビーチ

りにはもっぱら外国人観光客を目当てにしたお洒落なレストランやカフェ、お土産物店、各種マリンスポーツの斡旋所などがひしめき合い、昼間から夜遅くまで、白人の観光客が連れ立ってかっ歩している。それは、思わずここがどこなのかわからなくなってしまうような、非ベトナム的な光景である。

ビーチの近くには、一四階建てでひときわ目立つ「ニャチャンロッジ」や、ゆったりとしたスペースに洒落たコーテッジが点在する「アナマンダラ・リゾート」などの超高級ホテルがその偉容を競っている。

海辺のレストランはどこも新鮮な海鮮料理がウリだが、本格的なフランス料理やイタリア料理のコースを、着飾って優雅に楽しむこともできる。さすがにマクドナルドはないものの、いかにもアメリカ人好みのボリュームたっぷりなハンバーガーを食べさせる店や、インド料理の専門店などもある。若い女性が一緒だったらきっと喜ぶであろう、カラフルなアイスクリーム・パーラーやムードたっぷりのカクテル・ラウンジ、深夜まで大騒ぎできるディスコもある。つまり、その大半が私には無縁の場所だ。

私の泊まったホテルは、海岸沿いのチャンフー通りからニャチャンの鉄道駅に向かうレタイントン通りに少し入った所にある「ビエンドンホテル」(39)だ。シングル一泊二〇ドルから六〇ドル止まり、ツインでも三〇ドルからで、一〇〇ドルを超える部屋はないという料金設定なのでごくありきたりの中級ホテルかと思っていたが、中庭に二つのプールを有し

(39) 料金は本文の通り。プールの他、テニスコートなどの設備を完備している。ツアーデスクもあり、様々な手配が可能。電話：821606、FAX：84−58−821912。「58」は、ニャチャンの市外局番。

た、実に素晴らしい高級ホテルだった。

チェック・インを済ませて早速部屋に行くと、部屋は広々としたベッドルームとリビングに分かれ、その双方にエアコンとテレビが備え付けられている。リビングには大型のソファーとテーブル、冷蔵庫などがあり、テーブルの上にはサービスでさまざまなフルーツを盛り合わせた大皿が置かれている。ゆったりと足を伸ばして入ることのできるバスタブもあり、もちろん、当然のことながらコックをひねれば熱いお湯が出る。規模の大きなホテルであるにもかかわらず、従業員の対応も決して慇懃無礼ではなく、というか実に親切で、ほとんど非の打ちどころがないほどである。これで、前日泊まったトンニャットホテルとほぼ同じ料金とは信じられない。

部屋にとりあえず荷物だけを置いて、すぐに街外れにある「ポー・ナガール遺跡」の見学に出発した。

途中、市の中心部の、観光客向けの店ではないご

ビエンドンホテル

く普通の飯屋でティエンさんらと昼食をとる。こうした店ではたいてい、入り口のガラスケースのなかにつくり置きのおかずが並べられていて、それを指さして注文するのである。もちろん、ガラスケースのなかにないおかずでも、簡単なものなら材料さえあればその場でつくってくれる。詰め物をしてボイルしたイカ、野菜炒め二種、魚の煮付け、生野菜の大皿、野菜スープにご飯、それに各自水やコーラなどの飲み物をとって、しめて五万五〇〇〇ドン。安い。いわゆる観光客目当ての店と違って、生春巻のようなこれぞベトナム料理といったメニューはまずなく、基本的に材料を煮たり炒めたりしたシンプルなものばかりで、また飛び切り旨いというような料理もこれといってはないが、どれもソコソコの味で、少なくともまずくはないというのがこの手の店の特徴だ。

お客はベトナム人ばかりで、忙しい昼食時のせいもあるだろうが、彼らの食事時間は恐ろしく短い。サッと注文して、少ないおかずで大量のご飯をかっこみ、アッという間に勘定を済ませて出ていく。店のテーブルはそれなりに埋まっているが、お客は絶えず入れ替わっている。

ポー・ナガール遺跡は、ニャチャンの郊外、南シナ海とつながったニャチャン川の河口の対岸にある。河口付近には中州のような島が幾つもあり、それらを経由して対岸に至る橋がかかっている。対岸には無数の小型漁船が係留されており、ニャチャンのビーチとはまったく違った生活感と活気に満ちあふれている。

ポー・ナガール遺跡までは車で行けばそれこそアッという間だが、歩けばおそらく三〇分くらいはかかるだろう。遺跡といっても、ここは常時、観光客に混じって多くのベトナム人参詣者で賑わう生きた寺院である。入り口にはゲートが設けられ、外国人観光客からのみ一人一万ドンの入場料を取っている。

この寺院が建立されたのは、一連のポーハイ遺跡群とほぼ同時期の、八世紀のことであるという。ただし、その後二度にわたって海上からジャワ勢力（ボロブドールの大遺跡を残したシャイレンドラ朝？）の攻撃を受け、祠堂は完全に破壊されたらしく、さらに一〇世紀の半ば、アンコール朝のラージェンドラヴァルマン二世(40)の治世にクメール軍がこの地まで侵攻し、おそらくは再建された祠堂から女神像を奪い去ったとの記録も残っている。

現存する祠堂はいずれも、その後一二、三世紀くらいまでに順次建立されたり、建て替えられたりした建造物であるといわれている。そのため、伽藍配置も統一性を欠き、少なくとも整然とした雰囲気の境内ではない。さらに、私が行ったときはちょうど主祠堂と南と北西の各副祠堂に大規模な修復の手が入っており、その間を右往左往する大勢の参詣者と相俟《あいま》って、輪をかけて騒然とした雰囲気になっていた。

各祠堂はいずれも海を見下ろす小高い丘の上に建てられており、その麓には、今は等間隔で並ぶレンガ造りの柱が残っているだけの「多柱殿」と呼ばれる方形の建造物があり、

(40) 968年に即位し、ジャヤヴァルマン４世によってコー・ケーに短期間移されていた王都を再びアンコールの地に戻すと共に、勢力拡大に努めた。

修復中のポー・ナガール主祠堂

そこから階段で祠堂のあるテラスに上るようになっている。

　多柱殿から階段を上り切った所に、高さ二八メートルの主祠堂が立っている。主祠堂はかなり大きな前房のついた開口部が東側にあり、開口部は砂岩で補強され、そのまぐさの上には四本腕の踊るシヴァ神の破風彫刻が施されている。外壁には精緻な装飾文様などはなく意外にシンプルであるが、見上げるほどの高さの、実に優雅な造りの高塔である。上部には三層のやはりレンガ造りの屋根がかけられていることがわかるが、今はその周りには鉄骨で足場が組まれ、修復工事の真っ最中である。

　主祠堂の南側隣りには、めずらしい円錐型の屋根の南東副祠堂が、やはり東向きに立っている。そのすぐ背後にはより小ぶりな南副祠堂があって舟型の屋根がかけられているが、かなり痛みが激しく、ここもその周囲が鉄骨の足場ですっかり囲われて修復中である。また、主祠堂のやや北側背後には、こちらも船型屋根の北西副祠堂が残っているが、ここも同じく修復中である。

　一般的には、チャンパの祠堂建築では船型屋根の建物は「宝物庫」か「聖水庫」などの付属施設であることが多いが、ここは規模も大きく、またその構造的にも祠堂として建てられたものであるといわれている。四方の外壁にはガルーダや象に乗った神像、「カーラ」と呼ばれる鬼面の怪物の顔などのレリーフが施されており、見事である。主祠堂の北側隣りに設けられたミニミュージアムに展示されている伽藍図を見ると、境内にはあと二つの副祠堂が建てられていたことがわかるが、今はその痕跡はない。

参詣者の多くは主祠堂に集中して集まっており、祠堂内は、まさに文字通り立錐の余地もないほどの混乱ぶりである。外でいつまで待っていても人の出入りが途絶える気配がないので、意を決して靴を脱いで堂内に入ってみる。その中央に安置され、人々の参拝の対象となっているのは、美しい着衣を身に着けたポー・ナガール女神像だ。服を着せられる前の女神像の写真がミニミュージアムに展示されているが、それを見ると女神は一〇本の腕をもち、明らかにシヴァ神の神妃とされる「ウマー神」であることがわかる。そのままではヒンドゥー教の神であることがあまりにも歴然としすぎているのを隠すためか、着衣を身に着けさせて、それをご本尊としているのである。

線香の煙と人息で、堂内はむせ返るほどだ。まさに、東京の朝の通勤電車なみの大混雑で、写真を撮ることもままならず、押し出されるようにして主祠堂を出た。

祠堂の裏面の外壁にも小さな線香台が置かれ、ここにも線香を両手で持って、何事かを熱心に祈っている白いTシャツにGパン姿、長く美しい黒髪を背後で束ねて赤い飾りを着けた若い女性の姿があった。

南東副祠堂の前あたりに女性たちの輪ができていたので、後ろからそっと見学する。どうやら、輪の中心にいる年配の女性が集まってきた女性たちの悩み事を聞いて、その解決策を占っているようである。相談を持ち掛けている女性の表情は真剣そのもので、やがて良い占いが出たのか、思わずホッとした表情になって笑みもこぼれた。すかさず次の相談者が口を開き、女性たちの輪はさらに大きくなるばかりである。

ポー・ナガール祠堂は、かつてチャンパの王によってその権勢を広く示すために建てられたヒンドゥー教寺院遺跡であるが、今はスッカリ、ベトナム人にとっての現世利益信仰の対象地となってしぶとく生き残っていた。貴重な歴史的建造物としてキチンとした保存・修復がなされなければならないことはもちろんいうまでもないが、同時にポー・ナガール祠堂にはいまだ現役の寺院としての側面もあり、その折り合いをどこでつけていくのかが難しいところだろう。

ふと、ここにお参りに来るチャム人がどれだけいるのか気になった。ティエンさんに尋ねてみるが、「ここは今ではスッカリ、ベトナム人のお寺になってしまった」との答え。どうも、今もチャム人の信

ポー・ナガール主祠堂前で祈るベトナム人女性

仰の対象となっているポー・クロン・ガライやポー・ロメのケースとは事情が異なるようである。

遺跡から眺めるニャチャン川の河口と南シナ海は、入り組んだ地形で実に美しい。対岸のニャチャンの街は小さな家並みが密集して、その背後には山並みが迫っている。見渡すかぎり大平原が続くカンボジアの大地とは、まったく異なった環境の地形。耕作可能な田畑はきわめて少なく、人々は海へ出ていかねばならなかったのであろう。その昔、この地を拠点としたチャンパの人々は、富を生む交易を求めてここから海の彼方へと出航していったのであろう。港から出て行く者、長い航海から戻ってくる者にとって、丘の上のポー・ナガール祠堂は一つの目印、おそらく灯台のようなものではなかったのか。そんなことを夢想しつつ、私は海をいつまでも眺め続けた。

ポー・ナガール遺跡からニャチャン港をのぞむ

ホテルの部屋に戻って、熱いシャワーを浴びた後、再び街に出た。レタイントン通りをビーチとは反対方向にどこまでも歩いていくと、古びた威厳のあるカトリックの教会があった。「ニャチャン大聖堂」である。その先にはニャチャンの鉄道駅があり、それを通りすぎるといかにも街外れといった雰囲気が漂う。そこで引き返して、ビエンドンホテルの前を右折してフンヴォン通りに入ってみる。

この通りは完全なツーリスト・ストリートで、格安なミニホテルや旅行代理店のオフィス、各種レストランなどが建ち並んでいる。ビーチ沿いのチャンフー通りにあるレストランに比べればだいぶ大衆的な店構えである。ここで夕食をとることにして、先に進んだ。途中からわき道に入り、無目的に歩いているとやがてチャンフー通りに出た。

もう夕刻が迫っていることや、今日は二時ぐらいまで雨が降ったり止んだりしていたこともあって、ビーチに並べられたデッキチェアーでくつろいでいる観光客の姿はほとんどなく、子どもたちがどこからか大勢、自転車や徒歩で集まってきて、砂浜にボールを持ち込んでサッカーを始めた。数人のベトナム人とともに海浜の石のベンチに座ってそれをぼんやりと眺めていると、どこからか、首からさげた箱の中にお菓子やタバコをいっぱい並べたおばさんの物売りがやって来た。どうせ言葉が通じないと思ったのか、私を素通りして、隣りのベトナム人のおっちゃんにさかんに話しかけている。殻付きのピーナッツを量り売りしているおばさんもやって来て、話の輪に加わった。おばちゃんたちの商品はいっこうに売れている気配はないが、話に夢中になって、そんなことを気にかけている気配はない。

以前、フエに行ったとき、ホテルから一歩出たら最後、さまざまな物売りやシクロの運転手に周囲をビッシリ取り囲まれて、気を休める暇もなかったときとはえらい違いである。あのころのベトナム人はまだ観光客なれしていなかったせいか、観光客と見ればすぐトコトンむしってやろうという姿勢がありありで、私は心身ともに疲れ果て、ベトナムが大嫌いになった。

いつまでもこうしていても仕方がないので、チャンフー通りをビーチ沿いにブラブラ歩いてみる。どこまで行っても同じような店が続いている。私が入りたくならないような、お洒落な雰囲気の店だ。

結局、当初の予定の通りフンヴォン通りに戻って、「タンドリー・ハウス(41)」というインド料理専門店に入った。とくにカレーを食べたいとは思わなかったのだが、店の前を掃除していたハッとするほど美しいベトナム人のお嬢さんが私に微笑みかけ、つい年甲斐もなくクラッとしてしまったのだ。

チキン・カレーが二万三〇〇〇ドン、ナンが四〇〇〇ドン、種類が多く選ぶのに迷うほどのラッシー（ヨーグルト・ドリンク）が六〇〇〇ドンからだから、モロ観光客目当ての店といっても、決してそれほど高い価格設定ではない。ちなみに、私の頼んだアップル・

(41) フンヴォン通りにあるインド料理専門店で、客筋はほぼ外国人観光客100%。営業時間：7時～夜中の2時。カレーやタンドリーチキンもうまいが、各種ラッシーが美味。電話：816206。

ラッシーは八〇〇〇ドンで、これほど美味しいラッシーを私は日本でも飲んだことがなかった。カレーは私には少しマイルドすぎたが、焼きたてのナンは香ばしく、美味しい。

まだ時間が早く、お客がほかに誰もいなかったこともあって、二人いた店員の若いお嬢さんが私のテーブルにやって来て、あれこれ話しかけてくる。

「何人？」「どこから来たの？」「ベトナムは初めて？」「ニャチャンの印象は？」「何日いるの？」「ニャチャンの後はどこへ行くの？」

二人とも見事な英語をしゃべる。つまり、私を英会話のレッスン台に使おうというつもりだったようだ。あいにくと、私の英会話力は彼女らよりはるかに劣っており、最後には少しがっかりした表情で仕事に戻っていった。

それでも、彼女らが今はこの店で働いているが、英語力をもっとつけていずれはさらなるステップ・アップを目論んでいること、そのために仕事の合間に学校に通っていることなど、そうした彼女らの事情はよくわかった。とにかく前向きで、明るい女性たちである。ホーチミンへはまだ行ったことがないので、ホーチミンの話をしてくれとせがまれたが、悲しいかな私の乏しい英会話力で伝えられたのは、「ホーチミンはものすごく人や車やバイクが多く、道路は常に渋滞しているということ、確かに活気はあるし、この国の最先端だが、ニャチャンのほうが落ち着いた、人間らしいずっといい街だよ」ということくらいである。しかし、彼女らが私の話に納得したようにも全然思えなかった。

いずれステップ・アップを夢見て、彼女らはホーチミンに出ていくことになるのだろうか。待っているのが成功ばかりだとはかぎらないのだが……。

食事を終え、彼女らにバイバイと手を振って別れを告げた。彼女らは私が明日の早朝にはニャチャンを離れることをすでに知っていたので、また来てね、とはいわなかった。

明日は五時起きで、遅くとも六時までにはホテルを出発し、ベトナム中部の街クイニョンへと向かう。クイニョンまでは、車で順調に飛ばしても五時間から六時間はかかるためだ。

ホテルに戻ってリビングのソファーに寝そべってテレビを観ているうちに、本当に眠ってしまった。朝の五時に鳴るようにセットしてあった置き時計のベルが鳴って、目が覚めた。結局、ベッドルームはまったく使用しなかったことになる。せっかく超豪華な部屋に泊まったというのに、それを使いこなすことができなかった。何だか、とても悲しい。

第2章

クイニョン

―果てしない田園風景のなかで―

フンタン遺跡

クイニョンへの長いドライブ

クイニョンはビンディン省の省都で、ベトナム中部の南シナ海に面した港湾都市である。西暦一〇〇〇年ごろ、チャンパの王都ヴィジャヤがこの地に置かれ、その海上交易の中心地として大いに栄えたが、一四七一年にベトナムの後レ朝の南進によってヴィジャヤは陥落し、以降この地はベトナム人のものとなった。また、これはのちに詳述するが、ベトナムがもっとも混乱した時代といわれる「南北抗争時代」の一八世紀に、グエン三兄弟[1]によるタンソンの反乱の根拠地ともなった。グエン三兄弟の末弟であるグエン・フエは、シャム（タイ）軍や清の大軍とも戦い、これに勝利し、また国内の混乱も武力で制して自ら王位に就いたが、即位後わずか三年で死去した。グエン・フエは「救国の英雄」と呼ばれ、今でもホーチミンをはじめベトナム各地に彼の名前をつけた通りが残っている。

クイニョンは遠い。ホーチミンから北に約七〇〇キロの距離があり、現在、唯一ホーチミンから国内線のフライトがあるが、それも週四便にすぎない。また、ホーチミンからは長距離バスも出ているが、クイニョンまで実に一六から一七時間もかかるという。鉄道で行くこともできるが、この場合は「ディエウチィー」という駅で降りて、ここからバスかバイクタクシーなどを使って行くしかすべがない。もちろん、ニャチャンなどと比べるこ

（1）タンソンを拠点にした広南グエン氏への反乱勢力のリーダーで、その末弟が「国民的英雄」のグエン・フエである。本章の後半で詳説。

とはできないにしても、ソコソコきれいなビーチもあり、そして何よりもチャンパ遺跡という何物にも替え難い観光資源があるというのに、クイニョンはおそらくそのアクセスの悪さが災いして、ベトナムを代表する観光都市の仲間に入りそこねている。

クイニョンのビーチについては、「海岸はゴミだらけ」(『地球の歩き方』一九九五・九六年版、以降の版にクイニョンに関する記述なし)「クイニョンの海辺はウンコだらけ」(『ベトナム縦断鉄道途中下車の旅』双葉社)などと、すこぶる評判が悪い。ガイドブックの取材者が訪れたときは確かにそうであったのかもしれないが、少なくとも二〇〇〇年の八月末に私が訪れたときには全然そんなことはなかったということを、クイニョンの街の名誉のためにもここに明記しておきたい。

さて、私の現在いるニャチャンからクイニョンまでは、順調に飛ばしたとしても、車で五時間から六時間はかかる距離である。ガイドのティエンさんが、「明日は五時には起きて下さい」というので、嫌々その時間に起きた。さすがにまだ窓の外は暗い。

ホテルの代金には朝食代も含まれているが、こんな時間にレストランが開いているわけもないと考えていたら、チェック・アウトの際、ホテルマンがちょっと待っていてくれといってどこかへ飛んでいき、やがて紙袋を持って戻ってきた。「あなたのブレックファーストです」という。紙袋のなかには、焼きたてのフランスパンが一本、発砲スチロールのボックスに入ったさまざまな種類のハムやソーセージにまだ湯気の立っているオムレツ、それにバナナが一本とミネラルウォーターの小さなボトルが入っている。昨日、フロントに翌日の出発時間を告げ、私自身旅行用の小さな目覚まし時計をもってはいたが、念のためにモーニング・コールを頼んであったので、わざわざ朝食用のお弁当を用意してくれたらしい。宿泊料金には朝食代も含まれているのだから当たり前といえばその通りだが、そのちょっとした気遣いがとても嬉しい。いずれまたニャチャンに来て、今度は数日ゆっくり逗留したい。ビエンドンホテルは、旅人をそんな気にさせる、実に素晴らしいホテルだった。

　ロビーにはすでにティエンさんとドライバーが待っていて、六時少し前にはホテルを出発した。とりあえず車内でホテルの用意してくれたお弁当を食べ、しばらく窓の景色を眺めていたが、延々と続く変化に乏しい田園風景にやがてうつらうつらし始めたらしい。記憶が所々飛んでいる。

　水をいっぱいたたえた何も植わっていない水田に大勢の男たちがいて、網で水田をかき回していた。車を少し止めてもらい、見学する。エビを養殖しているのだという。すべて輸出用であるというから、おそらく世界一エビ好きという日本人に食されているエビのなかには、ベトナム産のエビもかなりあるのだろう。

　まだ早朝であるためか、国道1号線はずいぶんと空いていて、ドライバーはこちらが怖くなってしまうほどの猛スピードで車を走らせる。それだけならまだしも、遠くに先行車を見つけるとさらにスピードを上げ、センターラインを大きくオーバーしてそれを追い越しにかかるのである。道路は空いているとはいえときどき対向車もやって来るので、車体が接触するギリギリ寸前ですれ違うなどということも時にあり、実に心臓によくないドライブである。我がドライバーはとにかく強気一辺倒で、「最後には対向車がブルって道を譲るさ」と、どうやらマジに思い込んでいるふしがある。

道路は同じ国道1号線ながら、ニャチャン～ファンラン間のそれのようには整備されておらず、しかも坂道や急カーブも多い。途中で、横転した態勢で民家に突っ込んだ大型トラックを目撃した。ミネラルウォーターのボトルを運んでいたらしく、それが道路上に散乱している。

「もう少し安全運転で行こうよ」とティエンさんにいうが、ドライバーはベテランなので大丈夫の一点張りである。

ホテルを出発してから二時間半ほどで、チャンパ遺跡のニャンタップに着いた。ニャンタップは、日本語では「雁塔《がんとう》」と呼ばれている。

ニャンタップは、重枝豊氏の分類によれば、一応クイニョンの周辺にあるほかの多くの遺跡とともに「ビンディン遺跡群」に分類されているが、実際にはビンディン省の隣り、フーイエン省のトゥイホアという街の近くにあり、ほかのビンディン遺跡とは距離的にかなり離れている。

ニャンタップの祠堂

国道1号線からわき道に入り、しばらく行くと小高い丘があり、その上に東向きに祠堂は建てられている。その祠堂はヴィジャヤに王都のあった一一世紀に建てられ、以前は二基あったというが現存するのは一基のみで、丘の上に登ると祠堂の前には眼下に南シナ海が広がっていた。

私はニャンタップの写真を以前に重枝豊氏の本で見ていたのだが、私の目の前にある祠堂はそれとはまったく異なった姿になっていた。祠堂は、四角い堂塔の上に四方に隅尖塔を配した三層の屋根が乗せられているのだが、重枝氏の写真ではかなり崩壊した状態であったその屋根が、奇跡のようにキチンと復元されていたのである。もちろん、重枝氏が写真撮影をした後に修復の手が入ったのであろうが、それがどこまで学術的に確かな復元なのか少し気になった。

高さは二四メートルというから、ポー・ナガール遺跡の主祠堂には及ばないもののかなりの高塔である。東面の開口部には前房がつけられていたのであろうが、それは完全に崩壊していて今はない。重枝氏の写真では、この開口部分はセメントを使って修復されていたが、現在はその部分に関してはすべて新しいレンガに入れ換えられ、より違和感が少なくなっていた。

遺跡の近くでタバコなどを売っていた年配のご婦人が私たちを見てやって来て、祠堂内のロウソクに火をつけてくれた。その中央には、極彩色に着色され、冠をかぶった女神像が安置され、果物などのお供え物がその前に所狭しと並べられている。ロウソクに火をつけてくれたベトナム人の婦人と話をしていたティエンさんが、「最近、ここでベトナム人のお祭りがあったらしいです」という。

また、堂内には四本腕の踊るシヴァ神の石のレリーフが転がっている。おそらく、開口部のまぐさの上に取り付けられていた破風彫刻[2]であろう。

祠堂の前に広がる海には、おそらく以前チャンパの貿易港があり、ここでもニャンタップの祠堂はポー・ナガールの主祠堂同様、その海上からの眺望を第一に考えられて造られたのではないかと思う。二四メートルという高さは、そのためにも必要であったのだろう。

再び国道1号線に戻り、クイニョンに向かって車を走らせる。ティエンさんに聞くと、あと二時間ほどの距離であるという。クイニョンの街に近づくにつれ椰子の木が増え、ホーチミンやその近郊ではほとんど見かけることのなかった円錐形のカサを頭にかぶった女性の姿が目立って増えてくる。ホーチミン周辺では、またニャチャンの周辺でも、多くの女性がかぶっていたのはごく普通のチューリップ・ハットであり、男性の場合はこちらも決まって目刺し帽だった。また、やはり円錐形のカサ同様、ベトナム女性の典型的な民族衣装というイメージの強い「アオザイ」については、女子高生が白いアオザイを制服として常時着用している以外は、どこへ行っても街で見かけることはなかった。アオザイを着

（2）祠堂の開口部の上に施す、屋根飾りの彫刻。

るのはいまや、女子高生以外ではおそらくベトナム航空のスチュワーデスか、高級ベトナム料理店の女性店員くらいなものなのではないか。

眩いばかりの陽光の降り注ぐ緑一色の田園風景のなかを、車は走り続ける。そろそろ、クイニョンの街が近づいている。

ビンディン遺跡群

完全に破壊され跡形もない王都ヴィジャヤの面影をわずかに今に残す「ビンディン遺跡群」と呼ばれているチャンパの祠堂建築には、おそらくもっとも有名なタップバック（銀塔）をはじめ、トックロック（金塔）、カンティエン（銅塔）、トゥーティエン、ユンロン（象牙塔）、フンタン、ビンラム、それにすでに訪れたニャンタップ（雁塔）の八つがある。このうち、ニャンタップ以外はクイニョンの郊外にまとまって点在しており、比較的容易に回ることができるものと、そう簡単に考えていた。それが大きな誤りであったことを、すぐに身をもって思い知らされることになった。

まず、一一世紀に建立された主祠堂が一基のみ残っているビンラムについては、国道の比較的近くにあるものの、道路事情がきわめて悪くて行けないことが日本を出発する以前に現地からの連絡でわかっていた。それ以外の遺跡については、一応行けそうだが、実際に行ってみないとよくわからないというのが現地の旅行会社である「エーペックス・インターナショナル」からの回答だった。

まずは、国道1号線からクイニョンの街を通りすぎた所で国道19号線に入り、グエン三兄弟のタイソンの反乱で有名なタイソンの近く、国道からは少し入った所にある「トゥーティエン」と「ユンロン」という二つの遺跡に行くことにした。

いずれも地図の上では国道のすぐ近くにあり、行けないはずがないと考えていた。まずはトゥーティエンに向かう。国道からわき道に入ると、たちまち車の揺れが激しくなった。道路は未舗装の田んぼの中のあぜ道に近いが、対向車が来たらやばいものの、一応車が一台ようやく通れるだけの幅はあった。ところが、進むにつれて道はさらに悪路となり、しっかりつかまっていないと頭を車の天井にぶつけてしまいそうなほどの大きな揺れになった。突然、ドライバーが何事か叫び、車を急に止めた。降りると、前の片方のタイヤが完全にパンクしてしまっていることがわかった。

「予備のタイヤが一本ありますから、大丈夫です」とティエンさんはいうが、同時に「またパンクしてしまったら、そのときはもうどうにもならないですね」と、恐ろしいことをいう。確かに、周囲を見回しても遥か彼方まで続く田園風景のみ。近くに人家など、どこにもない。

私が手伝うとかえって足手まといになりそうなので、田んぼのあぜ道に腰を下ろして、ティエンさんとドライバーがジャッキを使ってタイヤの交換をするのをぼんやりと眺めていた。実際に行けるかどうか行ってみないとよくわからないということが一体どういうことなのか、よくわかった。遺跡に行けないのは、それが決して「秘境」のような未踏の地にあるからではなく、ごく普通の田園風景の真っただ中にあるからなのだ。田んぼのなかの道は、もともと歩くか、自転車かせいぜいバイクで通るもので、車が通ることをあらかじめ想定して造られてはいないのである。

ようやくタイヤ交換が終わり、ドライバーは車を恐る恐る発進させる。幸い再びパンクすることもなく、人家のある近くまで行くことができた。トゥーティエンはこの近くにある、という。畑を越え、背の丈ほどある草むらをかき分けて進む。突然、視界が開け、周囲を畑と草むらに囲まれた丘とはいえないほどの低さの高台に、上部構造が崩壊し、半ば草に覆われたレンガ造りの祠堂が一基立っていた。

トゥーティエンの祠堂には、屋根の第一層の部分に隅尖塔の痕跡が残っているところから、おそらく四方に隅尖塔を配したレンガの屋根が何層かかけられていたのだと思われるが、今はスッカリ崩壊し、頭頂部には大きな穴が開いている。一ヵ所のみの開口部も崩壊が著しく、なかでも前房は完全に崩れてしまっている。基檀部分も崩壊が激しいが、ここには新しいレンガが入れられ、さらにコンクリートで補強されていた。荒っぽい補強だが、

トゥーティエンの祠堂

確かにそうしなければ、いつ完全に崩壊してしまってもおかしくないような状態でもある。外壁には砂岩の痕跡も残っているところから、おそらく何らかの彫刻がそこには施されていたのだろう。様式的にはトックロックやカンティエンの祠堂に近く、一三世紀ごろ、ともにほぼ前後して建立されたものと考えられている。

草むらの間から、遠くに小さく、もう一基の祠堂が見える。あれはカンティエンであると、ティエンさんが教えてくれた。

再び草むらをかき分けて車まで戻り、次にユンロンに向かう。しばらく車を走らせるとやがて田園が途切れ、荒涼とした赤土の道に入る。周囲は人の手が入っているとは思えない原野だが、かつてここに、南北分断時代、米軍基地が設けられていたのだという。前を走っていた車が戻ってきて、ドライバーが私たちの車に向かって何事かを叫ぶ。

「どうやらこの先、橋が崩れていて行けないといっているようです。一応、近くまで行ってみますが……」と、ティエンさんがいう。

確かに、しばらく行くと小川に頼りない木の橋がかかっていて、それがほぼ中央で大きく陥没している。ティエンさんが近くにいた農民に聞くと、数日前、小型のトラックが無理やり橋を渡ろうとしてこんな状態になったのだという。ユンロンに行くのには別の道を探さねばならないが、とりあえず街の近くに戻ってお昼にしませんか、とティエンさんが提案。時計を見ると、すでに二時近くになっていた。

国道19号線に戻って、国道1号線との合流点まで戻る。周辺は完全な田園風景一色だが、それでも二つの国道の交差点近くには、食堂やガソリンスタンド、車やバイクの修理やタイヤ交換などを商いにしている店などが多少固まっている。

そのなかの一軒の簡易食堂に、ティエンさんとドライバーと私の三人で入る。もう昼食時間をだいぶすぎているせいか、食堂にはほかに客はなく、床には客の食べこぼし、箸や食器、あるいは手や口の周りなどを拭くようにテーブルの上にまとめて置いてある、ティシュというにはあまりにもゴワゴワした紙質のピンクの紙などが散乱し、それを女性の店員がホースの水で勢いよく洗い流していた。その間をすり抜けて、一番奥の、すでに清掃の終了したとおぼしきテーブルを囲む。もちろん、テーブルや椅子の下の床は水浸し状態で、しかもテーブルはうっかり肘をつくとガクッと傾いてしまうような、とんでもない代物だ。入り口のガラスのショーケースのなかには、ゆでた豚肉の切り身を乗せた皿以外にはもう何も残っていなかったが、スープと卵焼きぐらいならつくれるとのこと。

つくり置きの、売れ残りであることが明白なゆで豚は、炎天下に長時間さらされていたものであることを考えると正直いってあまり食べたくなかったが、ほかに選択肢がまったくないのだから仕方がない。これはベトナムでは「ヌックマム」と呼ばれている魚醤(3)の一種であることは確かだが、やけにドロドロで匂いも相当強烈なタレにつけて食す。卵焼きはあまりにも焼きすぎでしかもやたら塩辛いが、こちらはその場で焼いてくれたものだか

(3)東南アジアで多用される、小魚を塩漬けし発酵させてつくった醤油に似た調味料。ベトナムでは「ヌックマム」、カンボジアでは「トゥックトレイ」、タイでは「ナンプラー」などと呼ぶが、同じもの。この味になじめないと、東南アジアを旅行するのは難しい（かな）。

ら、味のほうはともかくとして安心だ。で、卵焼きばかりを口に運んでいたのだが、気をきかせてティエンさんが箸でゆで豚の切り身をつまんでは私のご飯の上にせっせと乗せてくれるものだから、これは覚悟を決めて食べるしかない。

小柄な女主人が大きな中華鍋を振り回しながらつくってくれた最後の一品は、ゴーヤとき卵のスープだった。ゴーヤ（苦瓜）は沖縄のもっとも有名な常食野菜で、実は私の大好物の一つだ。このゴーヤとポーク（ランチョンミートの缶詰のこと）と木綿豆腐よりもさらに固い島豆腐(4)を一緒に炒めたのが、沖縄の代表的な家庭料理である「ゴーヤチャンプルー」である。私はこれを、さらにとき卵でとじて食べる。だから、ゴーヤと卵がとても相性がいいことはよく知っていたが、こうしてスープにして食べたことは何故か今まで一度もなかった。塩とおそらく「味の素」などの化学調味料で味をつけただけの、別にどうということのないスープなのだが、とても美味しくて何杯もお代わりをした。

食べながら、ベトナムをはじめ東南アジアではゴーヤはどれほどポピュラーな食べ物なんだろうと、ふと思った。ゴーヤはもともと南国産の野菜だから、食べられていても何の不思議もない。ただ私は、東南アジアの各国でゴーヤを使った料理を、これまでただの一度も食べたことがなかったのである。もちろん、食べ歩きを趣味にしない私のことだから、とんだ思い違いで、東南アジアの人々はごく日常的にゴーヤを食べているのに、たまたま私が口にしたことがないだけなのかもしれない。

（4）水に漬けた大豆を砕いてそのまま絞り、これににがりを加えて固める独自の製法により「本土」の豆腐に比べて固く、大豆の風味が生きている。

話が大きく脱線してしまったが、脱線しついでに書いておくと、以前インドネシアに行ったとき、たまたま食堂に入ったら、メニューに「ナシ・チャンプルー」というのがあった。注文するとご飯を盛った皿の上に、さまざまな代表的なインドネシア料理が少しずつ乗せられたものが出てきた。沖縄では「チャンプルー」というのは「ごちゃまぜ」というような意味で、だからゴーヤを使った野菜炒めを「ゴーヤチャンプルー」、あるいはゴーヤの代わりにアシタバ（沖縄では「フーチバ」という）を使えば「フーチバチャンプルー」というのである。「ナシ」というのはインドネシア語でご飯という意味だから、ナシ・チャンプルーはごちゃまぜご飯で、ちゃーんと意味が通っている。

これは別に不思議でも何でもないことで、チャンプルーというのは沖縄の言葉ではなくて、どうやら東南アジアから伝わった言葉であるようなのだ。そういえば、長崎にも「長崎チャンポン」という料理があったが、それも同様に東南アジア由来の言葉なのだろう。

初めてタイに行ったとき、さつま揚げそっくりの「トートマンプラー」という料理があってびっくりしたこともある。沖縄や九州特産の食べ物には、意外に東南アジア由来の食べ物が多く、こうした国々と琉球や日本との古来からの「海のシルクロード」を通しての深い結びつきを、私たちに改めて実感させてくれるものとなっている。

考古学者の坂井隆氏(5)が著した『「伊万里」からアジアが見える――海の陶磁路と日本』（講談社）は、日本の伊万里焼きが東南アジアのジャワ（インドネシア）などを経由して遠くイスタンブールのトプカプ宮殿(6)まで運ばれていった経路を振り返りつつ、日本とそれらの国々との間にかつて確かに存在したであろう、共存共栄を基礎とした「海で結ばれた感情」の可能性にまで言及したきわめて示唆に富んだ名著である。

しかしながら、日本の「明治」以降の近代化の歩みとは、どうもそうした「海で結ばれた感情」にもとづくアジア諸国との共存の道を自らの手で断ち切り、欧米列強と対抗しつつ、あくまでアジアの盟主を目指す道であったように私には思われてならない。にもかかわらず、日本がアジアの諸国を文字通り力でねじ伏せ、植民地化していく大義名分が「大東亜共栄圏」の達成であったことに私は深い絶望感にとらわれる。私たちの世代やそれに続く次の世代が、果たして、こうした日本とアジアの「負」の歴史を大きく転換していくことが本当にできるのだろうか。

話が大幅に脱線してしまった。このまま暴走させておくと大変なことになってしまいそうなので、強引に話を元に戻す。

昼食を済ませ、再び遺跡巡りを再開した。食事をしながら、ティエンさんと午後の計画を立てた。ユンロンへの別のルートについては明日までに調べておいてもらうことにして、とりあえず今日は、昼食を食べたお店から一番近いトックロックへ行き、さらに時間があればカンティエンにも行くことにする。

(5) 群馬県埋蔵文化財調査事業団主幹専門員で、著書に『アジアの海と伊万里焼』(人物往来社、1994年)、『東南アジアの考古学』(同成社、1998年)などがある。
(6) 15世紀の半ばから20世紀にかけて、オスマン帝国の歴代スルタン(王)の居城であった大宮殿で、トルコのイスタンブールにある。

「金塔」ともいわれるトックロックは、地図の上では国道1号線から少し入った所にあるように見えるが、実際にはかなり急勾配な丘の上に立っていて、登頂はそれほど楽ではない。丘の上の遺跡に至る山道は歩いて片道せいぜい二〇分ほどだが、きわめて滑りやすく、また背丈ほどの草にスッカリ覆われ、それをかき分けながら進まねばならない個所もある。

車を降りた民家の前で遊んでいた少年が、ティエンさんと私の後についてくる。道案内をしているつもりなのか、やがて先頭に立って、片手に持った木の小枝をブンブン振り回しながら山道を登り始める。そのあまりの早さに私はついていけないが、しばらく行くと、途中で立ち止まってこちらが追いつくのを待っている。

「シン・チャオ（こんにちは）」と話しかけてみるが、まったく反応はない。無愛想なのでも、内気なのでもなく、どうやら私のベトナム語が通じていないようだ。

ベトナム語は実に難しい。今のベトナム語はローマ字表記なのでそのまま読めばいいのだが、実際には、そのまま読んでもまったく通じないのである。ベトナム語には大きく分けて三つの方言があり、それぞれの方言には五つから六つの声調があるといわれており、たとえば同じローマ字表記であっても、声調が違えばまったく違う意味の言葉になってしまうのである。だから「シン・チャオ」とか「カム・オン（ありがとう）」などとガイドブックには必ず載っている旅行会話集を見ながら、それをそのままローマ字読みにしてみたところで相手には全然通じていなくて、通訳を介して聞いてみると、あなたは英語か何かをしゃべっているのかと思っていた、なんていうことは実際によくあることなのだ。

それでも、「シン・チャオ」や「カム・オン」などのごく簡単なフレーズであれば相手が何とか見当をつけて応じてくれるかもしれないが、少し複雑な話になるとそれもまったく無理である。これは何もベトナム語でなくても、たとえば私がもっとも頻繁に足を運んでいるカンボジアなどでも同様で、苦労してしゃべったカンボジア語が相手に全然通じず、仕方がないので英語でしゃべったら今度は一発で通じてしまったなどということはそれこそ日常茶飯事で、それ以来私は、カンボジア語を話そうという努力をスッカリ放棄してしまった。

私の「シン・チャオ」が少年に通じなかったので、仕方がないのでただ黙って笑いかけると、今度は相手も笑い返してきた。ティエンさんが、私がベトナム語で「こんにちは」といったのだと伝えると、少年も元気に「シン・チャオ」といい返してきた。やっぱり、まったく通じていなかったのだ……嫌になる。

トックロックの祠堂は、丘の上にただ一基、東向きに立っていた。様式的には昼食前に行ったトゥーティエンやまだ行っていないカンティエンときわめて類似しており、前述のようにともに一三世紀の造営といわれている。この時期のチャンパは、ジャヤヴァルマン七世治世のアンコール朝の大規模な侵攻に屈し、王都ヴィジャヤも一時その支配下に置かれることになった。トックロックを直訳すれば、「カンボジアの塔」という意味であるという。もちろん、カンボジア人が造った塔というわけではなく、その影響を色濃く受けた建造物であるとの意味である。

祠堂は屋根の部分がほぼ崩壊し、草に覆い尽くされている。東面の開口部にはやはり前房があったものと思われるが、それも崩壊し、開口部ももはやえぐれた穴がポッカリ開いているという感じである。外壁の側面には砂岩の痕跡も残っていることから、そこにはおそらく精緻なレリーフが施されていたのであろうが、それも今はただただ想像するしかない。ただ、こうした砂岩を用いた壁面彫刻などは、やはりまぎれもないクメール建築の影響といえるだろう。

祠堂のある丘の上から眼下に見下ろす周辺の景色は、グルリ三六〇度すべてが緑の田畑である。そして、遥か彼方に連なる山並み。その間にはもちろん、本当は人家も集落もあるはずなのだが、肉眼ではまったく見つけることができない

トックロックの祠堂

遠くのやはり小高い丘の上に、赤茶けたレンガ造りの祠堂と幾つかの付属の建造物が見える。「あれが一番有名なタップバックです」と、ティエンさんが教えてくれる。別の方向に目を転じると、森の彼方にさらに小さく三つの高塔の姿がある。「あれがユンロン」と、ティエンさん。今はどこまでも田園風景の続く一帯にすぎないが、ここがかつて間違いなくチャンパの国の中心地であったことがわかる光景である。

丘の上でしばらく休んでから、国道へ下りる。足下の危なっかしい私の様子を見て、少年がサッと近づいてきて私の手を引いてくれる。おいおい、そんな年じゃないよとは思ったが、少年は「ここに足、次はここ」とてきぱきと指示を出し、私を誘導し始めた。麓に近づいてきてもう大丈夫と判断したのか、少年はそれまで握っていた手を放し、先に立ってスタスタと歩き始める。「案内料」としてチップをあげるべきか、あげないほうがいいのか、またあげるとしたらいくらぐらいなどと私が迷っているうちに、少年の姿はどこかへ消えていた。

まだ夕暮れまでに多少時間があったので、カンティエンへ行くことにする。カンティエンは「銅塔」ともいわれているが、この「金塔」「銀塔」「銅塔」などという呼び名はもちろん後世の研究者がつけたものであって、当時、それらの祠堂がチャンパの人々に何と呼ばれていたのかはわかっていない。

カンティエンは、トックロックとはちょうど反対側の、やはり国道1号線から少し入った所にある。とはいっても、ここも田んぼのなかのあぜ道を通っていくしかないから、車で近くまで行くことはできない。

あぜ道をティエンさんと連れ立って歩く。今はちょうど、稲の刈り入れの時季。狭いあぜ道の至る所に、刈り入れられた稲が小山になっている。もうすぐ夕暮れだが、まだあちこちで脱穀機のエンジン音が響いている。ベトナム人の農民は仕事熱心だ。

カンティエンの祠堂も丘の上に東向きに一基で立っているというが、こちらはトックロックほどの急勾配の丘ではない。したがって、そこへ至る道も、坂道というよりは平坦に近い。

このカンティエンは、チャンパの王都の中心寺院であったと考えられている。今となってはチャンパの王都がどのような姿であったのか知る手立てはまったくないが、一四七一年に後レ朝の攻撃の前に王都が陥落した後も、「一八世紀の間は、銅塔の他に城内には北東に約十の堂塔群があり、これらはタプタプ寺（十塔寺）と呼ばれている。（中略）一三世紀以降、十塔寺とタップ・マムのあたりには新王宮に仕える神殿があった可能性がある。というのはミソンは一三世紀初頭以来顧みられなくなっていたからである（中略）一五世紀の終わりには王国は衰退し、いくつもの戦争、とりわけ一四七一年に勃発した最後の戦闘は、王宮の都城を完全に崩壊してしまうことになった。さらに、歳月の経過とともに、数次の発掘によって出土した遺物を除いては、王朝の痕跡がまったく想像できないほどに

（7）フランスが1898年にサイゴン（現在のホーチミン）につくったアジア地域研究機関がその前身で、1900年にハノイに移って極東学院になる。主に、インドシナ三国を対象にした研究と遺跡発掘・保存修復を行い、大きな成果を上げた。現在、その本部はパリに移っている。

荒廃している」と、チャン・キィ・フォン氏と重枝豊氏は、その著書『チャンパ遺跡』のなかで、そう書いている。

なお、引用文中の「タップ・マム」とは、カンティエンの北西二キロほどにある遺構で、一九三四年にフランス極東学院[7]による発掘調査が実施され、多くの彫像などが発見されたという。これらの多くは、現在、ダナンのチャンパ博物館に展示されている。

田んぼのなかのあぜ道を歩いていくと、やがてベトナム人の墓場に出た。平べったく周りをコンクリートで固めたその墓は、沖縄の亀甲墓[8]を思わせる。墓にはコンクリートの地がむき出しのままのものが多いが、なかにはクリーム色などできれいに着色されたものもある。墓の周囲には草が覆い茂り、静寂があたりを支配している。

墓地を抜けた所に、カンティエンの祠堂は立っていた。開口部の前房は崩壊しており、それはかりでなく開口部自体がセメントで塗り固められている。祠堂の基壇のか

カンティエン遺跡近くのベトナム人の墓

なりの部分にも、セメントで塗り固めただけの補修が施されていて無残な姿だ。ただ、屋根の部分は比較的よく残っていて、とくに一番下の四隅の尖塔はかなり完全な姿で残っていた。祠堂はレンガ造りだが、四隅の側柱には砂岩が使われていて、装飾文様が一部に残っている。祠堂はレンガ造りというチャンパの伝統をあくまでも守りながらも、要所に砂岩を入れて補強し、そこに精緻な装飾文様を施すという手法が用いられている。この時期のチャンパ建築が、隣国カンボジアのクメール建築の影響を色濃く受けているといわれる所以なのだろう。

クイニョンのチャンパ遺跡は、ただの廃墟だった。ニャチャン、ファンランのポー・ロメやポー・クロン・ガライ、あるいはポー・ナガールの祠堂のように、今も何らかの形でチャム人やベトナム人の信仰の対象になっているわけでも、また観光地として整備されているわけでもない。田園風景の真っただ中に、あるいは小高い丘の上に、ただポツンと見捨てられたように立っているだけなのである。祠堂内はただガランとして、ときにコウモリか鳥の糞尿の匂いが濃厚に漂っているばかりである。当然、訪れる人もほとんどいない。仮に訪れたいと思う観光客があっても、近くまで車の入れる道のない現状では、旅行社がバスやライトバンなどを使っていわゆるグループ・ツアーを企画するのは難しいだろう。個人旅行であっても、私のように遺跡を訪れるのには各遺跡までキチンと道案内のできるガイドが必要だが、ティエンさんにいわせればそのようなガイドはベトナムには（もちろ

(8)外形が亀甲状になっているため、そう呼ばれる。中国の影響を受けているといわれている。

カンティエンの祠堂

ん、彼を除いてほとんどいないという。

夕暮れが迫っていた。無人の墓場のなかを突っ切って、ブラブラと歩きながら車まで戻る。田んぼではさすがに脱穀機の音も止まり、まったく音のない世界だ。草の匂い。次第に白い雲に覆われつつある、無限の広がりを感じさせる青い空。遠くに見える国道1号線を、紺色のトラックが一台ゆっくりと左から右へ移動していく。それ以外に、動いているものはまったくない。

こうして、クイニョンでの遺跡巡りの第一日目が終わる。

クイニョンの街とホテル

トックロックやカンティエンのあるあたりからクイニョンの市街地までは、約三〇キロほど離れている。遺跡から国道1号線を南に向かって車を走らせていると、その途中にハノイとホーチミンを結ぶ統一鉄道の「ディエウチィー駅」へ入るT字路がある。ちなみに、駅から街までの距離は七キロほどであるという。街は想像していたよりは大きいが、ごく普通の埃っぽい田舎町だ。

南シナ海に面しており、街の中心部には「ロン市場」と呼ばれている二階建ての近代的な中央市場があり、生鮮食品から日用品雑貨、衣類、電化製品など、日常生活に必要なものはすべて揃っている。そのほか、銀行や郵便局、さまざまな商店、ホテルやレストランがあり、この街にぶらっとやって来た観光客が困ることはまずないだろう。しかし、それだけである。街に、これといった特徴がない。建物が密集し、無秩序に建ち並んだゴミゴミとした外観と、蔓延する車やバイクのまき散らす騒音と排気ガス。これは所詮、旅人の身勝手というものとわかってはいるが、あまりゆったりと散策したくなる街ではないのである。

それでも、街の南側には椰子の木と白い砂浜の続くビーチがあり、ビーチ沿いのグェン・フエ通りには観光客向けの見てくれのいいホテルが何軒か立っている。その名もズバリ「ツーリストホテル」というのがあって、そこがどうやら老舗であるらしい。

私が予約を入れておいた「ハイアウホテル」(9)はこのグェン・フエ通りの西の外れあたりにあり、予想通り、市の中心部からはかなり離れた場所に立っていた。白亜の殿堂という感じの、豪華な外観。チエックインをするためフロントに立ち寄ると、フロント・マンは何と、青いブレザーをキチッと着こなした白人だった。ヨレヨレのGパンに色のあせたTシャツ、肩に掛けたリュックサック一つというこちらの姿を見て、いかにも見下したような慇懃無礼な口調になる。これは嫌なホテルだ、と思わず直感した。

もちろん、ホテルの施設はそれなりに豪華である。部屋も、シングルでもゆったりと広

(9)クイニョンの郊外、ビーチサイドにある。電話：846473、FAX：84-56-846926。「56」は、クイニョンの市外局番。私は、このホテルを推薦いたしません。

く、ツーベッドに応接セット、テレビ、冷蔵庫、ミニバーにエアコン、そしてゆったりと足の伸ばせる広さのバスタブと一応何でも揃っていて、こと設備に関しては確かに一流ホテル並だ。

部屋に入ってすぐ、電動ドリルか何かでコンクリートを砕く凄まじい音が響きわたり、何事かと驚いてカーテンを開けると、眼下ではプールの造営工事の真っ最中であった。つまり、建物だけは完成して営業を始めたものの、いまだ未完成のホテルだったのである。目の前にはクイニョンのビーチが広がっているので、本格的なリゾート・タイプのホテルを目指しているのであろう。フロント・マンが白人なのは、外資系のホテルなのか、あるいは単に箔をつけるために雇っただけなのか。

器は確かに立派だが、工事のせいか、あるいは街の電力事情によるものか、ほぼ一時間ごとに停電し、たちまち室内は蒸し風呂状態になって、その度、窓を開けたり閉めたりを繰り返さねばならない。

そして、従業員が圧倒的に少ない。フロントのあるロビーにはこれまた立派な土産店もあるのだが、店員が店におらず開店休業の状態だ。これは夕食を食べに一階の奥にあるレストランに行くときに見たのだが、お客があると、ホテルの従業員が慌てて走っていって対応している始末だった。

レストランもかなりの広さの割に従業員不足は歴然で、私が行ったときはちょうど台湾人の団体客と鉢合わせしてしまったこともあって、大酒を飲みドンチャン騒ぎをする彼らの接客で、数人しかいない従業員は手いっぱいという感じである。こちらには、なかなか注文を取りにも来ない。ようやく大声を上げて従業員を呼んで注文をすませるが、今度はその料理が待てど暮らせど出てこない。最後に追加でコーヒーを頼むと、これはすぐに出てきたが、飲みたかったベトナム式のドリップ・コーヒーではなく、もろネスカフェという味のインスタント・コーヒーであった。料理はしめて二万三〇〇〇ドンと思ったよりも格安だが、決してうまいといえる味ではない。疲れているせいもあるが、気分が次第にささくれ立ってくる。

何も、いつも超一流のホテルに泊まりたいなどといっているわけではない。快適に過ごせる最低限の設備が整っていて、従業員の対応がとくに親切でなくても普通ならそれでいいのである。このハイアウホテルも、今後年月を重ね、従業員も増えてくれば次第に洗練されたサービスを提供できるホテルになっていくのかもしれないが、今はハッキリいって、そうではない。

夕食後、散歩に出たが、街まで歩いていくのはあまりにも遠かった。タクシーを頼んでもいいのだが、先に述べたようにクイニョンはそうまでして行きたい街ではなかった。海岸沿いの通りをしばらくブラブラ歩いて、興味を引くものが何もないのでまた引き返した。

朝早く目を覚ますと、ビーチで地元の子どもたちが遊んでいた。部屋に戻って、しばらくして眠ってしまったらしい。途中で停電のためにエアコンが切れて、そのスイッチを入れ直すために何度か起きたが、ずいぶんとよく寝たものだ。

ホテル代には朝食も含まれているので、また、あの感じの悪いレストランに行った。牛肉入りうどんのフォー・ボーと、ブラック・コーヒーを頼む。コーヒーは昨日と同じインスタントだった。

時間になり、ティエンさんが迎えに来た。フロント・マンはといえば、鍵を返すとぶっきらぼうに「サンキュー」とだけいって、もうこちらを見ようともしなかった。感じの悪い人間は、最後まで感じが悪い。

遺跡と、人と、田舎町と……

今日は、まず街外れにあるフンタン遺跡に行って、それから昨日行くことのできなかったユンロン遺跡とタップバック遺跡に行く。

今回の旅はこれでお終いで、このあとホーチミンで一泊してからいったん日本に戻り、数ヵ月後に再び旅を再開することにしているので、ティエンさんとも今日でお別れである。

本当は、このままダナンやフエに向かって旅を続ければ少なくとも日本とベトナム間の往復航空券代だけは浮くのだが、そうもしていられない生活上の理由がある。

人は、私が年に何度も旅行に行くので、「ずいぶんとお暇があるんですね」と嫌味の一つもいうが、本当に暇があったらこんな旅行の仕方はしないのである。何ヵ月も時間をかけてゆっくり気ままな旅をしたいと思いつつ、そんな旅をする余裕が私にできるときには、果たしてそんな旅を続けられるだけの体力が残っているかどうか疑問だ。

フンタン遺跡はクイニョン市街から国道1号線へと向かう道の途中にあり、街からは二キロほどの至近距離である。市場のなかにあり、以前は市場のゴミ捨て場と化していた時期もあるというが、今はスッカリ修復されて周囲が柵で囲まれている。柵のなかには花壇なども設けられ、その公園化が進んでいる。

フンタンの祠堂は元来三つあり、横一線に並んでいたといわれているが、現存しているのは二つである。いずれも東面に開口部があり、前房は崩れている。両者の違いは、北側の祠堂のほうがより大きく、また基檀が砂岩によって造られていることであろう。おそらく、三基のうちの中央に立つ主祠堂であったのであろう。一方、南側の祠堂は基檀を含めてレンガで造られている。ただし、両者ともレンガ造りを基本としながら随所に砂岩を入れて補強するスタイルでは一致している。屋根は、これまでのような四方に隅尖塔を配した何層もの屋根をかける方式ではなく、迫り出し工法を用いたピラミッド型をしているが、

フンタンの祠堂の外壁装飾にはクメール文化の影響が……

ともに途中まで崩れて大穴が開いている。

外壁には、側面に砂岩による偽扉が設けられ、その上の破風装飾などに見事なレリーフが残っている。ナーガやガルーダ、シンハにガジャシンハ（象頭の獅子像）、顔面の欠落した神像もしくは人物像、踊りを踊っている猿の連続文様や花弁文様のレリーフ等々で、これほど多くの外壁装飾が残っているチャンパ遺跡を見たのはこれが初めてだ。とくに、側壁のナーガのレリーフなどは、カンボジアのクメール遺跡のそれに生き写しといっても過言ではなく、その影響を色濃く受けていることは明らかである。

遺跡は積み上げられたレンガとレンガの間にまったく隙間がなく、またまだ新しい色合いのレンガが多用されていることから、ごく最近にかなり大規模な修復の手が入ったものと思われる。周囲を柵で囲っているのは、入場料を取って観光資源とする考えなのだろう。

このフンタン祠堂は、カンボジアのアンコール朝との抗争がもっとも激しく繰り広げられた一二世紀から一三世紀にかけて造営された祠堂であると考えられている。

次の目的地であるユンロン遺跡に向かって、車を飛ばす。ユンロンまでは街から四〇キロほどで、途中、悪路も予想されるので一時間以上はかかるという。

クイニョンの郊外は、どこへ行っても見わたすかぎりの水田と、国道以外は未舗装の道路、そして車の入れないあぜ道ばかりである。所々で見かける民家は、レンガ色の瓦を乗せたおおむね平屋建ての家屋で、民家の密集地にはたいてい飲料や日用品雑貨を商う店、「コム（ご飯）」と大書された、ガラスのショーケースに入れられたつくり置きのおかずとご飯を食べさせる店、衣類の店、バイクの修理店などが店を並べている。これはクイニョンだけでなく、ベトナムの田園地帯はどこへ行ってもこんな感じだ。

行き交う人々の姿は、男はズボンの上にブワッとシャツを羽織った、これは別にベトナムだけでなく、東南アジアの男性にほぼ共通のスタイル。女性はホーチミンのような大都会は別にして、まるでパジャマのような服か、せいぜいスラックスにブラウスをブワッと羽織っただけの、これまたいたってラフなスタイルである。

強い日差しの炎天下を歩くときは、頭には男はおおむね目刺し帽を、女性は三角錐のカサかチューリップハットをかぶり、バイクなどに乗るときは、女性は目から下をタオルの覆面でがっちりガードするケースが多い。

もちろん、例外もいるのだろうが、人々はおおむね勤勉だ。お隣りのカンボジアでは、農民は明け方の外がまだ暗いうちから働くが、日差しの強くなる昼間にはまったく仕事をせず、水を浴びたり、ハンモックに揺られながら昼寝などをして長い時間をゆったりと過ごし、夕方近くになり日が傾き始めるころにまた少し働くというライフスタイルがほぼ定着している。それはそれで、暑い南国では当然のライフスタイルと思われるのだが、ベトナムの少なくとも中・南部では気候的にはカンボジアとさほど変わらないと思われるのに、暑い昼間でも黙々と働いている人々の姿を、都会はもとより農村でも実によく見かけるのである。国民性の違いといってしまえばそれまでだが、ベトナム人のパワーは桁外れで、これではモロ南国気質のカンボジア人がまったく太刀打ちできないのもよくわかる。また、その勤勉さとどんな逆境にも容易に屈しない辛抱強さとが、ベトナム戦争であの強大な軍事力を誇るアメリカ軍をも最終的に打ち破った力の源なのだろう。

水田地帯のど真ん中に、突然、三基の祠堂がその姿を現した。チャンパの祠堂建築の中でもきわめて印象的な、ユンロンの三祠堂だ。遠くから見ても、驚くほどの高塔であることがわかる。車を降り、徒歩で田園のなかの道を歩いて近づいていくと、塔はますます見上げるほどの高さとなり、想像していた以上の迫力で迫ってきた。

ティエンさんに聞くとその高さは二十数メートル

ユンロンの祠堂

というから、恐らくポー・ナガールの主祠堂よりは低く、ニャンタップ祠堂などとあまり違わない高さなのだが、高塔が三基横一線に並んだその迫力は、文字通り他を圧倒している。

塔は東向きに開口部を向けて立っているが、いずれも前房は完全に崩れ、真ん中の主祠堂と南の副祠堂は、ともに石材によって補強された開口部がむき出しの状態になっている。もっとも開口部の崩壊が激しいのは北の副祠堂で、開口部はあたかも自然の洞窟の入り口のような、黒々とした無残な穴になっている。

屋根は四方に隅尖塔を配した典型的なチャンパ祠堂の様式ではなく、砂岩で補強しつつレンガをピラミッド状に積み上げたもので、フンタンのそれに近い。造営時期も一二世紀から一三世紀にかけてと、ほぼフンタンの祠堂と同時代の建造物である。屋根はスッカリ草に覆われているが、三基ともほぼ完全な形で残っている。

ユンロンの祠堂のもう一つの特徴は、これもフンタン同様、レンガ造りの祠堂ながら、補強材や装飾用に砂岩を多用していることであろう。とくに、北副祠堂の南側の側壁には、砂岩の偽扉の上にのたうつナーガと神像の彫り込まれた見事な破風彫刻がほぼ完全な形で残っていて、実に見事である。また、主祠堂や南副祠堂のそれぞれの側壁にも、同様に砂岩による偽扉の痕跡が残っているものの、残念ながらほとんど崩壊してしまっておりレリーフなどは残っていない。

ナーガの破風装飾はこれもフンタン同様、カンボジアのクメール建築のそれと瓜二つである。チャンパとアンコール朝のそれぞれによる互いの王都への軍事侵攻は、皮肉にもその二つの文化の融合とでもいうべき美しい祠堂建築をこの地に結実させたが、こうした様式の祠堂がその後定着することはなかったという。祠堂は、本来のチャンパ様式のものに再び戻ってしまうのである。

あまりにも印象が強い遺跡だったので、ティエンさんにとりあえず車に戻ってもらい、時間をかけて写真を撮った。三つの祠堂の全景をフレーム内に収めるためには、相当、遺跡から遠ざかる必要がある。遺跡は丘の上にではなく、前述のように田園地帯の真っただ中にあるが、遺跡の周辺は何故かまったく開墾されておらず、自然の原野のままである。したがって、周囲には人気がなく、また私がいた小一時間のうちにほかに訪れる観光客もいなかった。

草むらに腰を下ろして、炎天下、陽炎《かげろう》のように揺らぐ遺跡を見つめる。汗が拭っても拭っても流れ落ち、それが目にも入って、目が開けていられないくらいに痛い。まったく音のない世界。遺跡から車で少し離れれば、そこにはのどかな田園地帯が広がり、そこで忙しく働く農民の日常生活があるというのに、何だかとても非現実的な世界だ。いにしえのチャンパ遺跡のつくり出した磁場のようなものが、確かにここには存在していた。

車に戻ると、ティエンさんとドライバーはバック・シートを倒して、揃って気持ちよさそうに居眠りをしていた。私が車のドアをコツコツと叩くと、ティエンさんは背伸びをしながら「お昼ご飯にしましょう」という。いつの間にか、もうそんな時間になっていた。

国道19号線と国道1号線の合流点まで戻って、空いた飯屋を探す。入った食堂は、これまでおそらく一番の汚さで、店員の無愛想さもこれまたピカ一だった。ガラスケースのなかの、詰め物をした親指大のイカをボイルしたものと、魚醤か何かで煮しめた卵、それにインゲンの炒め物をチョイスして、あとはご飯とスープを頼む。店員の若い女性はひと言も発せず、また笑顔も見せず、注文の品を乗せた皿を半ば投げ出すようにテーブルに並べると、別の空いたテーブルに肘をついてそっぽを向いた。

やがて奥のほうで何やら声がすると、いかにも大儀そうに立ち上がって、厨房から野菜と魚のすっぱいスープの大鉢と、大皿に山盛りにしたご飯をテーブルまで運んで来る。それをまた、やけに力いっぱいテーブルの上に叩きつけるようにして置いたものだから、スープが周囲に飛び散ってティエンさんのポロシャツにもかかった。これには温厚なティエンさんもさすがにムッとした表情になるが、彼女はそんなティエンさんを思いっきり無視して、再び空いたテーブルに肘をついてそっぽを向く。

彼女が一体何でそんなに腹を立てているのか、さっぱりわからない。よほど嫌なことがあったのか、どこか身体の具合でも悪いのか、あるいはいつもこんな態度を取り続けている人なのか……。

ふと、それはもしかしたらティエンさんがチャム人だからではないかと、とても嫌な想像をしてしまった。現在のベトナムは五〇以上の民族が暮らす多民族国家であるが、その総人口の九割近くを占めるのがベトナム人である。この狭義のベトナム人は「キン（京）人」ともいわれるが、それはその名称から容易に想像できるように、都の人、つまり「都会人」という意味である。そこには、たぶんにほかの少数民族に対するベトナム人の優越感と差別意識とがにじみ出ていることは否定できない。もちろん、社会主義政権下の現在のベトナムではすべての民族に同等の権利が与えられており、少数民族ゆえに不当な差別的待遇を受けることは少なくとも表面上はないという。しかし、以前私は、ベトナムでの留学経験のある複数の日本人などから、ベトナムにはいまだ民族の違いによる差別が根強く残っているという話を聞いていた。

ティエンさんはベトナムでは裕福な階層に属するが、顔つきなどは明らかにベトナム人とは異なっている。チャム人であるティエンさんがいかにも小ざっぱりとした身なりで、一見高級品とわかる時計や装身具を身に着け、しかも腰にはこれみよがしに携帯電話までぶら下げて外国人観光客と連れ立ってやって来たことに、若くて美人だが、とても裕福とはいえない境遇の彼女が気分を害したのではないかというのは、もちろん、私の勝手な想像にすぎない。

しかしながら、とても嫌な想像をしてしまったので、何だか食事までが味気なく喉を通らなくなってしまい、早くこの店を出たいと思うようになった。いつも寡黙なドライバーは別にして、流暢な日本語であれこれと話しかけてくるティエンさんまでが黙りこくってしまい、ただ黙々と箸を動かしている。

食事を済ませ、早々と店を出た。料金は三人分で何と二万一〇〇〇ドン。これまでで一番の安さではあるが、この店にはもう二度と来たいとは思わなかった。店員はとうとう最後の最後まで不機嫌で、「ありがとう」のひと言もいわなかった。

タップバックの祠堂は遠くからでも見える。国道1号線と国道19号線の合流点のすぐ近くの田園地帯の真っただ中の、周囲にはその眺望を遮るもののまったくない小高い丘の上に建てられているためである。

丘の下で車を降り、瓦礫の散乱する坂道を上る。周囲には

丘の上のタップバック遺跡

青々とした水田が広がっているが、遺跡のある丘には木がただの一本も生えていない。ひどく荒涼とした光景である。丘の頂上まで上ると、その麓にはのたうつヘビのように蛇行しつつ川が流れていることがわかった。現在は肉眼では確認することができないが、川筋をたどっていくとやがて南シナ海に至るという。祠堂は文字通り、海に向かって立っているのである。

地元では「バンイット」などとも呼ばれるタップバックは、丘の上に東向きに立つ主祠堂と付属の宝物庫、碑文庫、塔（楼）門からなる遺跡群である。主祠堂は半壊状態ではあるが、四方に隅尖塔を配した三層の屋根を乗せた典型的なチャンパ本来の祠堂建築で、前房は完全に崩壊してしまっているが、東の開口部の上にはカーラのレリーフのある破風彫刻が残っている。その主祠堂の南側に隣接して立つ宝物庫は、これまた典型的な舟型屋根を乗せ、レンガ造りの外壁には精緻な花草文様が刻まれている。また、その基檀の部分には建物をまるで下から支えるかのように、ガルーダのレリーフが連続して彫り込まれている。小振りだが、実に美しい建物である。

碑文庫は主祠堂と宝物庫の立つ頂上のテラスのやや下に位置し、隅尖塔を伴わない三層の屋根がかけられ、外壁の四方に開口部が開けられている。重枝豊氏によれば、チャンパの碑文庫でほぼ完全な形をとどめているのはここだけであるというが、修復によって外壁の焼成レンガは、すでにかなり新しいものに入れ替えられてしまっていた。

主祠堂の東の正面には、やや離れて塔門が立っているが、これは周囲に足場がガッチリ組まれて修復の真っ最中であった。足場の間から見える塔門には新しいレンガが大量に入れられ、まるで新築の建造物のようである。遺跡の周辺にはさらに大量の未使用レンガが積み上げられており、今回の遺跡の修復がかなり大規模なものであることがわかる。修復が完了したとき、遺跡が果たしてどのような姿になっているのかやや不安だ。

タップバックは一一世紀の初頭、チャンパの王都がヴィジャヤに移されてすぐに建てられたものと考えられている。同時期の建造物としてはニャンタップや未見のビンラムがあり、また、その後のカンティエンやトックロックなどの祠堂の建設にもおそらく大きな影響を与えた、まさに歴史的な建造物であるといっていい。また、主祠堂ただ一基のみが残るほかの遺跡と違って、その宝物庫や塔門などの付属

舟形屋根の宝物庫

施設がよく残っており、チャンパ祠堂の伽藍配置を知るうえでも大変貴重な遺跡であるといえる。

タップバックは、平地に見上げるような人工的な高塔を三基、横一線に並べることによって、明らかに見る者に畏怖の念を与えることを目的に造られたフンタンやユンロンといった後世のクメール美術の影響を受けたチャンパ遺跡とは、明らかに違う。タップバックの祠堂はこけ脅かしの要素はまったくなく、小高い丘という自然の地形を最大限利用した、遠くからの眺望を意識した造りになっている。海の民であったチャンパ人にとって、祠堂とはここにチャンパの王都があるぞという、海から見る目印というか灯台、もしくは一種の広告塔のような存在でもあったはずなのだ。

私たちが車を降りた時点から、ずっとその後をついて来た少女がいた。手には、スモール・サイズのミネラルウォーターのボトルをしっかり握りしめている。観光客である私にそれを買って欲しい雰囲気なのだが、なかなか言い出せないで少し遅れて後をついて来て、こちらが主祠堂や宝物庫の写真を撮っているのを、路傍にしゃがみ込んでただ黙って見つめている。

あまりにももどかしいので、こちらから話しかけてみた。ティエンさんの通訳を介して尋ねると、このミネラルウォーターを七〇〇〇ドンで買って欲しいといっている。街で買えば一本せいぜい三〇〇〇ドン程度だから、残りはこの少女（と、その背後にいる家族）

の収入ということになる。しかし、彼女が仮に一日中粘ったとして、ミネラルウォーターがたった一本でも売れることがどれほどあるのだろうか。第一、遺跡に訪れる物好きな観光客自体が現状ではほとんどいないのである。彼女の言い値で、そのミネラルウォーターを買うことにした。一万ドン紙幣を出すと困ったようにモジモジしてお釣りがないというので、ティエンさんに両替してもらってキッチリ七〇〇〇ドンをわたす。本当は一万ドンわたしてお釣りはいいよといってもいいのだが、そうすると彼女は今後、意識的にお釣りはないというようになるかもしれない。それでは、彼女のためにならない。

七〇〇〇ドンを握りしめて、飛ぶように坂道を走っていく少女の背中を見つめながら、ボトルの蓋をねじ切って、その生温い水をゴクゴクと喉を鳴らしながら一気に飲み干した。実は、リュックサックのなかにも、その朝にホテルで買った封を切らないままの水のボトルが一本入っていて、そう何本も予備の水を持っていても仕方がなかったのである。

焼けつくような炎天下、水を飲むとすぐに全身から大量の汗が吹き出てきた。祠堂の陰で、少し休憩することにした。ティエンさんは塔門の修理をしている労働者の所へ行き、何やら談笑し始めた。

時間がしばし止まり、また動き始める。ニャチャン、ファンランとクイニョンの主にチャンパ遺跡をめぐる旅が、今、終わろうとしている。

つわものどもの夢の跡――もう一つの歴史

クイニョンにはもう一つの歴史がある。それは、ヴィジャヤがベトナムの後レ朝の攻撃の前に陥落し、この地がベトナム人のものになった後の一八世紀に起こった、グエン三兄弟によるタンソンの反乱である。今はのどかな田園風景の広がるばかりのこの地で、ベトナムの未来をかけた広南グエン氏（その最後の生き残りであるグエン・フック・アインが、ベトナム最後の王朝となったグエン朝の初代皇帝ザロン帝となる）に対するタンソン（西山）のグエン三兄弟の決死の蜂起が決行されたのは、一七七一年のことであったという。

ここで話を先に進めるために、タンソンの反乱に至るベトナムの各王朝の興亡の歴史を、ごく簡単に駆け足で振り返っておくことにしたい。都留文科大学教授の小倉貞夫氏(10)は、その著書『物語ヴェトナムの歴史』（中公新書）のなかで、ベトナムという国名の由来について次のように書いている。

「一八〇二年五月一日、ヴェトナム最後の王朝となるグエン王朝が樹立された。史上はじめて全土を統一したグエン・フック・アインは、自ら即位して皇帝を名乗り、年号をジャロンと定めた。清朝とは朝貢関係にあったので、ジャロンは全土を平定したことを清朝に報告し、国号を『ナムヴェト（南越）』としたいと願い出た。ところが、清朝はジャロン

(10) 新聞記者を経て、都留文科大学教授。インドシナ近現代史が専門。著書は『朱印船時代の日本人』（中公新書、1989年）、『ヴェトナム戦争全史』（岩波書店、1992年）など多数。

が国王になったことは認めたが、『南越』という国号を使うことを許可しなかった」

紀元前二〇七年、秦朝末期の混乱期に、中国南部に「南越」という国が誕生し、秦朝やその後の漢朝を大いに苦しめた。一〇〇〇年の長きにわたってベトナムを支配し続けた中国だが、同時にいつ反逆してくるかわからない油断のならない存在であるベトナムに、そうしたいわくつきの「南越」という国号を与えたくないと清朝はおそらく考えたのであろう、と小倉氏は分析する。ザロン帝はそこでやむなく、清朝に国号を「ヴェトナム（越南）」としたいと再度願い出て、これは認められた。つまり、「『ヴェトナム』という国号をめぐるジャロンと清国とのやりとりは、ヴェトナムの歴史を支配してきた『対立と交渉』の歴史を凝縮したものだった」と、小倉氏はいうのである。

九三九年にゴ・クエンが南漢からようやく悲願の独立を果たし、ゴ朝を樹立するまでのおおよそ一〇〇〇年間のベトナムの歴史は、中国という北の超大国の支配下での、その中国支配への文字通り長く苦しい抵抗の歴史であったといえる。独立を果たした後も国境を接する中国の脅威は相変わらず大きく、ベトナムの歴代王朝は何度となく国の存亡をかけて強大な中国の侵略軍と戦わなくてはならなかった。だから、ベトナムの各王朝は徹底した抵抗とともに、中国の歴代王朝への積極的な朝貢《ちょうこう》による見せかけの服従という、中国側から見れば「面従腹背」ともとれる二つの戦略を巧みに使い分けつつ、その軍事的対立をギリギリのところで回避し、何とか独立を維持していくべく努力し続けてきたのである。「キン人」とも呼ばれる狭義のベトナム人は、同朋舎発行の『ベトナムの事典』によれば、「起源に関して定説はないが、インドシナ半島の山岳地帯にいたモン・クメール系[11]の人々が紅河デルタ地帯で、北方のタイ系の人々と交わって、直接の祖先が生まれたという説が有力である」という。しかし、同書は続けてこう書く。

「しかし、キン族という集団の形成は、その後の中華文明の強い影響と切り離しては、理解できない。一〇世紀にベトナムが中国からの独立を達成して以降、独立国家ベトナムの担い手は、しだいに自らを中華文明という『高文明』に連なる存在とみるようになり、周辺の異質な文化をもつ人々を『野蛮人』とさげすむようになった。このような過程で、文明の光輝く都に規定された『京人』という観念が生まれ、そうではない『土人』などと対比されるに至った。これが、後の『キン（京）族』という族称の起源である」

九三九年の独立までのベトナムの歴史は、一〇〇〇年に及ぶ中国支配への抵抗の歴史であったと先に書いたが、そうした長い中国支配下で、ベトナムの社会や文化のあり様は中国文明の影響をきわめて色濃く受けてきたこともまた事実である。現在でも、たとえばカンボジアから国境を越えてベトナムに入ると、まったく違う文化圏にやって来たなと感じることが実によくある。フランス植民地時代以降の建造物は別にして、それ以前の歴史的

(11) アウストロアジア系の語族の分類で、この内、モン人は現在ではビルマやタイに住む少数民族となっている。また、クメール人はカンボジアの人口の約九割を占めている。

建造物や古い町並みなどを見ると、それはまさに中国文化そのものだからである。歴史的には対立関係にあっても、中国とベトナムはともに明らかに同じ文化的土壌の上に立っているのである。

あまりにも強大かつ圧倒的な、中国という「敵」の存在。その「敵」との果てしない抗争の歴史のなかで、ベトナムは次第に自らをその「敵」と実はよく似た姿に、いうならばミニ「中華帝国」とでもいうものへと自己を形成していくのである。そうしたベトナムのミニ「中華帝国」ぶりが実によく発揮されるのは、南の他民族との関係においてである。ベトナムの国家的発展において、中国と国境を接しているがゆえに「北進」はもともと問題にならなかった。ベトナムの歴代王朝は朝貢などにより中国との抗争は極力回避しつつ、南方への勢力拡大を目指したのである。そして、そうしたベトナムの南進策の前に大きく立ちはだかっていたのが、ベトナム中・南部をその勢力圏に置く、ベトナムとは異質な文化圏、すなわちインド文化の影響を色濃く受けた海洋民族国家「チャンパ王国」の存在であった。

九〇七年、中国では大帝国の唐[12]が滅亡し、長い混乱の時代が始まった。ベトナム北部の紅河デルタにおいても、こうした混乱に乗じて中国からの独立運動が起こり、その反中国勢力のリーダーとなったのがゴ・クエン[13]である。これに対し、中国・南漢の一万に及ぶ鎮圧軍が海路、バクダン江に向かった。バクダン江の河口は、今日では「ハロン湾[14]」と呼ば

(12)618年〜907年にかけて栄えた中国の統一王朝。

(13)(899〜944)。ベトナム初の王朝「ゴ朝」の創始者。ただし、王朝は短命。

(14)ハノイの東約190㎞にある景勝地で、世界遺産にも指定されている。

(15)917年〜971年に中国の広東･広西を中心に南海貿易で栄えたが､宋に滅ぼされた。

れ、大小一〇〇〇もの奇岩が海面からそそり立つ景勝地として、ベトナム北部観光地の目玉になっている。ゴ・クエンは九三八年、このバクダン江の河口に密かに鉄杭を打ち込み、そこに南漢[15]の大軍をまんまと誘い込んだ。そして、杭に阻まれて文字通り身動きできなくなった南漢軍を総攻撃し、これを壊滅に追い込んだのである。バクダン江の決戦に勝利したゴ・クエンは、翌九三九年、自ら王と名乗り、中国からのベトナムの独立を宣言した。これがベトナム最初の王朝である「ゴ朝」の始まりである。

ところが、わずか数年でゴ・クエンが死に、紅河デルタはたちまち群雄割拠の大混乱状態になる。九六八年、この混乱を制したディン・ボ・リン[16]が王位に就き、国号を「ダイコヴェト（偉大な越）」とした。ディン・ボ・リンは、九七三年には中国・宋朝に朝貢を行っている。

九七九年、そのディン・ボ・リンが暗殺されると、これを好機と見た宋の大軍が九八一年、陸路と海路からベトナムに侵攻した。ディン・ボ・リン配下の有力な武将であり、その侵攻の前年、将兵の支持を得て王位に就いていたレ・ホアン[17]は、これを水陸で迎え撃ち、奇襲戦法で大打撃を与えた。宋軍は壊滅状態になって撤退し、ベトナムの独立は再び保たれた。このレ・ホアンによる王朝を、一四二八年に成立したもう一つの「レ朝」と区別するため、「前レ朝」と呼んでいる。九八二年、チャンパの王都インドラプラを襲い、パメラシュヴァラヴァルマン王を殺害したのはこの前レ朝である。その結果、すでに前述した

(16)（925～979）。968年に北部ベトナムを統一し、自ら皇帝と名乗った。宋に朝貢し王朝の基礎を着実に築きつつあったが、暗殺された。

(17)（941～1005）。979年にディン・ボ・リン王が暗殺されたため、幼帝の摂政として次第に力をつけ、980年、ついに自ら帝位に就いた。前レ朝の創始者である。

ように、チャンパは王都をやや南寄りのヴィジャヤに移して再起を図ることになる。

一〇〇九年ないし一〇一〇年に、宮中の近衛隊長の任にあったといわれるリ・コン・ウアンが王位を強奪し「リ朝」を開いた。王は紅河デルタに新たな王都を築き、「タンロン（昇龍）」と名づけた。このタンロンこそが、現在のベトナムの首都ハノイである。また、リ・コン・ウアンは、ベトナムの国号を「ダイヴェト（大越）」に改めた。このリ朝時代について、小倉貞夫氏はその著書『物語ヴェトナムの歴史』のなかで次のように書いている。

「リ王朝は、国内外ともに多難な時代だったが、建国以来はじめての長期政権で、中央集権体制がはじまった時代でもある。リ朝時代にヴェトナムは二つの大きなことをやってのけ、その後のヴェトナム発展の跳躍台となった時代をつくった」

それは、一つは「中国・宋[18]の大軍の侵攻を退け、さらには南のチャンパを攻略してふたたびヴェトナムへ侵攻する力を奪い、安全保障を確保したこと」であり、いま一つは「名君とよばれる指導者が輩出し、行政機関、軍事力の編成、税金の整備、堤防の建設、最初の大学を開校するなど、政治、経済、社会組織など国家としての組織整備が行われ、本格的な国造りがはじまったこと」であると小倉氏はいう。

成立当初のリ朝の勢力圏については、東大教授の桜井弓躬雄[19]氏は『東南アジア史Ⅰ　大

(18)960年～1279年にかけて栄えた中国の統一王朝だが、モンゴル帝国などの周辺の強国に対し常に守勢に立ち、ついにモンゴルのフビライ帝に攻め滅ぼされた。
(19)東京大学教授で、東南アジア歴史地域学が専門。著書に『ベトナム村落の形成』（創文社、1987年）、『ハノイの憂鬱』（めこん、1989年）など多数。

陸部』（山川出版社）のなかで次のように記している。

「李朝時代についてもっとも信頼できる『越史略』によると、現実に李朝の権限下にあったのは、ハノイ北方の自然堤防の一部にとどまり、段丘、自然堤防、古デルタなどデルタの微高地各地には十二使君（ゴ朝崩壊後の混乱期に、その覇権を争った一二人の豪族をこう呼ぶ・引用者注）以来の土豪勢力が武装勢力を維持し、地域政体を形成していた。段丘上位や山地では非ベト人集団がしばしば李朝と争っていた。李朝は中国服属時代の地域政体の連続として、東南アジア王権に近い性格をもっていたとしてよい」

しかし、リ朝はその後着実に紅河デルタを抑え、さらにその外への勢力拡大を積極的に図っていく。なかでも、その主要な標的とされたのがチャンパである。一〇四四年には海路からヴィジャヤを攻略し、当時のチャンパ王ジャヤシンハヴァルマン二世を殺害したのをはじめ、一〇六九年にも再びヴィジャヤを攻め、チャンパ王を捕虜にするなどの成果を上げている。ただし、桜井氏は前著において、「占城遠征はまず、南海産物や奴隷労働力の略奪であって、後世のような領土的な拡張はみられない」とも記している。

リ朝は、地方の豪族に対し自らの権威を高めるため、対立する宋から中国仏教を積極的に導入したといわれている。首都タンロンや紅河デルタ内には、この結果、多数の仏教寺院が建立されたが、そのおそらくもっとも有名なものが一〇四四年に建設され、今もハノイのホーチミン廟の近くに残っている「一柱寺」である。

結局、リ朝が紅河デルタの外でどれほど強力な支配体制を確立することができたのかは、実のところよくわからない。リ朝は二〇〇年を超える長期政権になるが、次第に王権は衰え、地方では反乱が続くようになっていったらしい。そして、一二二五年、チャン・トゥ・ドがリ一族を皆殺しにして王位を強奪する。「チャン朝」の始まりである。

チャン朝もまた、リ朝同様、二〇〇年近い長期政権となった。リ朝とそれに続くこのチャン朝の時代は合わせて「リ・チャン時代」と呼ばれ、ベトナムという、いわば「国のかたち」がほぼ確立された時代であるとよくいわれている。たとえば、小倉貞夫氏は、前著のなかで次のように書いている。

「ベトナムは中国のコピー国家であるとよくいわれる。一〇〇〇年にわたる中国支配があり、儒教が中心的規範であること、その結果として、政治体制をはじめとして、社会・経済のシステム、文化の伝統など、総じて中国的システムをコピーしたといわれることが多い。

だが、（中略）ヴェトナムの国家形成は複雑な過程を経ており、中国的システムを単純にコピーしたとはいえない。政治制度にしても、ヴェトナムには分散型国家体制ともいえるシステムがある。一〇〇〇年に及ぶ中国支配の時代で中国の直接支配あるいは影響力が及んだのは省、県レベルまでで、ヴェトナム古来の社会システムの基盤である村落共同体の組織はがっちりと変わることなく維持されていた。中国勢力から独立したあとも村落共

(20) カンボジア史・古クメール語碑文研究が専門。私の最も尊敬する研究者の一人である。著書に『古代カンボジア史研究』（国書刊行会、1982年）、『アンコール・ワット』（講談社現代新書、1996年）などの著書がある。

同体の自治組織、自主的運営は、皇帝の権限も村落共同体の中までは及ばないといわれているように、伝統的な『むら』として非常に強い力をもっていた。『リ・チャン時代』はこうした伝統社会のうえに中央集権国家体制が徐々に形成されていくという大きな変革の時代だった」

では、チャン朝は伝統的な村落共同体社会の上に、どのようにして強固な中央集権国家を築いていったのか。また、それを可能にしたものは一体何だったのか。

上智大学教授の石澤良昭氏[20]と大東文化大学教授の生田滋氏[21]は、その共著書『世界の歴史――東南アジアの伝統と発展』（中央公論新社）のなかで、それを可能にしたものは「紅河デルタの大規模な開拓」と「元寇の撃退」、それに「儒教的官僚国家の建設」であったとしている。

チャン朝時代は、「紅河デルタの大開拓時代」とも呼ばれている。デルタの大規模な開拓の成功とそれに伴う農業の発展は、人口の爆発的な増加を生み出し、それは必然的にベトナム人の紅河デルタ外への進出をますます不可避のものとしていったのである。

チャン朝の時代、「蒼き狼」チンギス・ハーン[22]を開祖とする大モンゴル帝国は、ユーラシア大陸の大半を支配する文字通りの世界帝国へ発展し、その五代目大ハーン（皇帝）であるフビライは中国を手中にして「元」[23]を建国し、その初代皇帝となった。元は東南アジ

(21) 東南アジア近現代史、大航海時代史が専門。著書に『ヴァスコ・ダ・ガマ　東洋の扉を開く』（原書房、1992年）など。

(22) （1162～1227）。モンゴル帝国の創始者。ユーラシア大陸にまたがる大帝国の基礎をつくった。

ア諸国や朝鮮、日本などの東アジアの国々をもその傘下に治めようとして、各地にその大軍を送った。いわゆる「元寇」である。

その大軍と対峙したのが、チャン軍の総司令官となったチャン・クォック・トアン[24]である。一二八五年、文字通り圧倒的な軍事力で首都タンロンを制圧した元軍に対し、チャン・クォック・トアンは全軍を山岳地帯に撤退させ、徹底したゲリラ戦法で元軍を疲弊させた。その上で、わずか五万の勢力で五〇万人以上の元軍への総攻撃を敢行し、元軍はその半数以上が捕虜になるなど、文字通り壊滅状態になって敗走した。さらに一二八八年、三〇万の兵力と五〇〇艘の艦船で海と陸から侵攻してきた元軍に対し、チャン・クォック・トアンは再び徹底したゲリラ戦法で対抗し、最終的には敵艦隊をバクダン江に誘い込んでこれを壊滅するという、かつて九三九年にゴ・クエンが南漢軍に勝利した歴史的な戦法を完璧に再現して、元の野望を最終的に退けた。

小倉貞夫氏は前著のなかで、こうしたチャン軍の強さの秘密を、「チャン朝時代に三度にわたる元の侵略を跳ね返した直接的背景は、紅河デルタの農民が非常時の際に兵士として参加する農民兵のシステムがあったからである。元軍の集団戦闘体制に抵抗するのは容易ではなかったが、農民兵たちは元軍に食糧が渡らないよう食糧を隠匿し、各地でゲリラ戦を戦い、ねばり強く抵抗した」こと、つまり民衆ぐるみの総力戦という戦法にあったと書いている。そうした民衆ぐるみの戦いで、ベトナムはその後に宗主国フランスとの戦い

(23) 1271年～1368年にかけて中国全土を支配した、モンゴル帝国のフビライ帝が建国した征服王朝。

(24) チャン朝の全軍総指揮官として元の侵略を迎え撃ち、ついに1288年、バクダン江でこれを全滅に追い込んだ。

に勝利して独立を勝ち取り、さらにはベトナム戦争においても強大なアメリカ軍の猛攻によく耐え、最終的に勝利していくことになるのである。

紅河デルタの開拓の成功による人口増と、度重なる元寇にも民衆ぐるみの戦いで耐え抜いたその自信および民族意識のかつてない高揚とが、ベトナムが南の「中華帝国」への道を歩んでいく決定的な原動力となっていったとすれば、それを制度的に支えたのが中国からの儒教文化の積極的な導入と科挙（官職への登用試験制度）などによる強力な官僚機構の確立である。儒教は、次の後レ朝の時代になると、仏教に代わって国家の指導理念になっていく。

チャン朝はリ朝に続く長期安定政権になったが、さすがにその晩期にはその支配体制にも揺らぎが生じ、各地で反乱が相次いだ。その混乱に乗じて、チャンパ軍は一三七〇年と一三七七年～七八年にチャン朝の首都タンロンを襲撃し、大打撃を与えた。もちろん、チャン朝軍もその報復として一四〇一年～〇二年にチャンパの首都ヴィジャヤを攻めるが、今度はチャンパからの支援要請を受けた「明」(25)が一四〇六年にその大軍を紅河デルタに侵攻させた。

一三六八年、元を破って中国の覇者になっていた「明」は、その圧倒的な軍事力でベトナムを支配すると強力な同化政策を展開し、反抗する者に対しては徹底した弾圧でこれに臨んだ。一四一八年、紅河デルタ南端の一豪族であったレ・ロイが明軍に対する救国闘争

(25) 元の支配を退け、1368年～1644年まで続いた漢人による中国の統一王朝。

を宣言し、決起した。彼に従う同志の数は、そのときわずか一〇〇〇人前後であったといわれている。レ・ロイは以降一〇年近くにわたって伝統的なゲリラ戦を展開し、明軍を徐々に疲弊させ、一四二七年にはついに総反攻に打って出た。結局、明軍はレ・ロイに和議を申し入れ、ベトナムから兵を引いた。翌一四二八年、レ・ロイは皇帝として即位し、チャン朝に代わるレ朝（後レ朝）が成立した。レ・ロイはグエン・フエと並ぶ「救国の英雄」として称えられ、その名を冠した道路が今でもベトナム各地に必ずある。

後レ朝は、四代皇帝レ・タイン・トン(26)の治世にその最盛期を迎えた。国力はかつてなく充実し、中国の干渉も弱まった。ベトナムの南進政策に対する支障は、ほとんど何もなくなっていた。一四七一年、総勢二五万もの後レ朝の大軍が、海と陸からチャンパの首都ヴィジャヤに攻め込んだ。レ・タイン・トンは都城を包囲し、最後まで立てこもった四万とも六万ともいわれるチャンパ兵を殺戮した。これでビンディン省以北はすべてベトナムの領土となり、チャンパは南部のごく一部を支配する弱小勢力へと決定的に転落した。

しかしながら、レ・タイン・トンの死後、後レ朝は急速な衰退への道を辿ることになる。一五二七年、マック氏がレ氏より皇帝の座を奪ったことから、ベトナム全土を揺るがす動乱が始まった。北部ではこのマック氏とチン氏(27)が、中部ではフエに拠点を置くグエン氏が次第に有力となり、「ベトナムがもっとも混乱した時代」ともいわれる長く厳しい南北抗争の時代に突入する。

(26)（1442～1497）。レ・ロイを創始者とする後レ朝第５代皇帝で、チャンパなどへの遠征を実施し、王朝の最盛期を築いた。

三大勢力の一つであるグエン氏は、レ・ロイの蜂起に参加した有力豪族である。ベトナム中部のフエ地方を拠点に海外交易などで栄え、チャンパ王国の衰退に伴ってさらに南部へも進出した。ベトナムでは「グエン」という名前はいたってポピュラーな名前なので、普通、ほかのグエン氏と区別するため「広南グエン氏」と呼ばれている。

広南グエン氏のベトナム中・南部支配は、海外交易の生んだ利益の独占と農民からの過酷な取り立てを基礎に成り立っていたこともあって、豊かな紅河デルタに比べ、毎年、台風の直撃を受けるなど、もともと厳しい自然環境の下で農耕生活を営んでいた中・南部の農村の困窮は、長い動乱下で極限状態に達していた。そうしたなかで一七七一年、広南グエン氏に対する反乱がビンディン省のタンソンにおいて起こるのである。

タンソンの反乱

この蜂起の首謀者こそが、グエン・ヴァン・ニャック、グエン・ヴァン・フエ、グェン・ヴァン・ルゥの、いわゆるタンソンのグエン三兄弟である。グエン氏を名乗るが、広南グエン氏との血縁関係などはもちろんない。三兄弟は交易商人の出とも、もともと山賊、海賊の類いともいわれているが、その生い立ちなどは実のところよくわかっていない。

(27)マック氏はハノイを、チン氏はタインホアをそれぞれ拠点とするベトナム北部の勢力で、フエを拠点とする南部のグエン氏と共に、後レ朝の末期、南北抗争の主役となった。

「貧しい農民の味方」であることを旗印に、暴君である広南グエン氏の打倒を宣言し、決起した。

グエン三兄弟の反乱軍には、中央の政争に破れた官僚や広南グエン氏の支配を嫌う土豪なども大勢結集し、蜂起後わずか二年で港湾都市クイニョンに進出し、やがてビンディン省全体をその勢力下に置いた。いわば、かつてのチャンパの王都ヴィジャヤにグエン三兄弟の独立政権ができたのである。

しかしながら、タンソンの反乱は単なる反乱に終わらなかった。この機に乗じて広南グエン氏を討とうとする北部のチン氏の参戦などもあって事態は混沌とするが、結局、グエン三兄弟側とチン氏が反広南グエン氏の一点で手を結び、追い詰められた広南グエン氏は南部に逃れた。それを追走したグエン三兄弟軍は、一七七六年、南部のジャディンにおいて広南グエン氏を追いつめ一族の大半を殺害したが、唯一、グエン・フック・アインのみが辛くもジャディンからの脱出に成功し、シャム（タイ）に亡命した。このグエン・フック・アインこそが、前述したように、その後、グエン朝の初代皇帝・ザロン帝として歴史に返り咲くのである。

一七八五年、グェン・フック・アインとシャムの連合軍がベトナムに侵入し、現在のメコン河流域のミトの付近で、これを迎え撃つグエン三兄弟の一人であるグエン・フエの軍と激突した。結果はグエン・フエ軍の圧勝に終わり、連合軍は壊走した。

グエン・フエは今度は軍を北方に転じ、翌一七八六年にはかつての広南グエン氏の拠点フエを占領し、さらに北上して紅河デルタにまで一気に攻め入りチン氏の支配を退けるが、すでに有名無実化していた後レ朝の皇帝への忠誠を表明して、自ら帝位に就くことはなかった。一方、グエン三兄弟の兄グエン・ヴァン・ニャックは、地元であるクイニョンで自ら皇帝を名乗った。このことは、少なくともこのころまでに、グエン三兄弟のなかにかなり深刻な意見の相違が生じていたことをうかがわせるエピソードである。

一七八八年、中国の「清」[28]軍が突如二〇万の大軍で越境し、タンロンに入った。名目上は後レ朝の守護であったが、もちろん、事実上の侵略にほかならなかった。グエン・フエはただちに一〇万の軍でタンロンを包囲し、一七八九年にはタンロンを奪還した。

グエン・フエはこの時点で初めて自ら皇帝を名乗るが、わずか三年後の一七九二年に病死した。三九歳という若さであったという。グエン・フエはシャム軍や清軍を破り、ベトナムを救った英雄として、今もベトナム各地には彼の名前を冠した道路がもう一人の「救国の英雄」レ・ロイとともに残っている。

グエン・フエの死の翌年には、兄のグエン・ヴァン・ニャックも死んだ。シャムに亡命中であったグエン・フック・アインはこれを好機とばかりに、一七九九年、クイニョン城を攻めて占領した。一八〇一年には広南グエン氏の故郷であるクワンナム地方や重要な貿易港であるホイアンなどを奪還し、翌一八〇二年に、先に述べたようにフエにおいて自ら

(28) 1616年～1912年まで続いた中国最後の統一王朝。ただし、支配者は漢人ではなく満州人であった。

帝位に就きザロン帝になった。ザロン帝のタンソンの残党に対する追撃は執拗をきわめ、グエン・フエの墓は暴かれて、その遺体は市中に晒されたという。

それから先のベトナムの歴史については、おそらく次章以降で語ることとなるだろう。

とりあえずの、サヨウナラ

しかしながら、それらもすべて今はすぎ去った過去である。グエン三兄弟の反乱の最初の根拠地となったタンソンには、そうした歴史を偲ぶ遺構などはまったく残っていない。ただただ、広大な水田地帯がどこまでも広がっているばかりである。

ベトナムの歴史的建造物はそのほとんどが木造であったこともあって、そのため長く厳しい動乱と、その後の侵略と植民地支配、それへの激しい民衆ぐるみの総反攻の時代を経た今日、しかもアメリカというい わば史上最強の軍事大国と文字通り国家や民族の存亡をかけて争われたベトナム戦争の終わった後では、最後の王朝となったグエン朝の、フエの王宮の一部や歴代皇帝廟以外で現存している歴史的建造物はほぼ皆無といっていい状況である。残された遺跡は、つわものどもの夢の跡を後世の私たちに垣間見せてくれるが、そうしたものがそもそもベトナムにはあまりにも少ないのである。ただただ繰り返される戦乱のなかで、焼け野が原をすぐに豊かな田園風景へと黙々と復旧させ続けてきた農民の不屈の精神のなかに、ベトナムの長い苦難の歴史とそれに耐え抜いてきたという自信とを、わずかに感じとることができるのみである。

そのどこまでも果てがないかのように続く豊かな田園風景のなかを、降り注ぐ陽光を浴びつつ私たちを乗せた車が走る。やがて、傍らに警備の兵士が立つゲートが見えてきた。いうまでもなくベトナム国軍の基地で、その基地の一角にクイニョンの国内線の離発着ロビーがあるのである。時間がまだ早かったためかゲートは閉まっていたが、ティエンさんがその兵士に頼み込んでゲートを開けてもらい、車は軍事基地内に入った。カマボコ型のコンクリートの格納庫とそのなかに納まった軍事ヘリの間を抜けて車が走る。

それでもクイニョンの国内線ロビーには、おそらく同じようにゲートを通過してきた民間人がかなり大勢、大荷物を抱えてベンチに座り込んでいた。ホーチミン行きの飛行機の出発時間は午後四時四五分なので、あと二時間近くもある。もちろん、搭乗手続きなどはまだ始まっていないのだが、ティエンさんは勝手に事務所に入り込んでテキパキと手続きを済ませてしまった。

「さぁ、もう出発ロビーに入れます。向こうはエアコンも利いていて、涼しいです」というティエンさんに促されて、ベンチに黙って座り込んでいる人々の視線を背後に感じつつ出発ロビーに入った。ロビー内には、軍人やキチンと背広を着込んだ商社マンらしき男ら数人がすでにいて、設置された大型テレビでサッカーの試合を見ていた。そういえば、ベトナムでもサッカーは大変人気の高いスポーツのようで、ニャチャンのビーチは夕暮れになるとサッカーに興じる子どもたちでいっぱいになった。

「では、私はここまでです。また、明日お会いしましょう」といって、ティエンさんはロビーを出ていった。ティエンさんとドライバーはこの後、車で夜通し走り通して、ホーチミンまで戻るのだという。翌日、「あなたの泊まっているホテルに顔を出します。夕ご飯でも一緒に食べましょう」というので待っていたのだが、トラブルでもあったのか、徹夜のドライブで疲れてしまったのか、あるいは単なる社交辞令であったのか、結局、ティエンさんはホテルに姿を現さず、これが最後となった。帰国後、礼状を添えて約束していた私の本を国際便で送った。ティエンさんは簡単な日本語なら読むこともできるので、手紙には「またお会いしましょう」と大きく書いた。本当に、ティエンさんと次の旅でまた会うことができることを祈っている。

こうしてホーチミンに戻り、日本に戻ってきた。たまっていた仕事を片付け次第、すぐにまたベトナムに戻る予定にしていたのだが、それをしばらく見送らざるを得ない事態になった。

第3章

ダナン、ホイアン

——聖地・ミーソンとその周辺——

ミーソンのBグループの宝物庫

いら立ちとあきらめの日々

本当は、日本に戻ってから一ヵ月とちょっとでたまっている仕事を片づけて、再びベトナム中部への旅を再開する予定だった。

そのまま旅を続けられれば、少なくとも航空券代だけは確実に浮くのだが、そうはいっていられないのが「宮仕え」のつらさである。私はフリーのジャーナリストなどと紹介されることもあるけれども、実のところ、その収入のほとんどをある業界紙の編集によって得ているのである。来年、大学受験を控えた娘もあり、またもうすぐ五〇という年齢からいっても、毎月決まった収入の入る仕事をそう簡単に辞めるわけにはいかなかった。そうなると、業界紙の発行サイクルからいって、一度にまとめて取れる休みはせいぜい一週間から一〇日が上限だった。以前、一ヵ月の海外取材で本を書くという、私にとっては十分すぎるほど魅力的な仕事の依頼があったこともあるが、これは泣く泣く断らざるを得なかった。

「そろそろ、定期検診を受ける時期ですね」と事務の女性にいわれて、もうそんな時期になるのかと手帳をめくって適当にスケジュールの空いている日を彼女に伝え、新宿にある人間ドック専門のクリニックに予約を入れてもらった。私は四〇をすぎてからほぼ毎年、九月か一〇月に健康診断を受けにそのクリニックに通っていたのである。健康なだけが取り柄で医者通いなどまず皆無だった私も、若いころのムチャクチャな生活がたたったのか、四〇をすぎてからは身体のあちこちに目に見えてガタが出て、ついには複数の診察券を常に持ち歩く情けない境遇に陥った。それでも幸い大崩れすることはなく、身体をだましだまし、何とか今日まで乗り切ってきたのである。最近は体調もすこぶるよく、果たしてそんなものがあるのかどうか定かではないが、ようやく「男の更年期」を乗り切れたのかななどとひと息入れていたところだった。

だから、健康診断の結果を聞いていささか愕然とした。それは肺野《はいの》に異常陰影があり、再検査が必要というものであった。行きつけの病院に行ってCT検査を受けた。そのコンピューターで解析された画像を見ながら、担当医はウーンとしばらく黙り込んでから、「これは患部に針を刺して、調べる必要がありますね」といった。

「ということは？」

「腫瘍であることは間違いないです。ただ、患部の細胞を採取して調べてみないと、悪性のものかどうかはわからないですから……」

悪性の腫瘍というのは、つまり癌ということである。最近、母親の妹、つまりおばさんが、風邪がいつまでも治らず咳が止まらないと病院に行ったら、やはり肺癌と診断され、しかも余命三ヵ月の宣告を受けたばかりだった。身寄りのほとんどない妹の余命を知り、七〇半ばの母が相当のショックを受けている様子を近くで見ていただけに、その上一人息子までがもし癌だとわかったらどんなにつらく悲しいだろうと、そのことが一番最初に頭の中をよぎった。また、母親のいない我が娘が大学を出るくらいまでは何とか生きていてやりたいという気持ちもあった。よほど暗い表情をしたのだろう。担当医は慌てて、「いや、調べてみないと、癌だと決まったわけではありませんから」といった。

仕事の関係で、その翌々週、同じ病院に検査入院をした。ＣＴで患部を撮影しながら、長い針のようなものを背中から刺して患部の細胞を採取するのである。

「肺に針で穴を開けるんですから、最悪の場合には肺がつぶれることもあります。それから、出血で咳に血が混じることもありますから驚かないで下さい」と、担当医は恐ろしいことを淡々という。

細胞の採取が終わり、レントゲンを撮ってから車椅子に乗せられて病室に戻った。麻酔が切れると、背中をピンと伸ばすことができないくらいの痛みがある。病室は六人部屋だが、私を含めて三人しか入院患者がいない。しかも、三人が三人とも癌の疑いがあるといわれての検査入院だから、病室内には陰鬱な雰囲気が漂っていていたたまれなくなる。背中を伸ばすと痛いので、身体をくの字に折り曲げた格好で用もないのに廊下をウロウロしていたら、看護婦が飛んできて、「今日一日は大事をとって、おとなしく寝ていて下さい」と怒られてしまった。

翌日、午前中に副医院長とかの回診があって、その後再びレントゲンを撮って、「大丈夫です、肺はつぶれていませんから」といわれてひとまず退院となる。

一週間後、結果を聞きに行くと、「患部から癌細胞は検出されませんでした」とのことである。「でも、癌でないとは現時点では言い切れません」と、担当医はいう。つまり、「ごく初期の癌であるため、癌細胞が検出されなかったケースもあり得るので、癌ではないと安心してもらっては困る。それに、キチンと患部から細胞が採取できなかったということも考えられないわけではありませんから」というのだ。とどのつまりは、一ヵ月後に再検査ということになった。

こんな宙ぶらりんの状態では、とてもではないがベトナムに行くことなどできなかった。旅行社に電話を入れて、すべての手配をキャンセルしてもらった。

患部から癌細胞が検出されなかったことから良性の腫瘍である可能性が大であるし、もし万が一癌だとしても、おそらくごく初期のものであり、手術すれば何とかなるという希望は見えたとはいえ、再検査までの一ヵ月は長かった。病は気からとはよくいったもので、肺癌の疑いがあると告げられてからより頻繁に咳が出るようになり、また喉元から胸にかけて、締めつけられるような圧迫感を日増しに強く感じるようになった。

その間に、余命三ヵ月といわれていた叔母が、その三ヵ月も持たずに死んだ。癌告知を受けたときは周囲の人のほうがよっぽど病人のようで、「とにかく精いっぱい頑張ってみるわ」と気丈にいっていた彼女だったが、癌の進行とともに酸素呼吸器を片時も手放せなくなり、「こんなに苦しいのはもう嫌。早く楽になりたい」としきりにもらすようになった。何だか、まるで自分の最期のシュミレーションを見ているようでいたたまれなかった。

叔母が死に、その葬儀もつつがなく終わり、母は次のような俳句をつくった。

粕汁に　さへ酔ふ家系　一人欠け

実は、私も酒が一滴も飲めず、紛れもない母の家系である。年老いた母に、その家系が実はもう一人欠けることになると告げなければならなくなるような事態にどうかならないで欲しいと、心底そう願った。

一ヵ月後の再検査の結果、腫瘍が大きくなっていないことから、一応良性のものと考えていいだろうという結論になった。ただし、良性の腫瘍が悪性のものに変化する可能性はまったくないとはいえず、二ヵ月に一度くらいのペースで再検査をしなければならないという。つまり、肺野《はいの》の腫瘍は、体内に埋め込まれた時限爆弾のようなものであるのかもしれない。

こうして私の、いら立ちとあきらめの日々はとりあえず終わった。しかしながら、今回の経験は、私につくづく人生の残り時間について考えさせてくれるものとなった。私にこの先、果たしてどれほどの残り時間があるのか皆目わからないが、やるべきこと、やりたいことは決して先延ばしにしたりせず、ドンドン積極的にやっていこうと、そう思った。やりたいことがあってもそれができなくなる日が、そんなに遠くない将来に必ずやってくるのだから。

ともあれ、これで旅を続けることができる……。

バンコク、ハノイ経由ダナン行き

今回のベトナム中部への旅は、ホーチミンへの直行便を使わず、日本からまずタイのバンコクへ行き、そこで一泊し、翌日早朝のハノイ行きに乗り、ハノイでまたダナン行きのベトナム航空の国内便に乗り継ぐことにした。何でそんな面倒なルートを取ったのかと思われるかもしれないが、理由は単純明快、前著『マヤ終焉～メソアメリカを歩く～』の取材でたびたび使ったユナイテッド航空のマイレージがたまり、日本～バクコク間の無料航空券が手に入ったからである。

以前はバンコクからダナン行きのタイ航空のフライトがあったので、本当はこれを使うつもりだったのだが、旅行社に改めて手配を依頼すると、私の旅行日程に合うバンコクからダナンへのフライトはすでに廃止になっているとのことで、まずハノイまで行き、そこでダナンへの国内便に乗り継ぐしかないという結論になったのである。ハノイでの乗り継ぎ時間は一〇時間近くもあり、ハノイの市街を散策する時間も十分とれるので、これはこれでかえってよかったのかもしれないと思った。

日本からの出発の日、帰国後すぐに降版することになる新聞の原稿がなかなか集まらず、成田空港へ行くギリギリまで埋め草原稿を書き続けて、ヨレヨレになりながら第一旅客ターミナルのユナイテッド航空のチエックイン・カウンターに、それでもちゃんと出発の二時間前には駆けつけた。ユナイテッドの職員にオーバーブッキングで席がないといわれ、それでなくても寝不足で朦朧としている頭が真っ白になりかけるが、ほぼ同時刻のノースウエストの便に振り替えてくれ、しかもお詫びとして一〇〇ドルをキャッシュでくれるという。これは出だしからラッキーと思ったが、帰国便でまさか八七四ドルもの出費を強いられることになるとは、このときは思ってもいなかった。

深夜に着いたバンコクでは、空港近くの定宿にしている「コンフォート・エアポートホテル」(1)に泊まり、翌日、八時三〇分発のタイ国際航空のハノイ行きに乗った。ハノイには一〇時少しすぎに到着、一時間半ほどのフライトである。

ハノイのノイバイ国際空港に降り立って、まずその寒さにびっくりした。気温はおそらく摂氏一五、六度くらいだから、実のところそんなに寒いわけではないのだが、三〇度近

(1)電話：02-552-8921。FAX：66-2-552-8920。「66」はタイの国番号、「02」はバンコクの市外局番である。日本で買えるJHCやアップルホテルズのホテルクーポンが便利。1泊シングル4,000円弱。

くあるバンコクから来たので、上はTシャツ一枚という軽装である。慌てて薄手のジャケットを鞄から出して着たが、ハノイの街を行き交う人々はもっと本格的な冬の装いだった。これから行く中部のダナンやフエの気温は二五度くらい、南のホーチミンでは三〇度を超す暑さだというから、ベトナムがいかに南北に長い国かよくわかる。

ハノイでは、まず市街地のほぼ中心にあるホアンキエム湖に行き、周囲をのんびりと散策した後、その北側に広がる迷宮のような旧市街を目的もなく歩き回った。疲れたらカフェで濃厚なベトナム式ブラック・コーヒーを飲み、夕刻に再びホアンキエム湖に戻って、湖畔に設けられたベンチに座ってぼんやりと出発までの残された時間を過ごした。

ハノイの街の様子については終章で詳しく書くつもりだが、私は、ベトナムでは一番ハノイが好きだ。ハノイには無論、政府機関や各国大使館の建ち並ぶこの国の政治の中心地としてのよそ行きの顔もあるが、それとは別に、フランス植民地時代の老朽化した建物と、迷路のような狭い通りが複雑に交差する旧市街のような、気取らない庶民の顔をもあわせもっている街である。活気はあるが、南の玄関にしてこの国の経済の中心地であるホーチミンのような喧騒の街ではない。

夜の八時一〇分発のダナン行き国内便に乗って、一〇時すぎにダナンの空港に着いた。ダナンはベトナム中部を代表する商業・工業都市であるが、さすがに不夜城さながらのホーチミンほどの活気はなく、車窓から見る街はスッカリ眠りについていた。

ダナンからホイアンへ

ダナンは、南北に長く伸びたベトナムのほぼ中間点に位置することに加え、良港に恵まれていたこともあって古来から海上交易の中心地として栄え、九八二年にベトナムの前レ朝によって占領されるまではチャンパ王国の王都の所在地であった。その後、チャンパの王都はより南寄りのヴィジャヤ（クイニョン）に移るが、必ずしもダナン周辺がベトナム王朝の手に落ちたわけではなく、事実、聖地ミーソンにはその後も一三世紀ごろまで、歴代チャンパ王の寄進によるヒンドゥー教の祠堂が引き続き建立され続けている。

しかしながら、一四七一年に後レ朝の攻撃によってついにヴィジャヤが陥落し、ヴィジャヤ以北はこれにより完全にベトナム王朝の勢力下に置かれ、ベトナム人農民の大量入植などによる急速なベトナム化が図られることになる。

その後もダナンは、文字通りの戦略的な要衝として、ベトナムをはじめとするインドシナ全域の植民地支配を虎視眈々と狙うフランスや、南ベトナム傀儡《かいらい》政権のテコ入れを目指すアメリカの前線基地となり、とりわけベトナム戦争時にはアメリカ軍最大級の軍事基地がこの街に置かれたことでよく知られている。

しかし、今のダナンには、そんなかつての「基地の街」としての面影はどこにもない。

貨物船が行き交うハン川沿いに広がる、ごく普通の活気のある商業都市である。

その最大の目抜き通りは、ハン川の河畔から街を東西に貫いているフンブオン通りだ。この通りには、狭い通路の両端に食料品や衣類、日用品雑貨などが山のように積み上げられた、さながら迷宮のような巨大な「コン市場」を中心にさまざまな商店が立ち並び、耐え難いほどの騒音と排気ガスをまき散らしながら行き交う車やバイク、自転車と入り交じって、文字通り人、人、人がひしめき合っている。

このフンブオン通りと直角に交わり南北に延びているのがレロイ通りで、この通りとハン川沿いに二本仲良く並んでやはり南北に延びているバクダン通りやチャンフー通り沿いにはホテルやレストランなどが数多く集まっていて、こちらのほうがむしろ観光客にとっての目抜き通りとなっている。今回、私の泊まることにしている「サイゴン・トーランホテル」(2)も、このチャンフー通りの北の外れの、さらに少し横道に入った所にある、最近改装されたばかりの中級ホテルである。

以前、この街に来たときに泊まったのは、ダナンの鉄道駅の真ん前にある「ファイホホテル」(3)というやはり中級ホテルだったが、このホテルのある駅前のハイフォン通りもまた、通りの両端がさながら路上マーケットと化し、生きたまま売られているニワトリやアヒルの鳴き声と露店商人の掛け声が飛び交う、実に活気のある所だった。

以前というのは、一九九五年の一〇月末から一一月初めのことである。そのときも実は、

(2) すみません。もらっておいたホテルのパンフレットを紛失してしまいました。電話番号が分かりません。場所はラオス領事館の隣りです。

(3) シングル50ドル～。場所はダナン駅の隣り。電話：832591、FAX：84-511-832593。「511」はダナンの市外局番。

私はこの街を拠点にミーソンやクワンナム遺跡などチャンパ王国の残した遺跡群を回る計画を立てていたのだが、道路事情によりミーソンにはそもそも行くことができず、決して安くない金を払って雇ったガイドは実のところ、クワンナム遺跡の存在も、そこへの行き方もまったく知らないという有様だった。それでも、さまざまなすったもんだで丸々一日を無駄にした末にようやくダナンの「チャンパ博物館」で遺跡の所在地を確かめ、さぁ、いざ出発というときになって今度は台風が直撃した。暴風雨のなか、バンアン遺跡とチェンダン遺跡にはそれでも半ば意地で行ったが、強風のため傘が折れ、全身ずぶぬれになって、結局のところそれ以上の遺跡巡りを断念するしかなかった。その後は、台風のため道路はさながら川のようになり、ホテルに閉じ込められて、部屋の壁を眺めては嘆息するしかなかった。一見、立派なホテルであるように思えたファイホホテルだが、たちまち安普請の化けの皮が剥がれ、至る所で雨漏りがして、廊下などにはあちらこちらに大きな水溜まりができる始末だった。

ベトナム中部は八、九月に台風の直撃を受けることが多いということはガイドブックなどを読んで知っていたが、一〇月の末だから大丈夫ではないかと思っていた。しかし、あとで地元の人の話を聞くと、一〇月にも台風は結構多いのだという。もちろん、台風は自然災害であり如何ともしがたいのだが、遺跡の所在地がわからないなどのトラブルで、むざむざと無為に過ごしてしまった前日は、翌日にあんな暴風雨になるなんてことがまるで嘘のようによく晴れてもいたのである。前日、予定通りに遺跡巡りができていれば、少なくともクワンナム遺跡だけは見ることができたのにと、悔しさで胸がいっぱいになった。

それが五年前のことである。今回の旅はその、いわばリベンジでもあるのである。

サイゴン・トーランホテルは、外観は立派だし、室内の設備なども もちろんソコソコに整ってはいるのだが、きめ細かいサービスには欠けるという、よくあるごく普通の中級ホテルである。とはいうものの、着いたのは夜の一一時、翌朝は九時の出発だから、熱いお湯の出るシャワーと、寝心地のいいベッドが差し当たってあればそれで十分である。

ダナンの空港に迎えに来てくれたのは、流暢な日本語を話すガイドのTon That Quang Anh君である（以下、略して「アン君」と書くことにする）。アン君は、おそらく二〇代半ばの、何故かいやに暗い目をした寡黙な青年で、あとで本人から聞いたのだが、日本におけるチャンパ建築研究の第一人者である日本大学の重枝豊氏のベトナムでの教え子であるという。まったく世間は狭い。

空港からホテルへの道で開いている店はほとんどなかったので、夕食はとうとう食いっぱぐれてしまった。とはいうものの、機内で小さなサンドイッチとコーヒーが出たので、それほど腹が空いているわけでもない。仕方がないので、ホテルで何か軽くルームサービスでも取ろうと思っていたのだが、シャワーを浴びて冷蔵庫のなかの冷たいコーラを飲むと、たちまち睡魔が襲ってきた。

気がつくと、耳元で電話が鳴っていた。チェック・インのときに、七時にモーニング・コールを頼んであったのである。服を着たままベッドに横になって、そのまま眠ってしまったらしい。顔を洗って、一階のレストランに下りる。ベトナムのホテルはたいてい朝食込みの料金なので、バイキング形式のブレックファーストをとる。オレンジジュースとスライスしたフランスパン、オムレツにカリカリのベーコン、果物にコーヒーという、典型的なアメリカン・ブレックファーストである。焼きそばやチャーハンなども置いてあるが、朝から食べる気はしない。朝食をとる客は少なく、そのほとんどが白人の観光客だ。

アン君に聞いたところでは、やはり旧宗主国のフランス人がもっとも多く、ついでドイツ人が多いという。台湾からの団体客も、最近はよくやって来るようになったという。ホーチミンやハノイでは日本人観光客の多さが目についたが、「中部にやって来る日本人は、まだそれほど多くはありません」と、アン君はいう。

ベトナム中部にはミーソンにホイアン、フエと、ハロン湾以外のベトナムの世界遺産がすべて集まっている。もっと多くの日本人が、この地を訪れるようになっていい。

今日は午前中、ホイアンの街を散策してから念願のミーソンに行く予定にしている。その前に、チャンフー通り沿いの、ハン川の河畔にあるチャンパ博物館(4)に寄ることにした。チャンパ博物館は五年前に来たときにも訪れているが、フランス極東学院の支援によっ

（4）フランス極東学院の収集品を中心に、各地のチャンパ遺跡から発見された石造彫刻の傑作の数々が展示されていて、チャンパ遺跡巡りをする人は必見。開館時間：7時〜16時。入場料は2万ドン。

チャンパ博物館

チャンパ博物館の開放的なその内部

て一九一五年に建設された、小さいが開放的でとても気持ちのよい博物館だ。朝の七時から夜の六時までオープンしており、しかも年中無休である。堂々とした重厚なドンジュオン様式の仏像から、肢体をくねらせ実に生々しい女神像に代表される、概して軽快にして躍動感に満ちあふれたヒンドゥー教の神々の姿、今にも動き出しそうな獅子像や力強いガルーダ像、精緻というよりはおおらかさが勝ったレリーフの数々に至るまで、チャンパ美術の粋がここに集められているといってよい。

チャンパ遺跡を訪れる前に必ず見学して欲しい博物館だが、現地まで行くのはちょっとという向きには、その優れた彫刻の数々を集めたベトナム社会科学院編の『チャム彫刻』[5]という本が連合出版から刊行されている。また、この博物館の学芸員であるチャン・キィ・フォン氏が書いた『チャンパ遺跡』[6]は、遺跡めぐりには欠かせない格好のガイドブックであり、私も前回の訪問時、英語版を同博物館の売店で購入して苦労して読んだのだが、その邦訳が今は重枝豊氏によるほぼ同じ分量の書き下ろし原稿を新たに付け加えて、やはり連合出版から発売されている。

大乗仏教が興隆したドンジュオン期[7]を除き、チャンパ芸術のほとんどを占めるのはヒンドゥー教の宗教美術であるが、その石像彫刻の数々はたとえば隣国のアンコール朝のそれと比べると際立った違いを示している。チャンパのそれはクメール彫刻の精緻さには遠く及ばないものの、どちらかといえば重々しさを感じるものの多いクメール彫刻に比べて実

(5)ダナンのチャンパ博物館をはじめ、ハノイとホーチミンの歴史博物館などに収蔵されているチャンパ彫刻の写真集。もう少し詳しい解説が欲しいところ。

(6)チャンパ博物館で売られている英文と仏文の遺跡ガイドをもとに、詳しい解説を重枝氏がつけたもので、各遺跡への行き方なども載っている。

軽快さが身上のチャンパ美術

ドンジュオン期の仏像

に素朴にして軽快なのである。もちろん、その石彫がつくられた時代の様式による違いもあり、すべてのチャンパ彫刻がそうであるということはできないが、全体的に見てそうした傾向が強いということだけはいえるのである。

博物館には、一九九四年から九五年にかけて日本各地で開催された「チャンパ王国の遺跡と文化」展用に作製された今はなき「ミーソンA1祠堂」の精緻な再現模型が展示されていて、実に感慨深いものがある。なぜなら、あの展示会に出会うことがなかったら、私はこうしてチャンパ遺跡を巡る旅に出ることも、あるいはなかったかもしれないからである。

チャンパ博物館は中庭を囲んでコの

(7) 9世紀後半から10世紀にかけて、インドラプラに王都が置かれていた時代の美術様式で、大乗仏教美術が興隆した。

字型に建てられ、各様式ごとに一〇の部屋に分けられているる。分けられているといっても各室に仕切りがあるわけではなく、それどころか建物全体が窓すらなく、吹き抜けになっている。遺物は陳列ケースなどに入れられているわけではなくそのまま床に置かれていたり、壁にはめ込まれていたりする。つまり、本当はいけないのかもしれないが、遺物に直《じか》に手で触れることも可能であり、事実、多くの見学者がそうしている。こんなに自由な雰囲気の博物館は、世界中にそうはない。

チャンパ博物館を見た後、車は一路ホイアンへと向かう。ドライバーはベトナム人のドライバーに特有の強気一点張りの運転を披露し、通常一時間はかかる距離をわずか三五分で走破してしまう。

強気一点張りの運転がどういうものかというと、まず道路は右側でも左側でもなく、センターラインの上を堂々と、しかも猛スピードで走る。とにかく、先行車がいると可能なかぎりさらにスピードを上げて、けたたましくクラクションを鳴らし続けながら追い越しにかかり、対向車に対してもギリギリまで衝突を回避する行動をとらない。ぶつかる寸前になって初めて、より強気のドライバーに道を譲るのである。こんな運転でよく事故が起こらないものだと思うが、ちゃんと事故は起こるのである。横転した車や民家に突っ込んだトラック、道路にべったりついた血の跡などを旅行中に何度も見かけているのであるから、我が身にそういう事態が起こらないことをただただ祈るしかない。

道路沿いにはレンガやコンクリート造りで、瓦屋根の平屋の家屋が並ぶ。遠くの山の頂には、巨大な白いコンクリートの観音菩薩像。巨大な仏像を山頂などのとにかく目立つ所に建てるのは裕福なベトナム人の趣味なのか、そんな仏像をダナンやフエでは幾つも見た。

ホイアンの旧市街は、ベトナムで唯一、古い伝統的な木造家屋群が残っている場所といわれている。チャンパ統治下のホイアンは、チャンパの海上交易の文字通り拠点として栄え、それはホイアンがベトナムの支配下に入った後も変わらなかった。なかでも一七世紀の朱印船貿易時代(8)には日本人町も築かれ、一〇〇〇人以上の日本人がこの地に住んでいたといわれている。

日本人町は、以前は現在のホイアン旧市街のメイン・ストリイートであるチャンフー通り沿いにあったのではと考えられていたが、その後の発掘調査で旧市街の西側に新たに一六～一七世紀ころの古い遺構が見つかり、そこから中国製の陶磁器に混じって伊万里焼きの陶器なども大量に発見されたため、あるいはそこが日本人町の跡ではないかとも考えられるようになった。もちろん、そうであると断定するだけの確たる証拠があるわけではなく、日本人町の所在地についてはいまだ不明のままといったほうがいい。チャンフー通りにはその近くに日本人町があった証拠として、「日本橋」と呼ばれている木造の古い屋根付き橋があり、日本語で「ホイアン」と書かれた提灯などがぶら下げてあるが、どう考え

(8) 1635年に日本人の海外渡航や帰国が禁止され、事実上の鎖国政策が取られるまで、江戸幕府は朱印状を発行して民間人の海外交易を認めていた。東南アジア各地の交易拠点に日本人町ができたのもこの時代である。

ホイアンの旧市街

「日本橋」と呼ばれてはいるが……

（9）グエン・フエ通りにあるクワンアム寺の境内に造られたミニ博物館で、チャンパ王国時代からのホイアンの街の歴史を写真パネルや出土物で紹介している。開館時間：7時～18時。街の各所にあるチケット売り場で、総合チケット（5万ドン）を購入して見学する。

てもモロ中国様式の建造物である。というよりも、ホイアンの旧市街そのものが中国様式の建物でほぼ占められており、かつてここがチャンパの貿易港だったころの面影を偲ぶのは難しい。

ホイアンは五年前にも訪れているが、典型的な観光地である。主にチャンフー通り沿いに、その「日本橋」をはじめ「福建会館」「中華会館」などの中国出身者のための集会場や「クワンアム寺」「クワンコン寺」といった中国寺院、さらには一般の民家などが軒を連ねている。

「クワンアム寺」内には、チャンパ王国時代からのホイアンの歴史を写真パネルや遺物で示した「ホイアン歴史文化博物館(9)」が併設されており、またそれとは別に、古い奥行きのある二階建て民家を修復してそのまま使った「海のシルクロード博物館(10)」もあり、日本のここには伊万里焼きをはじめとする中国製やベトナム製などの古い陶磁器が主に展示されている。

一般の民家といっても、その大半が観光客目当てのお土産物店である。旧市街の出入り口には至る所にチケット・ブースがあり、前述の諸施設に入場できるチケットを売っている。街全体がいってみれば、一つのテーマ・パークなのである。

白人を主体とした観光客がそのなかをゾロゾロと徘徊し、お土産物店に顔を突っ込んではさかんに値引き交渉をしている。随所にあるレストランやカフェもすべて観光客用のも

(10) チャンフー通りにある古い民家の内部がミニ博物館になっており、主にホイアン出土の伊万里焼をはじめとする陶磁器などが展示されている。開館時間：午前7時〜午後6時。総合チケットで入場可。

ので、メニューは決まって英語かフランス語表記だし、料金は「ドン」ではなく最初から「ドル」表示の所も多い。

　こんな所には、あまり長居をしたくない。アン君に付き合ってしばらく街中を散策した後、「少し早めの昼食にして、ミーソンへ行こう」と提案した。

「ホイアン名物のホワイト・ローズを食べませんか」とアン君がいうので、それに従うことにした。「ホワイト・ローズ」という食べ物がホイアンの名物であることは、その名前を大きく表示したレストランがあちこちにあるのでいわれなくともよくわかる。それがどんな食べ物なのかも、毎度おなじみの『地球の歩き方』などでよく知っていた。

　ホワイト・ローズとは、米粉でつくった皮にミンチ状にしたエビなどを入れ、それを花びらの形にまとめて蒸し上げた、いってみれば変わり餃子である。これも『地球の歩き方』によれば、一軒の店が先祖代々専業でつくり、各レストランに卸しているのだという。蒸し上がったホワイト・ローズは魚醬のタレにつけて食べるのだが、単に形がきれいというだけで、もちろんまずくもないが特段美味しいものでもない。

　そのホワイト・ローズを一皿とって、私はワンタンとコーラ、アン君はフライド・ライスにお茶をそれぞれ注文して昼食にする。ワンタンは野菜などの具がたくさん入り、まるで日本のけんちん汁のようだ。実は私は、これもまたホイアンの名物という何という名前だったかは忘れてしまったが、米粉の麺を本当は頼んだつもりだったのだが、間違ってワンタンが出てきてしまったのだ。もちろん、ワンタンも麺の一種ではあるし、それはそれでとても美味しかった。二人分まとめて私が払って四万九〇〇〇ドン。日本円で五〇〇円足らずである。観光地とはいっても、それほど物価が高いわけではない。

食事をしている間も、私たちの目の前を観光客がひっきりなしに通過していく。店内を露骨に覗きこんでいく人も多い。

「すごい人出だね」というと、アン君は急に吐き捨てるように、「私はこの街はあまり好きではありません。観光客ばっかり。ホイアンはうるさい街です。フエとは違う」という。アン君が住んでいるのはフエだと聞いて知っていたので、何だかとてもおかしくなった。確かに、ホイアンは観光客だらけの騒々しい街だが、私にいわせればそれはフエもまったく同様だった。しかも、観光客がもし来なかったなら、ガイドというアン君の生計も当然成り立たない。郷土愛というものは、まったくもって致し方のないものである。

ホイアンでは、旧市街のすぐ近くにあり便利な「ホイアンホテル」(11)を今日の宿泊先としてリクエストしていたのだが、部屋が取れないということで、宿泊先は旧市街から五キロほど離れたクアダイビーチにある「ホイアン・ビーチリゾート」(12)になってしまった。まだ新しいホテルであるというので設備などは整っているが、夜遊びには不向きである。もっとも、夜遊びとはいっても私の場合、夜の街を目的もなくフラフラ歩き回った末に、どこかの店に入って夕食をとって戻るというだけのことだが……。

(11) ホイアンの旧市街の近くにある老舗のホテルで、1泊シングル15ドル〜。電話：861445、FAX：84-510-861636。「510」はホイアンの市外局番。

(12) 旧市街からは離れているが、新しくできた高級リゾートホテル。料金は本文の通り。電話：927011、FAX：84-510-827019。

食事代を払って店を出て、ホイアンホテルの駐車場に止めてある車まで歩いて戻った。いよいよ、待望のミーソンである。

ミーソン遺跡

チャンパの聖地ミーソンへは、以前はダナンもしくはホイアンから車かバイクタクシーを使って悪路を近くまで行き、橋のない川をボートで対岸へ渡って、そこからまたバイクタクシーに乗り継いで遺跡まで行く以外に方法がなかった。そのため、実際、天候次第では遺跡まで辿り着けないこともよくあったのである。かくいう私も、五年前に、長雨で川が増量してボートの運行がストップしているとのことで、泣く泣く訪問を断念しなければならなかったという苦い経験がある。

今は遺跡のすぐ近くまで舗装された道路ができているので、ダナンからでもホイアンからでもタクシーなどを使って気楽に遺跡へ行くことができる。川には、車は渡れないものの人はどうにか渡れる木製の甚だ頼りない橋も架かっており、対岸には遺跡まで行く小型トラックを改造したミニバスがいつも数台スタンバッている。ちなみに、このミニバス代は、一応五万ドン前後といわれている遺跡の入場料に含まれている。

一応というのは、料金所に入場料を明記した表示があるわけではなく、係員にもっと多額の入場料を要求されたという人もいるからである。要はすべて交渉の世界。何事に対しても強気一辺倒でいくしかない。もちろん、ガイドを雇っている場合は、そうしたことはすべてガイドがやってくれるから何の苦労もいらない。

遺跡へはダナンからなら片道約二時間、ホイアンからなら一時間半くらいと考えておけばまず間違いないだろう。遺跡の見学にはじっくり見れば二時間はかかるから、午後に行く場合は早い時間に出発しないと帰りが厳しくなる。

さて、我がドライバーは例の神風ぶりを遺憾なく発揮し、何とホイアンからわずか一時間あまりで遺跡へのゲートに到着してしまった。ホイアンからミーソンまでの道は、豊かな水田地帯の真っただ中を走っている。まさに、周囲はどこまでも視界を遮るもの一つない緑の海。その緑の海の至る所に木の棒が立てられ、それに結びつけたビニール袋が風に揺れている。それにどれほどの効果があるのかわからないが、案山子《かかし》の代用であるようだ。

所々に、小さく、稲穂に半ば埋もれながら働く人の姿。あぜ道の周辺で、ゆったりと草をはむウシや水牛。

幾つかの小さい集落を通りすぎ、ハノイ～ホーチミンを結ぶ統一鉄道の踏切にさしかかる。めずらしく遮断機が下りていて、数台の車がそれの開くのを待っている。やがて、それ自体が遠い過去の遺物のような列車が左から右へ通りすぎていった。ベトナムで実際に走っている列車を見たのは、実はこれが初めてである。もともと走っている本数が少ないので、鉄路の上を走る列車を見る機会はほとんどないのである。

踏切は手動式で、列車が通りすぎ遮断機を上げると、鉄道員はよいこらしょと立ち上がってどこかへ去っていった。こうして、一日に何回か遮断機の上げ下げにやって来るのであろう。踏切の向こうとこちらにたまっていた車がゆっくりと動き出す。ドライバーはクラクションを鳴らしっ放しにしながら、それらを瞬く間に追い抜いた。

遺跡へのゲートの一〇分くらい前から、道路が未舗装の砂利道に変わった。遺跡のゲートを越えると、そこは飲み物と遺跡のガイドブック、お土産物などを売っている茶店もある駐車場になっていて、そこから車を降りて歩く。川にかかった頼りない木橋を渡り、ミニバスに乗って、また一〇分ほどでミーソン遺跡に着いた。

ミーソンに初めてヒンドゥー教の祠堂が築かれたのは四世紀末のことである。築いた王はバドラヴァルマンというチャンパ王で、当時、チャンパの王都はダナン南西部のチャキユウにあり、「シンハプラ」と呼ばれていたといわれている。シンハプラとは「獅子の都」という意味で、これはまったくの余談だが、現在のシンガポールもシンハプラのなまったものだといわれている。

その後、チャンパの王都はベトナム南部のニャチャン、ファンラン地方に移ったといわ

ミーソン遺跡へのゲート

木橋を渡り遺跡エリアへ向かう

れているが、再び八七五年にインドラヴァルマン二世が王都をダナン近郊の「インドラプラ」に移し、この地がチャンパ王国の中心地になった。もちろん、チャンパは地方王権の連合体のような組織であったと考えられているため、王都、すなわち「王たちの王」の居住地が南に移ったといっても、ダナン周辺がチャンパの重要な拠点の一つであったことに何ら変わりはない。またその後、九八二年に「インドラプラ」が陥落し、王都が「ヴィジャヤ」に移った後も、ミーソンは依然としてチャンパ王国にとっての聖地であり続けたのである。

四世紀末にバドラヴァルマン王によって建立された祠堂は木造であったといわれ、現在は残っていない。現存するレンガ造りのミーソンの祠堂群は、いずれも八世紀から一三世紀の間に歴代のチャンパ王によって建立され続けたものである。

ミーソンはダナンの近郊と書いたが、実はダナンからは約七〇キロ、ホイアンからでも四〇キロほど離れている。チャン・キィ・フォン氏と重枝豊氏は、前述の『チャンパ遺跡』のなかで、「チャンパ歴代の王は、宗教的な配慮からだけでなく、王都チャキゥウが脅威を受けた場合を想定して、防御に優れた聖地としてミソンを選んだのであろう」と書いている。確かに、ミーソンはマハーパルヴァタ山の麓にあり、当時は険しい山越えをしなければ容易に到達し得ない秘境であったのだろう。

すでに現存しないものを含めれば六〇を超えるとされるミーソンの祠堂群は、フランス

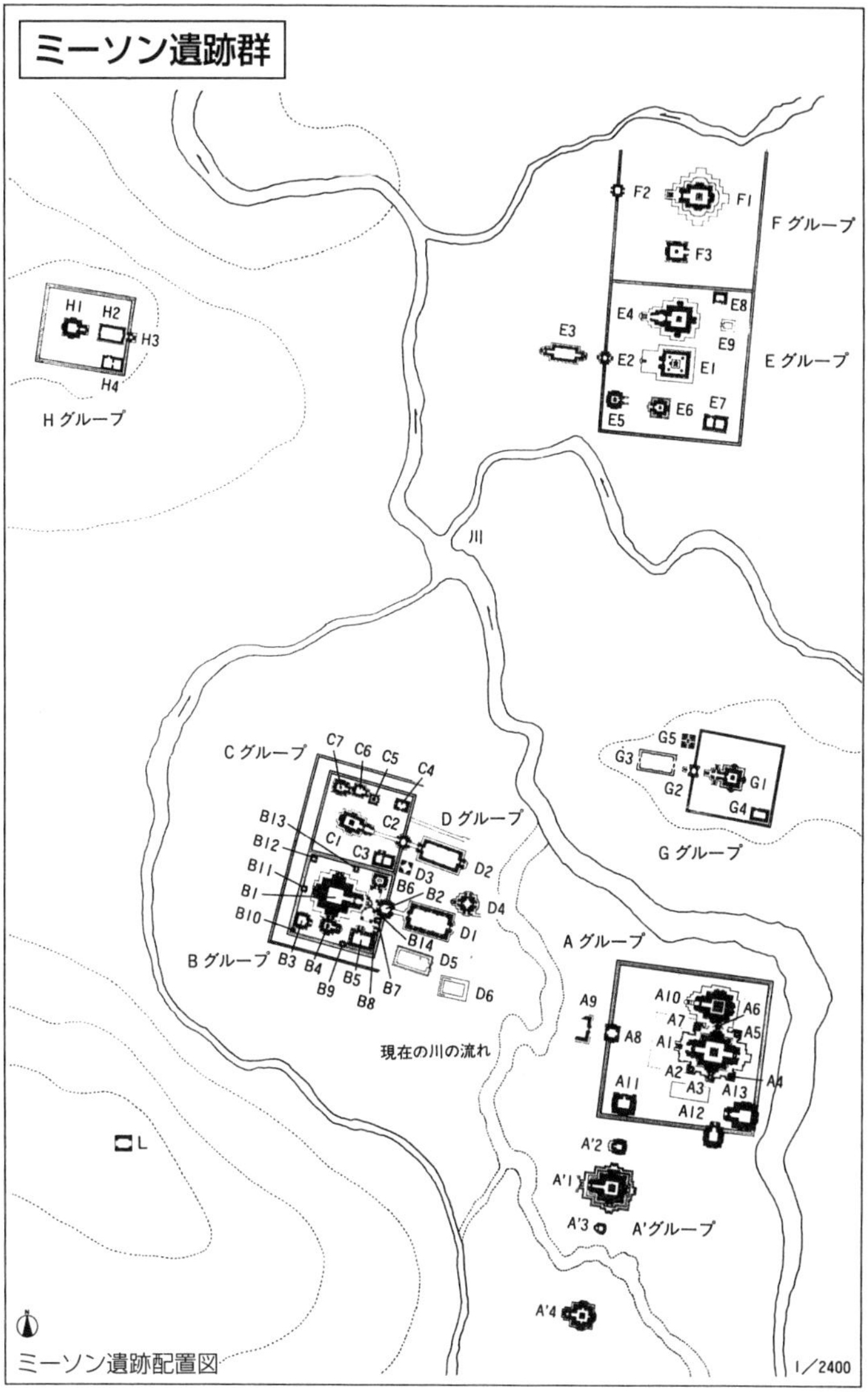

トヨタ財団「チャンパ王国の遺跡と文化」（パンフレット）より引用

極東学院の研究者アンリ・パルマンティエ氏[13]の分類によって、A～Nの各グループにナンバリングされている。もっとも現在、遺跡公園として一応整備され、私たちが見ることができるのはA～Hの八つのグループである。

ミーソンの中心はおそらく、お互いに隣接して建てられているB～Dグループであり、少し離れてAグループが、さらにかなり離れてGグループとE・Fグループ、Hグループがそれぞれ点在している。このうち、B～DグループとAグループについては、一九三七年から四四年にフランス極東学院による大掛かりな修復が行われたため、とくに前者に関しては伽藍のかなりの部分が現存し、ミーソン遺跡観光のハイライトともなっている。Aグループに関しては、ミーソン祠堂建築の最高傑作といわれるA1主祠堂が一九六九年八月のアメリカ軍の空爆によってほぼ完全に破壊され、無残な姿になってしまった。

ミーソンB～Dグループ

ミーソンの祠堂群は、ほかのチャンパ遺跡と同様、シヴァ神の象徴としてのリンガをまつる主祠堂を中心に、それを取り囲むように建てられた幾つかの副祠堂や舟型屋根の宝物庫ないし聖水庫、方形の碑文庫や長方形の矩形《くけい》房と呼ばれる用途のハッキリしない建物、それをさらに取り囲む隔壁と塔（楼）門からなる伽藍構成をその特徴とする。Aグループとかグループとかいうのは、そうした一つのまとまりとなった伽藍を指すのである。

もちろん、それぞれの伽藍がすべて同じ祠堂配置になっているということではなく、また祠堂やその付属施設の配置そのものがハッキリいって整合性にかけるケースもままある。これは、おそらくそれらが同時期に造られたものではなく、歴代の王によって少しずつ増改築され続けて現在の姿になっていることを示すのだろう。

Bグループのうち、もっとも保存状態がいいのは「B5」とナンバリングされた舟型屋根の宝物庫である。反面、B1主祠堂は一一世紀に再建されたとされる砂岩による基壇部分と祠堂内に安置されていた石のリンガがかろうじて残っているのみである。隣接するCグループのなかでは、C1主祠堂がとくに目を引いた。前房のついた祠堂で、崩壊が著しいが明らかに舟型の屋根をその上に乗せている。舟型の屋根は宝物庫や聖水庫に特有の様式とされており、これが主祠堂に用いられるのはかなりめずらしいのではないか。また、C1主祠堂の外壁面には、精緻な装飾文様や両手を胸の前で合わせた祈る女神（ないし女性）のレリーフが施されていて、思わず息を飲むほど見事である。

(13)G・セデス、L・フィノーなどと共に、フランス極東学院を代表する研究者。美術史が専門。

一方、Dグループについては、BやCグループの付属施設といわれても「そうかな」と思うほどあまりまとまりのある伽藍配置にはなっていない。このB～Dグループの祠堂からは多くの神像や見事なレリーフの数々、サンスクリット語か古代チャム語で書かれた碑文などが発見されており、その一部が現在でも祠堂内外にそのまま展示されている。とりわけ、両手と首を失った上半身裸体の女神像は、私がもっとも好きな東京国立博物館所蔵のクメール彫刻のそれ(14)を思わず思い浮かばせるほどに清楚にして見事なものであった。

祠堂内に残る女神像

境内に示された矢印に従って、少し離れたAグループに行った。Aグループは、A1主祠堂と幾つかの副祠堂からなるグループだが、前述の通り、A1主祠堂は外壁のほんの一部と内部に安置されていたヨニの形をしたリンガの基壇部分がわずかに残っているのみである。

ボロブドールの保存修復などを手掛けた、日本における東南アジア宗教建築史の第一人

(14)東京国立博物館には、フランス極東学院との交換で69点ものクメール美術品が所蔵されており、女神立像もその中の一つ。現在は「クメール室」が閉鎖され、東洋館でそのごく一部が順次公開されているだけなのが惜しまれる。

者である千原大五郎氏(15)は、その著書『東南アジアのヒンドゥー・仏教建築』(鹿島出版会)のなかでこのA1主祠堂について、「チャンパの建築史もまた、この一世紀にわたるミーソンA1様式期(一〇世紀初頭〜一一世紀初頭)をもって、その黄金期とする。特に代表作であるカラン・ミーソンA1は、美しいプロポーションをもち、ドンジュオン様式とは対照的な、軽快・典雅・優美な花葉文様をもって飾られ、単にチャンパのみにとどまらず、広く東南アジアの旧インド文明圏における、もっとも優美な煉瓦建築といえる」と手放しで賛美している。確かに、再現模型などで見るA1主祠堂は、基壇の上に六つの小祠堂を配し、その中央に見事なプロポーションでそびえ立っている。その高さも「ミーソンの大塔」と呼ばれるのにふさわしく、二八メートルもあったという。

Aグループは主祠堂ばかりでなく、全体に破壊の痕跡が生々しい。むしろここでの見どころは、眼下に眺めることのできるB〜Dグループ全体の眺望であろう。

Gグループは Aグループよりさらに小高い丘の上にあり、その主祠堂は上部構造の崩壊が著しく、周囲を鉄条網で囲まれて近づくことができない。この主祠堂の前に立っている石碑には、「ジャヤハリヴァルマン」という王の名と「一一五七年」という年代を記述した碑文が刻まれている。

イタリア人の女性がたった一人で基壇のみがかろうじて残った周囲の副祠堂の測量を黙々とこなしており、尋ねると、将来の修復のための測量であるということであった。し

(15)ボロブドール遺跡の保存・修復などに携わった東南アジア宗教建築史の第一人者で、故人。

かし、ここまで崩壊してしまっては、一体どこをどう修復するというのだろうか。

隣接するEおよびFグループについては、重枝豊氏によれば「一九九一年の調査ではじめて周辺の草木を除去して、E、Fグループが壊滅的に破壊されていることを知った」ということであったから、ほとんど何の期待もしていなかったのだが、確かに散乱する大量のレンガ片と空爆の跡と思われる底に水がたまったすり鉢の大穴が目立つ、実に壮絶な光景である。しかしながら、ごくわずかではあるが、祠堂の一部や石碑、あるいはナンディンの石像などが覆い茂った草に半ば埋もれながら残っている。

少し疲れたので、木陰を見つけて休憩していると、一目で日本人とわかる若い男女がやって来た。フエからバスでダナンまでやって来て、そこからタクシーを飛ばして遺跡まで来たのだという。小さなナップサックにサンダル履きという実に見事なまでの軽装で、「別にあまり興味はないんですけど、『旅行人』(16)のB級遺跡特集に載ってて、見るのにはせいぜい三〇分もあれば十分と書いてあったんで……」という。しかも連れの女性にいたっては遺跡には一〇〇パーセント興味がなく、仕方なく付き合っているという雰囲気がありありである。

まぁ、何に興味をもつかは人それぞれである。しかも、私がこの遺跡にどんな思いを抱いてやって来たのかなどは、彼らにはまったく関係のないことである。内心では〝こいつら、帰りに車ごと田んぼにでもはまっちまえ〟と思ったが、今回の旅で久し振りにあった

(16) 旅行作家として著名な蔵前仁一氏が発行する、主にバックパッカー向けの月刊誌。最近はガイドブックや単行本も多数発行し、立派な出版社となった。

痛々しいGグループの主祠堂

Fグループの廃墟

日本人である。「じゃあ、気をつけて。いい旅を」といって笑顔で別れた。かつては瞬間湯沸かしの異名をとった私も、年を重ねてずいぶんと大人になったものだ。

最後にHグループに行った。遺跡からミニバスの乗り場に戻る途中で横道にそれて狭い坂道を上っていくと、丘の上に主祠堂の外壁のごく一部のみが残っている。Hグループとはいうが、ほかはすべてアメリカ軍によるベトナム戦争中の空爆によって破壊されてしまったようだ。ここも、遺跡そのものよりも、そこから深い緑の森の海のなかにポッカリと浮かんだB～Dグループの全景を遠望することができるのが、最大の見どころである。

その背後にはそそり立つ山並みがあり、ピーンと張りつめた空気と恐ろしいまでの静寂があたりを支配している。何という神秘的な姿であることか。ここはやはり、紛れもないチャンパの「聖地」なのだ。

ミーソンはチャンパの「聖地」

ミーソンの祠堂群は人里離れた山中にあり、もともと一般の人々の祠堂を仰ぎ見る目を意識して建設されていないこともあって、ほかのチャンパ遺跡と違って一つ一つの祠堂そのものの規模は小さい。しかしながら、そうした人の目を意識したいわばこけ脅かしが必要でない分、祠堂の建設者たちは外壁彫刻の精緻さを競い合うことに、そのもてる力のすべてを注ぎ込んでいるように思われる。

もっとも、その美しい芸術群も今は風化の波に洗われ、これに人為的な破壊も加わってゆっくりと自然に帰しつつある。このまま人の手が加わることがなければ、やがて草や苔やカビが遺跡全体を覆い尽くし、精緻なレリーフは次第にその形を失い、周囲に無残に散乱するレンガ片もまた赤茶けたただの土くれへと変わっていくのだろう。そして、そのすべてを森が呑み込んでいく。形あるものはいずれ滅びるのが世の定めであるならば、それはそれで致し方ないのかもしれないとも思う。

遺跡の保存・修復とは、そうした時の流れにいわば竿をさす人間の不遜な試みでもある。それだけに、十分すぎるほど十分な用意周到さがそこには求められる。事実、観光客目当ての安易な修復は、しばしば遺跡の破壊でしかないケースが実に多いのである。私はたとえ時の流れに逆らってでも、ミーソンの美しい祠堂群がなるべく長くこの世に残って欲しいと思うから、遺跡の保存・修復を心から望む者の一人である。しかし同時に、安易な修復によって無残な改編を加えられ、生き延びた遺跡なんかは決して見たくはないと思う一人でもある。世界遺産への登録と道路の整備、それに伴う観光客の急増という事態は、ミーソン遺跡の姿を今後どう変えていくのだろうか。

Hグループの廃墟でそんなことを考えていたら、アン君が「そろそろ行きましょう」という。遺跡にやって来てから二時間半近くがすでに経過していた。ミニバス乗り場に戻るとちょうどバスが着いたところで、遺跡に向かう数人の白人観光客とすれ違った。ミニバス乗り場では例の日本人カップルがバスのやって来るのを待っていて、結局、彼らと同じバスでゲートへと戻ることになった。

ティエンさんとの再会

今夜の宿泊先は前述の通り、ホイアン旧市街からは五キロほど離れたクアダイビーチにある「ホイアン・ビーチリゾート」だ。海岸線とそこに向かって河口を開けたトゥボン川沿いの広大な敷地内に長屋風のコテージが点在する形式のリゾート・ホテルで、料金はシングルの場合、オーシャン・ビューが一〇〇ドル、リバー・ビューが八〇ドル、窓から海も川も見えない部屋が六〇ドルとなっている。料金の差は窓から見える景色の差だけというから、私が泊まったのは当然、オーシャン・ビューの半額に近い料金の窓から何も見えない一番安い部屋だ。どうせ夜になればあたりは真っ暗で、海も川も見えはしないのである。もちろん、それでも六〇ドルという高級ホテルに近い料金を取るだけあって、部屋の設備は申し分なく、また従業員の対応も悪くない。

シャワーを浴びた後、レストランのあるフロント棟に行った。夕食に揚げ春巻にフライド・ライスを注文し、食後のコーヒーを飲んでいると、ベトナム語でフロント・マンと何やらさかんに話し込んでいた男が振り返って驚きの声を上げた。

「土方さん、土方さんでしょう?」

明瞭な日本語である。男は何と、昨年のベトナム南部の旅でお世話になったチャム人ガイドのティエンさんだった。

「ティエンさん、どうしてここへ?」と聞いて、ふと今日、このホテルに西遊旅行(17)の団体客が泊まるということを出発前に日本で聞いていたことを思い出した。西遊旅行のツアーを現地でコーディネイトしているのが「エーペックス・インターナショナル」で、ティエンさんはそのエーペックスの専属ガイドだから、ティエンさんがここにいても何の不思議もないのである。

「西遊旅行のツアーですか?」と聞くと、ティエンさんはそうだという。

「ホーチミンからニャチャン、クイニョンと国道1号線をマイクロバスで北上し、各地のチャンパ遺跡を訪問しつつホイアンまでやって来ました。昨年、あなたと歩いたコースと

(17) 秘境旅行や海外登山・トレッキングを得意分野にする旅行社で、各種パックツアーの他、個人旅行の手配も行っている。私の最もよく利用する旅行社の一つである。電話：03-3237-1391（東京）、06-6367-1391（大阪）。

ほぼ一緒です。明日は、ミーソンに行きます」と、ティエンさん。

このツアーは本来、チャンパの遺跡巡りとともに、ベトナム中部の主に山岳地帯に住む少数民族の村を訪ねるツアーであったのだが、ベトナム側の事情により少数民族の村を訪問することができなくなってしまったことなどを、私は出発前に日本で西遊旅行の斉藤さんから聞いて知っていた。

少数民族の村を外国人観光客が訪問できなくなったのは、教養のベトナム人、すなわちベトナムの総人口の九割を占める「キン人」への土地優遇政策に怒ったベトナム中部のザライ省とダックラック省の少数民族が数千人規模で決起し、その一部が地元の人民委員会や公安当局の建物を襲撃したためであるという。その後、事態は「沈静化」したともいわれているが、ホーチミン市人民委員会旅行総局から二月五日付で、そのザライ、ダックラック両省と周辺地域へのツアーの中止を求める通達が各旅行会社に対して出され、これらの地域への旅行が事実上不可能になったのだ。

ベトナムではよく、「ベトナムは五四もの民族が暮らす多民族国家である」ということが強調される。しかしながら、この国の実権を実際に握っているのは、圧倒的多数派である「キン人」であるということもまた偽らざる現実である。自らを「キン人（都会人）」という呼び方それ自体に、周辺の、とりわけ北部や中部の山岳地帯に集中して住む異質な文化・伝統をもつ少数民族に対する「キン人」の優越感と差別意識が潜んでいるということについては前に書いた。

　こうした差別意識が社会主義政権下においても今もなお隠然と残っていること、また、そうした少数民族の住む地域への「キン人」の進出が彼らの生活基盤そのものをも揺るがすに至っていることなどが、今回の決起の背景にあることは明らかである。とりわけ、ザライ、ダックラックの両省では、近年、現金収入になるコーヒー栽培ブームで「キン人」の同地への入植が急増し、少数民族との間の摩擦が激化していたといわれている。

　私は、ハノイで訪れた「ベトナム民族学博物館」(18)のことを思い出していた。この博物館は、ハノイではおそらくもっとも充実した博物館の一つで、ベトナム各地に住む少数民族の日常生活を示す生活用品や衣装などが各民族ごとに展示され、屋外にはゆったりとしたスペースにその家屋が再現され、自由に内部を見学することもできる。ベトナムではこれほど「キン人」以外の少数民族の文化を守ることにも力を注いでいるんだという政府の「政治的意図」をそこにかすかに感じ取ることもできるが、まぁ、いい博物館であることは確かである。

　しかしながら、ある少数民族のお祭りの模様を描いたビデオが上映されているコーナーで、その祭りのハイライト・シーンでウシが生け贄として屠殺されるシーンがあり、それを見たベトナム人の親が、思わず顔を背けつつ一緒にいた子どもに何事かをささやいた。もちろん、私はベトナム語を理解することができず、その親が子どもに何といったのかは

(18) ハノイの郊外にある博物館で、市内からだいぶ離れているので、行くのにはタクシーなどを使う必要がある。開館時間：8時半～16時半（途中昼休みあり）。月曜休館。入場料1万ドン。

まったくわからない。しかし、その表情からおそらく十中八九、「なんて残酷な……」といったのだと思う。そこには、「こんなことをするなんて、野蛮人ね」という差別意識が果たして潜んではいなかったか。また、各少数民族ごとのコーナーで決まって登場するのは占い師で、少数民族がその日常生活においていかに占いに頼っているかがことさら強調されているように私には感じられた。少数民族の文化を大切にしていることを強調しつつも、同時に、それを劣ったものと見下している視点もまたそこにはあるように思われたのである。もちろん、それはほとんど何の根拠もない、私の独断的な見解にすぎない。

ザライ省とダックラック省における少数民族の決起は「沈静化」したとベトナム政府はいうが、おそらく力で押さえ込んだのであろう。しかし、火種は当然残っているから、外国人観光客の訪問を拒むだろう。事実、最近ベトナム政府は今回の反乱を引き起こしたのは「反共・親米勢力」で、その背後にはアメリカがいるとして、「アメリカは不当な内政干渉をやめよ」とのキャンペーンを展開し始めているという。

「ドイモイ政策」が進んでいるとはいえ、この国は紛れもない「社会主義国家」である。少数民族の声は、なかなか外部の人間である私たちの耳には届いてこない。

ティエンさんにこうした問題についてどう考えているのか尋ねたかったが、もちろん、そんなことはできなかった。もし、仮に尋ねたとしても、少数民族出身の彼にそう簡単に答えられる問題でもなく、また、それほど親しい関係を私たちは築いているわけでもない。

とにかく、ティエンさんとは互いの手を取り合って思いもかけない再会を喜びあった。

やがて、彼の席に明らかに日本人とわかる若い男性がやって来て、その彼が西遊旅行の添乗員の山田さんだった。今日、ミーソンへ行って戻ってきたと私がいうと、ミーソンまでどれくらいの時間がかかったかを聞かれた。私が片道一時間半も見ればいいのではといいうと、ティエンさんは「いや、片道三時間はみなければ駄目だ」と主張する。もちろん、四人乗りの神風ドライバー付の乗用車と、大人数の乗るマイクロバスの違いはあるにしても、それで二倍もの時間がかかるとは到底思えなかったが、親愛なるティエンさんを前にしてハッキリそういえなかった。以前は本当にそのくらいかかったのであろうから、道路事情は急速に改善されているということになる。

私が帰国後彼に送ったアンコールの本がちゃんと届いていることを確認して、今度のベトナムの本（つまり本書）もできたら送ることを約束し、ティエンさんと別れた。二度あることは三度あるという。いずれまた、ティエンさんとベトナムのどこかで再会することを祈ろう。

こういう思いがけない出会いがあるのだから、旅は楽しいいし、やめられない。

クワンナム遺跡群を回る

ベトナムの朝は早い。朝食前にホテルの敷地内を散策する。トゥボン川には小型の手漕ぎ船が行き交い、ホテルの広大な庭園を維持するため、庭師たちがすでに大勢で働いている。ホースで水を撒く者、木々の剪定をする者、たっぷり水を撒かれた庭園は輝くほどの緑で気持ちがいい。

八時半にはアン君が迎えに来ることになっているので、そんなにゆっくりはしていられない。そのままレストランに行って、バイキング形式の朝食をとる。ホテルの朝食は、いずれも典型的なアメリカン・ブレックファーストかバイキング方式で、そろそろ飽きてくる。後者ではもちろん、パンやシリアル以外にチャーハンや焼きそばなども用意されているが、前にもいったように私は朝からそんなものを食べたくはない。

フレッシュな荒搾りのオレンジ・ジュースと米粉の麺「フォー」(19)、それに濃厚なベトナム式ブラック・コーヒーを食後に一杯、これが私の理想とするベトナムでの朝食である。ホテルでのつくり置きのコーヒーは、たいていごく普通のドリップ・コーヒーだから私にはとても不満だ。

(19) ベトナムのうどん。うどんといっても米粉でつくられていて、牛肉入りなら「フォー・ボー」、鶏肉入りなら「フォー・ガー」という。香菜や野菜もたっぷり入っていて、安くてうまい（たいてい）。

今日はクワンナム遺跡群を回り、その後、ハイヴァン峠を越えてフエに向かう。クワンナム遺跡群は「ドンジュオン」「クオンミー」「チェンダン」「バンアン」の、クワンナム省にある四つのチャンパ遺跡の総称で、ドンジュオンは九世紀の末に、クオンミーは一〇〜一一世紀にかけて、チェンダンは一一〜一二世紀にかけて、バンアンは一二世紀にそれぞれ建立されたものであり、同時期の建造物ではない。人里離れた山麓に造られたミーソンと違って、平地に建てられたものであるためか、人々の仰ぎ見る視線を意識してかなり規模の大きな祠堂であることがその特徴だ。

まず一番遠い、国道1号線でダナンから南に約八〇キロほど南下した所にあるクオンミーに行くことにする。

ホイアンのホテルを出て、ちょうど一時間と一五分ほどでクオンミーに着いた。もちろん、あの神風運転での一時間一五分だから、普通に行けば一時間四五分くらいはかかると思っていたほうがいい。

至る所で橋が崩れている。橋の強度が、頻繁に通る重量級のトラックの重さに耐えられないのだ。崩れているとはいっても全壊しているわけではないので、車を片側一方通行で通しつつ工事を行っているのだが、そこだけが大渋滞を起こしている。時間を決めて、交互にどちらか一方を通すといった当然のルールがはなから守られておらず、対向車があっても大型トラックなどは力任せに通行を強行しようとするからである。お互いにさかんにクラクションを鳴らしながら、無意味な意地の張り合いが続いている。それでもなかには気の弱い運転手もいて、いつの間にか対岸に辿り着いてしまうのだから不思議だ。

クオンミーには以前行ったとき、台風の直撃で管理人が観光客なんかこんな日に来るはずがないと思っていたためか、鉄柵のゲートが閉まっていてなかに入ることができなかった。周囲をウロウロしてみたものの、結局のところ無念の涙を飲むことになった。晴天の今回も、同じくゲートは閉まっていた。鉄柵は高く、おまけにご丁寧に上部には鉄錠網まで張り巡らしてあるので、よじ登ってなかに入ることができない。

アン君が交渉して、隣りの人家の庭づたいに入ることになった。その家の夫婦と三人の子どもたち、老人、それに犬二匹が総出で見守るなかを、その好奇心に満ちあふれた視線を背中に感じつつ裏庭に回り、畑を横切って遺跡に接近する。人家と遺跡の境界には鉄柵は設けられておらず、実にあっけなく入ることができた。

クオンミーの祠堂は主祠堂の両隣りに副祠堂が配された三

クオンミー遺跡

堂式のものだが、主祠堂に比べて南の副祠堂のほうが背が高く、これは三堂が一緒に造られたものではないことを意味している。研究者によれば、その美術様式などから一番背の高い南の副祠堂がもっとも早い時期、つまり一〇世紀の初頭くらいに造られ、現在の主祠堂は一〇世紀の半ばくらいまでに、北の副祠堂はそれらの中間期に造られたのではないかと考えられている。

祠堂の壁面を埋め尽くす渦巻き状の唐草などの精緻な装飾文様と、この遺跡から発見されたクオンミー様式といわれる一連の石造彫刻が有名であるが、前者はその風化が相当進み、後者はダナンのチャンパ博物館に収蔵されていてここにはない。

三つの祠堂の周りには、修復のためか鉄のパイプでビッシリと足場が組まれ、また祠堂の入り口にはトタンの板で囲いが造られていて、まったくなかに入ることができないようになっている。基壇部分には多少レリーフが残っているようであったが、ここにも覆いがかぶせられている。これでは、残念ながら手も足も出ない。結局のところ、今回も周囲の写真を撮って遺跡を後にするしかなかった。

クオンミーは「インドラプラ」を王都とする、チャンパ王国の最盛期のきわめて貴重な遺跡である。修復はどのように行われ、また修復後にどのような姿を私たちに見せてくれるのだろうか。

チェンダンは国道1号線を通ってクオンミーに来るその途中にあり、その車窓から確認することができる。クオンミーと同様に、主祠堂と北と南の副祠堂を横一線に並べた三堂方式で、こちらは中央の主祠堂が一番高い。ただし、チェンダンもまた、三堂が同時期に建てられたものではなく、一一世紀の半ばから一二世紀の半ばにかけて順次増築されたものと考えられている。いずれにしても、チェンダンが建設されたとき、チャンパの王都はすでに「インドラプラ」からより南の「ヴィジャヤ」へと移っていたのである。北からのベトナムの脅威は、日増しに強まっていた。

各祠堂は揃って前房を欠いているとはいえ、保存状態はクオンミーに比べ良好だ。全体的に重厚で、基壇にはレンガではなく砂岩が使われているのもその特徴の一つだ。

この砂岩の基壇そのほかには、踊る女神ないし女性像や戦いのシーン、ナーガやガルーダなどの想像上の動物やゾウなどの実際にいた動物のレリーフがビッシリと彫り込まれ、精緻というよりはおおらかでコミカルな表現が目立つ。この軽やかさが、チャンパ芸術の真骨頂であるように思われる。

以前来たとき、祠堂の内部には半壊した石造彫刻が無残に積み上げられていたが、今はそれもスッカリ整理され、隣接するミニ博物館に展示されている。前回来たときにもこのミニ博物館はあったのだが、そのときはただの出土品の保管場所という感じだった。しかし、今は見学者の目を意識して配置などにも工夫がこらされ、だいぶ博物館らしくなってきた。一番驚いたのは、前庭部分でかなり大規模な発掘が行われていたことである。全体

チェンダン遺跡

チェンダンの祠堂の基壇に残るレリーフ

的に地表が掘り下げられ、レンガ積みの遺構が随所に露出している。三祠堂だけではなく、幾つもの建物がここには以前あったのだ。

発掘現場にもっと長くいたかったが、次に行く「ドンジュオン」は最大の難関である。いずれ必ず再訪しようと心に決めて、車の置いてあるゲートへと向かった。

ドンジュオン寺院は、九世紀の末から一〇世紀の初頭にインドラヴァルマン二世によって建設された、東西実に約一・三キロという東南アジアでは有数の大仏教寺院である。

千原大五郎氏は、前述の著書『東南アジアのヒンドゥー・仏教建築』のなかで、ドンジュオン寺院について次のように書いている。

「ドンジュオン・コンプレックスは、きわめて広大な規模を有していたようで、（中略）一寺院のコンプレックスとしては、おそらく、チャンパはもとより、東南アジアの旧インド文明圏においても、最大規模の宗教建造物といえよう」

「コンプレックスは東を正面とし、東西の軸線に沿って建造物を配し、東端の第四楼門から、次々と石彫りの守護神像に守られた四つの楼門を経て、西端の最深部である第一寺苑に至る」

南北に長く延びた境内には、メインの第一寺苑をはじめ、第二、第三寺苑[20]が周壁に囲まれて存在し、第一寺苑には主祠堂と無数の副祠堂、宝物庫、碑文庫などが建ち並んでいたというのである。

(20) ドンジュオン寺院はそれぞれに塔門のある、主祠堂をはじめとする第１寺苑、矩形房を中心とする第２寺苑、列柱殿を中心とする第３寺苑の三つの境内からなる巨大な寺院であったことが分かっている。

　しかしながら、そのドンジュオン大寺院も今は完全に倒壊し、第一寺苑内の碑文庫の外壁の一部がわずかに残っているのみである。そのかつての壮麗な姿を偲ぶことができるのは、残された平面図のみである。ただし、その境内から発見されたドンジュオン様式といわれる石造彫刻の数々は、ダナンのチャンパ博物館で見ることができる。いずれも荒々しさと重厚さを感じさせる彫刻で、どちらかといえば軽やかさが身上のほかの時期のチャンパ彫刻群とはかなり異なった特徴を有している。

　ドンジュオンがどこにあるのかはもちろんわかっているが、アン君もドライバーも、そこに一度も行ったことがないという。国道1号線から国道19号線に入り、あとは周囲の村人に道を尋ね尋ね行くしかないということになった。

　チェンダンを出てから一時間が経過したが、いまだドンジュオンには到達していない。未舗装の赤土の悪路を人々に道を尋ねつつ進むが、どこへ行っても変わらぬ田園風景である。車は土埃にまみれて元の色がわからなくなり、あまりの悪路にドライバーはパンクを恐れてイライラしっぱなしである。

「ドンジュオンを知っているか？」というドライバーの問い掛けにも首を振る村人が多く、内心、これはもうあきらめなければならないかなと思い始めたころ、ようやくドンジュオンの場所を知る農民が現れた。教えられて行った先では、なだらかな坂道の入り口に、「ドンジュオン」とベトナム語で大書された看板が立っていた。ここで車を降りて、その坂道になった農道を歩く。ベトナム式のお墓がある裏山のなかに、レンガ造りの碑文庫の開口部の壁がポツンと立っている。間違いない、あれが写真で何度も見たドンジュオンの、最後に残された一ピースである。事情のわからないドライバーは、呆気にとられた表情をしている。こんなものを見るために、あれだけ苦労してここにやって来たのかとおそらく思っているのだろう。「金持ち日本人」の酔興と、あきらめてもらうしかない。

残された碑文庫の壁面には、渦巻き状の装飾文様も一部に残ってはいるが、それだけである。美しくもなく、何の風情もない。よく見れば、周辺の草むらにはレンガのかけらが散乱しているが、ここにアジアでも最大級の仏教寺院が立っていたとはどう考えても想像できない状態である。ミーソンはどうして残って、ドンジュオンはどうして何も残らなかったのか。

ドンジュオンで唯一残る遺構

「チャンパにおける仏教の興隆は、おおむねこの時代に限定される」と、千原大五郎氏は前著のなかで書いている。最近、カンボジアの「バンテアイ・クディ寺院[21]」において、土中深く埋められた、大量の破壊された仏像が発見されたという報道を聞いた。バンテアイ・クディが建立されたジャヤヴァルマン七世の時代は、カンボジアにおいて例外的に王の意向もあって大乗仏教が興隆した時代であった。土中から発見された大量の仏像は、仏教王ジャヤヴァルマン七世の死後、多数派であるヒンドゥー教徒による廃仏運動が展開された貴重な証拠であると考えられている。そうしたことが、チャンパ王国においても起こったのであろうか。あるいは、まったく別の理由なのか。

しかしながら、そうでも考えなければ納得できないほど、ドンジュオン寺院の痕跡は文字通り跡形もなく拭い去られていた。

赤土の悪路を、再び一時間以上かけて戻る。バンアン遺跡は、国道1号線から少し外れたビンディン川の川沿いにある。クワンナム遺跡群のなかでダナンやホイアンにもっとも近く、ミーソン遺跡に向かう観光客がその途中によく訪れるという。そのため、ほかのクワンナム遺跡と違ってゲートには係員が常駐し、入場料をとっている。

現存するバンアンの主祠堂は大変めずらしい八角形で、これまためずらしい三方に扉のある前房を伴っている。もっとも、この前房の両脇の扉は、重枝豊氏によれば「植民地時

(21) 12世紀の終わりから13世紀の初頭にかけて、ジャヤヴァルマン7世によって建立された大仏教寺院で、上智大学を中心とするアンコール遺跡国際調査団がその保存・修復を担当している。

バンアン遺跡

代の一九四〇年にフランス人技師によって窓に変更され、モルタルを使って修復されて」しまって今はない。「一度間違った補修がなされると、後世の人々に異なった印象を与えてしまうことになる」好例であると、重枝氏はその著書のなかで語っている。この修復前の前房のスタイルは、ミーソンのGグループの主祠堂以外には見られないものであるという。また、そうしたことからバンアンの主祠堂が建立されたのは、ミーソンG1主祠堂と同時期の一二世紀のことであると一般的に考えられている。

主祠堂の傍らに建てられた看板には遺跡の平面図が描かれていて、主祠堂以外に二つの副祠堂があったことがわかるが、いずれも現存していない。主祠堂は平地に建てられているることもあって、見る者の視点を意識してかなり背が高く、しかしながらその外壁には何の装飾も施されていない。その主祠堂の正面には、両サイドに石造のシンハ（獅子）像とガジャシンハ（象頭の獅子）像が置かれて祠堂を守護している。主祠堂の内部もまた何の装飾も施されておらず、中央にシヴァ神の象徴である石のリンガが安置されているだけである。

バンアンがこの地に建立された一二世紀には、ダナン・ホイアン地方はいまだヴィジャヤを王都とするチャンパ王国の勢力下にあったとはいえ、一三世紀を境にこの地でのチャンパ祠堂の建立は途絶える。ベトナム歴代王朝の南進やカンボジアのアンコール朝による度重なる王都攻撃、さらにはモンゴル（元）の襲来などが相次ぎ、さしものチャンパ王国もその王都であるヴィジャヤを守ることで手いっぱいになっていったからである。

一九九五年にバンアン遺跡を訪れたときはこの地を直撃した台風による暴風雨の真っただ中で、閉まっていたフェンスをよじ登って遺跡に接近したものの、手に持っていた傘が強風で折れてたちまち全身ずぶ濡れになって、ゆっくり遺跡を見学することも写真を撮ることもできなかった。それどころか、たまらず駆け込んだ祠堂内から一歩も外に出られなくなり、雨が多少小降りになった時を見計らって、大急ぎで走って車まで戻るのが精いっぱいだった。結局、クワンナム遺跡巡り自体を途中で断念するしかなく、履いていたウォーキングシューズやGパンもずぶ濡れになったため、Tシャツとパンツ一枚という格好でホテルの部屋に閉じ込められ、その壁や天井を眺めて無為に時を過ごすしかなかった。食事をとるときは仕方がないので、そのグジャグジャなG

バンアンのシンハ（右）とガジャシンハ像

パンを無理やりはいて一階のレストランに下りた。

あれから五年とちょっと、ようやくこの地に戻ってこれたという感慨で、胸がいっぱいになる。遺跡の周りの草むらを歩き回りながら、いくら撮っても上達しない下手な写真を撮り続けた。

以前、書いた訪問記で「シンハ」と「ガジャシンハ」の違いがよくわからないと書いたが、こうして炎天下で見るとその違いは一目瞭然である。そんなことがわからないほど、あのときは切羽詰まった状況だったのである。


バンアン遺跡を見学した後、ダナンの市街地に戻って遅い昼食をとり、フエに向かうことにした。

昼食時間をとっくにすぎているため、ただの一人も客のいない、やけにクーラーの利いた中華レストランでアン君と昼食をとる。生タマゴを割り落とした海鮮スープに白身魚の唐揚げあんかけ風、それに青菜の炒め物を注文する。フエにはアン君の自宅があるため、「ようやく家に帰れて嬉しいでしょう」というと、それでなくても寡黙なアン君がいっそう暗い表情で首を振り、「この仕事が終わると、当分、仕事がないのです」とつぶやく。よく聞けば、エーペックスの専属ガイドといっても月々の固定給があるわけではなく、仕事は完全な歩合制なのだという。つまり、ガイドの仕事が入らなければたちまち失業状態になってしまうというのである。

「観光ガイドといっても、幾つもの仕事をかけもちして、ようやく何とか食べていけるというのが実情です。お金がないから、結婚もできません。日本語を勉強したので私も一度でいいから日本に行ってみたいと思っているのですが、おそらく一生無理でしょう」などと、アン君の話は放っておくとドンドン暗い方向に向かってしまう。少しでも気分を変えようと、「どこかのカフェでコーヒーでも飲みましょうか」と誘ってみるが、「私はいいです」と首を振る。

生活が苦しいのは私だって同じといいたいが、それでもこうしてアン君をガイドに雇って旅行をする余裕ぐらいはある。同じような「中くらい」の所得者といっても、やはり日本人である私とベトナム人であるアン君の間には、決して埋められない溝があるのである。

丘の上の巨大な白亜の大仏が見下ろすダナンの街を後にして、フエへの長い長いドライブが始まる。

第4章

フエの落日
――ベトナム王朝時代の終焉――

紫禁城は今はない……

古都フエへ

ベトナム中部のフエを拠点とする広南グエン氏の最後の生き残りであったグエン・フック・アインは、タンソン勢力との最終決戦に勝利し、一八〇二年、故郷のフエにおいて自らの即位の儀式を行った。このとき彼は、新しい年号を「ザロン（嘉隆）」と定めたため、以降「ザロン帝」と呼ばれるようになる。同年、後レ朝の都であった「タンロン」（ハノイ）に入城して念願の全土統一を果たすと、ザロン帝は清に朝貢して、一八〇四年には「越南（ヴェトナム）」という国号を与えられた。こうして、名実ともにベトナム最後の王朝となるグエン朝の時代が始まるのである。

フエに広南グエン氏の居城が初めて築かれたのは、一六八六年のことであるといわれている。フエはもともとチャンパ王国の領土であったが、一三〇七年にベトナムのチャン朝に割譲され、チャン朝は同地に同化するという意味の「順化」という名前をつけた。この「順化」を欧州人が誤読したのが「フエ」という地名の由来であるという説もある。それはともあれ、新たにチャン朝の領土となったフエにはベトナム人が開拓農民として大量に送り込まれて、急速なベトナム化が図られることになった。

グエン氏の興隆とともにフエはその「都城」として大いに栄えることになったが、一七七七年、タンソン勢力の総攻撃によって陥落し、以降その支配下に置かれることになった。タンソン勢力を打ち破ってベトナム全土の統一を果たしたザロン帝は、その王都をタンロンにではなく故郷のフエに置くことを決定し、以後フエは、一九四五年に最後の皇帝バオダイ帝[1]が退位するまでの一五〇年近く、ベトナムの政治・経済・文化の中心地であり続けることになった。

フエは、よくガイドブックに「ベトナムの京都」などと紹介されるが、日本の奈良や京都のように必ずしも長い歴史をもっているわけではない。しかしながら、戦乱に次ぐ戦乱、とりわけベトナム戦争という未曾有の全土的な破壊のために歴代王朝の王宮や皇帝廟、あるいは古刹などの歴史的建造物がほとんど残っていないベトナムという国にあって、そうした歴史的建造物が多く残る数少ない街であり、ユネスコの「世界遺産」にも登録されている。

現在のフエは、ザロン帝が築いた王宮を中心とする旧市街とフォン川を挟んで向かい合う対岸の新市街からなり、ベトナム有数の観光都市となっているが、決して大都会とはいえない閑静な街である。のたうつヘビのように大きく蛇行するフォン川の河岸には、歴代のグエン朝の皇帝廟が立ち並び、終日観光客が徘徊しているが、そうした観光名所を少し離れればそこにはのどかな田園風景が広がり、人々の昔と変わらぬ素朴な日常生活がある。全体的には閑静なベトナムの小都会としての表情をもちながらも、そこにさまざまな観光

(1)(1914～1997)。グエン朝第13代皇帝で、最後の皇帝となった。1945年に退位後、フランスの傀儡政権の国家元首として一時復活するが、結局のところ、晩年はフランスで亡命生活を送ることになった。

産業が強引に割り込んできて、一種独特なインターナショナルな街としての雰囲気を醸し出している。つまり、それがフエという街だ。

フエには連日、ハノイとホーチミンからベトナム航空国内線のフライトがあるほか、新市街の外れに統一鉄道の駅があり、一日数本ではあるが列車が到着する。ただし、ハノイからは約一三時間、ホーチミンからなら約二〇時間ほどの時間がかかる。ちなみに、飛行機を使えばハノイから一時間とちょっと、ホーチミンからは約一時間半である。中部最大の都市ダナンからは、風光明媚なハイヴァン峠越えのバスがもっともポピュラーで、所用時間は最短で三時間前後。車をチャーターしてフル・スピードで走破すれば、道路事情にもよるが二時間から二時間半といったところである。

フエは国際的な観光都市でもあるため、ホーチミンのデタム通りにある有名な「シンカフェ」のオフィスが新市街のメイン・ストリィートであるフンブオン通りにあり、独自のミニバスを格安な料金で各地に出している。そのほか、このフンブオン通り沿いには、「マンダリン・カフェテリア」「スアンチャン・レストラン」など、ツアーデスクを兼ねたカフェや軽食堂が多く、高級ホテル利用者だけではなく、バックパッカーにとっても利用しやすく居心地のいい環境が急速に整いつつある。

私がダナンから陸路でフエに行くのはこれが二度目であるが、前回は台風が直撃し、その暴風雨のなかでのこと。道路は雨水が滝のように流れ、しかも随所に崖崩れの跡。視界は雨のカーテンでスッカリ覆い尽くされ、まさに事故が起こらなかったのが不思議という状態でのロング・ドライブであった。しかし、フエに着くと台風が通過したためか、雨は次第に小降りになり、翌日以降の観光にはまったく支障がなかった。

今回は天候も上々で、いい旅になりそうだと内心喜んでいたのだが、惜しむらくはドライバーの性格を考慮に入れていなかった。行き交う車で相当混雑するダナンの市街を出て車が山道にさしかかるころ、そのドライバーのよき性格が、まさにフルに発揮されることになった。とにかく、道のなるべくど真ん中をフルスピードで突っ走る。先行車がいると背後からクラクションをけたたましく鳴らし続け、チャンスがあれば必ずセンターラインを大きく越えて、これを追い抜く。平地の道路でも相当危ないが、見通しのまったくきかない急カーブの連続の山道でこれをやるのだから、まさに危機一髪の連続である。油断していると、突然、目の前に対向車がグオーッと迫り、お互いに急いでハンドルを切って接触ギリギリでこれをかわす。どう考えても、衝突の危険を回避するのを楽しんでいるんじゃないかと思えるほどの乱暴な運転である。

ドライバーの隣では、アン君が先ほどから気持ちよさそうに居眠りをしているが、本当に眠ってしまったほうがどんなに気が楽かわからない。

約一時間で、ダナンとフエを分けるハイヴァン峠にさしかかった。漢字で「海雲峠」と書くハイヴァン峠は、その名の通り霧の名所である。海抜六〇〇メートルというから、それほど険しい峠ではないが、そこにはお土産店なども立ち並び、ほとんどの観光客がここで車を止めて記念写真を撮る。峠には、レンガ造りの小さな建物が立っている。中国様式の建物で、グエン朝時代の関所跡であるという。

一応、私も休憩を兼ねて車を降り、あたりをブラブラしていると、おそらく二〇代前半である日本人の女性ばかり五人のグループと出会った。向こうはこれからダナンへ行くところ、こちらは反対にフエへ行くところである。

「今晩はダナンに泊まるんですけど、明日にはもうホーチミンへ行っちゃうんです」と、メンバーのなかの一人がいう。関西の大学生の仲良しグループで、ハノイからホーチミンまでのベトナム横断旅行の最中なのだという。旅行社の運行するミニバスに乗り、途中下車をしながら旅を続けているのだとはつらつと話す彼女らを見ていると、自分のウン十年前の悲惨な学生時代とどうしてもつまらぬ比較をしてしまう。

大学を出れば就職難など、彼女らにも決して前途洋々とはいえない未来が待ち受けているのかもしれないが、凄惨な内ゲバに明け暮れた私の青春とは何と違う生き方であることか。海外旅行などは夢のまた夢。それどころか、夜、楽しい夢を見ることすらできなかった。侵入に少しでも手間取るようにとアパートの部屋の入り口の両サイドに本棚を置き、人一人がようやく通れる狭い通路をつくったり、部屋という部屋の電気をすべてつけっぱ

グエン朝時代の関所跡

なしにして眠り、枕元の敷き布団の下にはいつも包丁を忍ばせた。もし、夜間に大勢で襲われたらまず助からないだろうが、せめて相手の一人くらいは道ずれにしてやろうという気持ちからである。終始浅い眠りと、とりわけ夜明け近くにピークに達する恐怖感。牛乳配達や新聞配達の自転車のやって来る音を聞きながら、これでまた一日生き延びたとようやく安堵して、短いながらも深い眠りにつく毎日。その後、大学を卒業して結婚をしてもしばらくの間は部屋の電気をすべてつけっぱなしにしなければ眠れない日々が続き、妻にあきれ果てられた。これでも私などまだ軽症なほうで、今でも眠ると夜中に決まってひどくうなされる友人もいる。できるならもう一度青春をやり直したいが、絶対にやり直しがきかないのが人生というものである。せめて、残された時間を精いっぱい生き抜くしかない。

彼女らと別れて、再び車窓の人となる。ハイヴァン峠を越えてしばらく車を走らせると、やがて眼下に海が見えてくる。海岸沿いに人家も密集しているが、これがガイドブックなどで「絵のように美しい」とされるランコー村[2]だ。本当に絵のように美しいかどうかは、意見の分かれるところだろう。山国にして島国の日本に育った者の感覚でいえば、それほどびっくりしたり、いちいち感嘆の声を上げたりはしない、日本ではよく見かけるごくありふれた光景であるように思われる。

峠を下り切り、海も見え、そろそろフエの市街地に入っていくのかと思わせておいて、

（2）南シナ海に面した小さな村で、白い砂浜の広がるビーチがあり、ホテルやレストランもある。近くに統一鉄道のランコー駅がある。

また再び新たな山道が始まる。フエまでの道程は実に長い。

それでもドライバーのあまり嬉しくはない孤立奮闘の甲斐があって、二時間とちょっとで車はフエの市街地に近づきつつあった。カーブの少ない真っ直ぐ続く道路が多くなり、疎らだった沿道の人家も増えてきている。行き交う車やバイク、自転車の量も確実に多くなりつつある。それで、ダナンからフエへの長いドライブも、そろそろ終わりに近づきつつあることがわかる。

車が、白い揃いのブラウスがまばゆい自転車に乗った陽気な女子高生の集団を追い越すと、そこにはごく普通の町並みが広がっていた。そこはもう、フエの新市街の外れだ。新市街はガイドブックやテレビの旅番組などでよく見る、古きよき都としてのフエのたたずまいにはほど遠い。どこにでもあるベトナムの小都会である。テレビで見たフエの町並みをどうしても見たければ、フォン川に架かる橋を車や徒歩で渡って、対岸の旧市街まで足を運ぶ必要がある。

時のゆりかご、そして王宮の廃墟……

フエのホテルは旧市街にもあるが、その多くは対岸の新市街にある。フォン川沿いのレロイ通りとそれとT字型に交わるフンブオン通りが新市街のメイン・ストリィートで、ホテルもこの二つの通りとその周辺に集まっている。私が一九九五年に泊まったのはフンブオン通りから少し脇道に入った所にある「トゥアンホアホテル」(3)で、悪くいえば老朽化した、良くいえばそのクラシックな装いが魅力の中級ホテルだった。今回泊まることにしたのは、レロイ通りとフンブオン通りの交差点の近くにある「サイゴンモリンホテル」(4)である。

サイゴンモリンホテルは、フランス植民地時代に建てられた老舗ホテルを、その老朽化に伴い全面改装して一九九八年に再オープンしたもので、歴史的な建造物であるホテルの外観はほぼそのままに、近代的な設備を完備した高級ホテルへと生まれ変わった。部屋にもよるが、一泊シングルで五〇〜八〇ドルと決して手の届かない料金でもなく、リニューアル・オープンの話を聞いて是非一度泊まってみたいと思っていたのである。

夕暮れ時、ダナンからの長いドライブを終え、そのサイゴンモリンホテルに着いた。ややピンクがかった白い壁の三階建てのホテルで、建物は美しい中庭を囲んでロの字型に建てられている。中庭にはプールとカフェテリアがあり、鳥の鳴き声がいつも聞こえている。きっとテープか何かで流しているのだろうと思っていたが、翌朝、朝食をとりに中庭のカフェテリアに下りたら、木々の枝のあちこちに鳥籠がかけられていて、生きた鳥の鳴き声であることがわかった。また、室内にもカフェテリアとメイン・レストランがあり、宿泊

(3)新市街のフンブォン通りから少し横道に入った所にある。1泊シングル20ドル〜。1階にベトナム航空のオフィスがあり、便利。電話：822553、FAX：84-54-822470。「54」はフエの市外局番。

料金に含まれている朝食は、天気がよければ中庭のカフェテラスで、雨が降っていれば屋内のカフェテリアでとるようになっている。

ホテルは白人の観光客で、文字通りごった返していた。朝食のため七時すぎに下りるともうすべてのテーブルが埋まっていて、空くのを待っていなければならないような状態だった。一日、宿泊を延長したいとフロントに申し出た客がいて、そばで聞いていると、明日はすでに全室満室であると断られていた。

ホテルのサービスが行き届いていることはいうまでもない。鍵を開けて部屋に入ると、すぐその部屋を担当しているハウス・キーパーが飛んできて、室内の設備などの説明をしてくれる。その際、担当のハウス・キーパーの名前を記入したカードを渡される。何かご用があったら、いつでもこの名前を指定して呼んでくれというのである。翌日の朝食券一つをとっても、チエック・イン時にまとめて渡されるのではなく、毎晩、夕食をとりに部屋を出たときなどを見計らって、そっとサイドテーブルの上にメッセージ付きで置いてある。しかし、あまりにもサービスが行き届きすぎていて、いつも自分の行動を誰かに監視されているようで、私にはかえって落ち着かなかった。

日本人の客もいないわけではないが、客のほとんどが一目で裕福とわかる白人観光客、それも圧倒的にフランス人である。夕食をとろうと、正装での着席が必要そうなメイン・レストランは避けて、よりカジュアルな雰囲気のカフェテリアのほうに行ってみたが、メ

（4）シングル1泊50ドル〜だが、何と300ドルのスウィート・ルームもある。電話：823526、FAX：84-54-825155。

ニューには何と料金が記入されていない。結局、貧乏性の私はコーヒーを一杯飲んだだけで出てきてしまった。コーヒー一杯一ドルだったからそれほど心配するほどの高い料金というわけではなかったが、この手の由緒正しいホテルは、悲しいことにどうやら私には向いていないようである。

ホテルを出てフンブオン通りをブラブラ歩き、こちらはどう見ても裕福とは縁遠そうな雰囲気の白人観光客で賑わっている「マンダリン・カフェテリア」(5)という店を見つけて入った。店内は意外に広く、ガタガタのテーブルと椅子が無秩序に並べられ、しかもほぼ満席状態である。糞尿の匂いがかすかに漂ってくるトイレの近くのテーブルが空いていたので、仕方なくそこに腰を下ろす。フライド・ヌードルにコンデンス・ミルクのたっぷり入った熱いコーヒーを注文して、八〇〇〇ドン。日本円にして八〇円以下という安さである。

店の一角は前述のようにツアーデスクになっており、ダナンやホーチミン、ハノイなどへのミニバスの料金や、各種の格安ツアーの案内などが近くの壁にベタベタと貼ってある。店の客筋は白人バックパッカーが主体だが、二日通って、合計三人の若い日本人の姿を見かけた。

翌日、周囲を散策すると、同じような店がほかにもかなりあって、それぞれに賑わっていた。近くには一泊五ドルから二〇～三〇ドル以内のゲストハウスやミニホテルなども、探せばかなりあるようである。

(5) 営業時間：7時～23時。観光客向けの大衆レストラン。メニューの多彩さと安さではここが一番。電話：821281。

以前、このフエやダナンで一番うんざりしたことは、バイクタクシーのドライバーや物売りの空前絶後のしつこさだった。ホテルを一歩出たら最後、再びホテルに戻るまで彼らに終始つきまとわれた。街歩きに疲れて川辺のベンチなどでちょっと休んでいると、たちまち周囲を取り囲まれて、英語や片言の日本語まで駆使して「やれ車に乗れ」「これを買え」「いい所に連れていってやるよ」「ビューティフル・ガールはいらないか」などと、間断なく攻め立てられるハメになった。

今もホテルを出るとバイタクのドライバーなどがさかんに声をかけてくるが、以前のようなしつこさではなくなり、街歩きはずいぶんと楽になった。それだけ彼らも観光客になれ、また観光客自体が以前とは比べることができないほど増加したので、それにつれて次第に、ここで巡り合ったが一〇〇年目とばかり、こいつから何が何でもむしり取ってやろうという考えが薄れていったのであろう。

むしろ、旅慣れした百戦錬磨のバックパッカーの急増で思わぬ苦戦を強いられているカフェなどもずいぶんと多そうである。たとえば、私が二日目に入った「スアンチャン・レストラン(6)」では、腰まで届く長い金髪と限界ギリギリまで短くカットしたショート・パンツで美脚を惜しげもなくさらけ出した一見可憐な女性旅行者が、わずか総額一万数千ドンの支払いを巡って、激しい口調で店員と延々三〇分近くやりあっている光景を目撃した。その日の夜に行った「マンダリン・カフェテリア」で遭遇した若い日本人男性は、一人で

(6)観光客向けの大衆レストラン。店は狭く、いつも混んでいる。営業時間：７時～23時営業。電話：832480。

一つのテーブルを占領し、各種資料やB5サイズのノートパソコンまで持ち込んで、たった一杯のアイス・コーヒーでもう三時間以上粘っているんですよと私にいって、満面の笑みを浮かべた。どうやら、旅行記か何かを執筆中らしい。

確か、ベトナムの食えない奴らとか何とか、そういうタイトルの本があったが、「食えない奴ら」は決してベトナム人だけではないのである。

翌日、ホテルの真ん前にあるチャンティエン橋を渡って旧市街に入る。車なら数分で王宮の前に着く。

フエの王宮はザロン帝によって一八〇五年に築かれたが、一八三四年、二代ミンマン帝の治世に大幅に増改築され、ほぼ現在の姿になったといわれている。もっとも、その後、ベトナム戦争下でアメリカ軍の空爆によって、午門と太和殿を除くほとんどの建物が焼失し、現在、私たちが見ることのできる王宮の大部分は後世に再建されたものである。

フエ王宮への入り口「午門」

その焼失をまぬがれた太和殿にしても、今日までに数度の改築が行われていて、建設当時そのままの姿というわけではない。

ミンマン帝はザロン帝の第四皇子として生まれ、一八二〇年に父の跡を継ぎ、グエン朝の基礎を確立した皇帝である。帝は自らも熱心な儒学者であったといわれ、清朝（中国）の諸制度を積極的に取り入れた。王宮もまた、中国の「故宮」をそっくり模して、ほぼその約四分の三のスケールで再現したといわれている。

ミンマン帝は、その制度や文化の中国化とともに強力な中央集権体制の確立に努め、対外的には鎖国政策を敢行した。父のザロン帝は自らの権力確立のため、シャム（タイ）やフランスなどの外国勢力の力を積極的に活用したが、その後継者であるミンマン帝はまったく逆の政策を推し進めたのである。この点について、小倉貞男氏はその著書『物語ヴェトナムの歴史』のなかで、次のように書いている。

「ヴェトナム人にはジャロン支持派とミンマン支持派とがあって、のちの植民地支配は外国勢力と結んだジャロン帝からはじまったと主張するものと、外国勢力を排除したミンマン帝のために西洋文明の導入ができず、ヴェトナムの近代化がおくれたとする意見である。当時のヴェトナムはグエン朝によって統一が成ったとはいえ、全国各地で反政府運動が活発で、外国勢力の干渉もあって危機的状況であったことを考えると、ミンマン帝の鎖国政策はそれなりの理由があった。（中略）

ミンマン帝が外国勢力を恐れたのには、現実的な理由があった。ミンマン帝が実権を握ったころ、シャムは英国の支援を受けてインドシナ半島で拡張をはかっていた。南部ではレ・ヴァン・コイの反乱（重臣の息子で一八三三年に決起、ミンマン帝の退位を要求するが失敗・引用者注）を支援して侵入をはかったり、カンボジアをそそのかしてヴェトナムへ侵攻しようとしていた。シャムの背後には英国があって、英国は清国を攻撃しようとしていた。

ミンマン帝の英国への警戒心は一層強くなった。キリスト教も反政府活動を強化していた」

ミンマン帝は、こうしたさまざまな動きに対応して強硬な鎖国政策を展開するとともに、キリスト教の布教を全面的に禁止したのである。フランスからの通商条約締結の申し入れに対しても、ミンマン帝は終始拒否の姿勢を貫いた。

ともあれ、ベトナムはミンマン帝の強力な指導の下、対外的な孤立化とそれに伴う自給自足体制の確立に向かいつつあった。ベトナムは、急速に「閉ざされた帝国」になっていったのである。

フエの王宮への入り口は王宮の南側にある「午門」と呼ばれる巨大な門で、門の上には左右対称で木造の壮麗な建物が乗っており、「五鳳楼」と呼ばれている。門をくぐると、正面に横に長い木造の巨大な建物があり、それが「太和殿」である。太和殿は皇帝が官吏からの報告を受けたり、外国の使節を迎えたりするときに使われる建物で、その内部には八〇本もの朱塗りの柱が林立し、中央に皇帝の座る玉座が置かれている。

太和殿は、そこが皇帝が政務を執る場所であることを示すように、外部の柱には皇帝の象徴である龍が巻きつき、そのほか階段の欄干や屋根の装飾など、至る所に龍の姿が彫り込まれている。龍は、王宮のありとあらゆる建物に共通するモチーフでもある。

午門を抜けると、左右に溜め池を配した石畳の道が真っ直ぐ太和殿へと続いている。確かに美しい光景であるが、あまりにも北京の故宮そのもので、ベトナム独自のオリジナリティーに欠ける建造物でもある。

太和殿の背後には約五二〇ヘクタールもの皇帝の居城が建てられ、これも中国の故宮同様「紫禁城」と呼ばれていたという。フエの紫禁城も北京のそれと同様、高貴な色と

太和殿

される紅・黄・緑色を多用し、龍や鳳凰、花鳥、雲水など、さまざまな文様で極彩色に装飾された華麗なものであったといわれているが、一九六八年のアメリカ軍の大規模な空爆によって完全に破壊され、今はその階段や外壁の一部がわずかに残っているのみである。

紫禁城の広大な廃墟には雑草が覆い茂り、所々に鉄製の鼎《かなえ》が放置されたままになっている。まさにこの世の無情、盛者必衰の理を表す光景である。

王宮にはほかにもさまざまな見所がある。たとえば、木造で三層の建物の「顕臨閣」とその前に置かれた九つの鼎。鼎は三本足の金属製の釜で、中国では皇帝の象徴とされた。この九つの鼎も、それぞれ九人の皇帝を表しているのだという。「顕臨閣」は、以前は全体的に黒ずんだ、いかにも古めかしい建物であったが、現在は鮮やかな朱色に塗り直されている。この「顕臨閣」と相対する形で建てられている

顕臨閣

のが「世廟」である。世廟もまた朱塗りの外観と、黄色い瓦屋根の横に長い木造の建物で、建物内には歴代皇帝の位牌がまつられている。

王宮内を歩いていると、外部の喧騒などはまったく伝わってこず、そこだけ、時の流れが完全に止まってしまった空間であるかのような錯覚に陥りそうになる。ここは、そこでいつまでも時間がまどろんでいる時のゆりかごなのだ。

フエの王宮を訪れるのはこれが三回目である。以前の訪問時にはガイドと一緒に訪れ、その翌々日、今度は一人でまた訪問した。そして今回である。私はフエの王宮にどうしてもベトナム独自の文化の香りを感じることができないが、しかし、この閉ざされた空間が実は好きである。一人でゆっくりと散策し、疲れたらどこかの建物の軒先でしばし休息する。王宮を訪れる観光客は多いが、皆一様に足早に、点在する観光スポットを通りすぎていくだけである。人の流れが途切れると、そこは再び静寂だけが支配する死の空間となる。

ゆっくりと、天空を雲が流れていく。やがて私にも確実に訪れるであろう死がこうしたものであるならば、それはそれで存外いいものなのかもしれない。そんなことをついつい考えてしまう、私にとって、フエの王宮はそのように危険な空間だ。

どこかで「そろそろ行きましょうか」という、アン君の相変わらずの沈んだ声がする。私もまた、ふと眠りからさめてこちら側の人間に戻る。

一八八五年、ベトナムを完全にその保護下に置くべく、フランスはド・クールーシー将軍[7]に全権を与えてフエのハムギ帝[8]の下に送った。ハムギ帝は第八代の皇帝であるが、このときまだ一六歳の若さであったという。フランス軍は王宮からの砲撃を受けたが、フォン川上の艦隊がこれに応戦し、たった半日で王宮を占領した。ハムギ帝はごくわずかな家臣とともに王宮を脱出し、その後も中部の山中で抵抗運動を続けるが、一八八八年にフランス軍によって逮捕されてアルジェリアに幽閉された。

一方、フランス側は九代皇帝としてドンカイン帝[9]を擁立し、以降も歴代の皇帝はそれまでと何ら変わりなくフエの王宮に居住し続けたが、皇帝には何の実権もなく、フランスの単なる傀儡《かいらい》であるにすぎなかった。グエン朝最後の皇帝となる第一三代バオダイ帝は、一九四五年三月、日本軍のベトナムへの侵攻に乗じてフランスからの独立を宣言するが、それは所詮、宗主国がフランスから日本に替わっただけのことであった。さらに同年八月の日本軍の降伏によって完全に後ろ盾を失ったバオダイ帝は、八月三〇日、王宮の午門前で退位を正式に宣言し、ここにベトナム王朝時代は完全に終焉する。このバオダイ帝の退位をめぐるいきさつについては、バオダイ帝の宮中官房長官を務め、その王朝時代の幕引きに直接かかわるとともに、その後ホーチミンの革命運動に参加することになるファム・カク・ホエ氏[10]の手記に詳しい。同書は『ベトナムのラスト・エンペラー』というタイトルで邦訳が平凡社から出ているので、興味のある方は是非読んでいただきたい。

（7）フランス陸軍大将で、1885年にベトナムを保護国とすべく、全権を与えられてフエに乗り込んだ。最終的には軍事力でフエを制圧した。

（8）（1872〜1943）。グエン朝第８代皇帝。フランスへの最後の抵抗を試みるが、逮捕され流刑地のアルジェリアで死亡。

退位したバオダイ帝は、その後、再びフランスの後ろ盾を得て、一九四九年に今度はフランスの傀儡国家「ベトナム国」の元首として一時的に返り咲くことになるが、結局、国民の支持を得られることもなく失脚し、やがて人々の記憶から完全に忘れ去られていくことになった。晩年はフランスで隠遁生活を続け、本当にごく最近、一九九七年にひっそりとこの世を去った。

一方、主を失った王宮に最後が訪れたのは、一九六八年の一月から二月にかけてのことである。ほぼフエ全域を解放したベトナム解放戦線に対し、アメリカ軍は空爆のよりいっそうの激化で対抗し、それはフエ市内の実に八〇パーセントが焼け野が原になるという凄まじさであった。当然、王宮も無傷であるはずもなく、前述のように午門と太和殿を除くほとんどの建物が焼失し、今も広大な「紫禁城」跡には皇帝たちの紡いだ見果てぬ夢のかけらが、覆い茂る雑草の間で静かに眠っている。

歴代皇帝廟巡り

その昔、今からおおよそ四五〇〇年から三五〇〇年前の、古王国から中王国時代[11]にかけての古代のエジプトでは、歴代のファラオ（王）たちがピラミッド造りに文字通り心血を

(9)(1864～1889)。グエン朝第9代皇帝。この皇帝以降のグエン朝の皇帝はすべて、何ら実権をもたないいわば傀儡である。

(10)グエン朝の最後の皇帝バオダイ帝に仕えた宮中官房長官。グエン朝崩壊後はホーチミンの革命政府に参加し、法制部長などの要職に就いた。

注いでいた。ピラミッドは王の墓であるというのが長く定説となってきたが、最近ではそうした「神話」もだいぶ揺らぎつつある。しかし、その後の新王国時代（紀元前一五四二年〜一〇七〇年）になるとファラオたちは、これは明白に墓であることがハッキリしている地下墳墓を競ってテーベ（現在のルクソール）の「王家の谷」[12]に築くようになる。いつの時代にでも、自らの墓は王にとってその絶大な権威の証明であったのである。

グエン朝においても、どうやら歴代の皇帝は、居住する王宮の増改築以上に自らの帝廟の建設に心血を注ぎ続けたようである。帝廟はもちろん単なる墓ではなく、広大な敷地内に美しい庭が造られ、さまざまな建物の立ち並ぶ一種の離宮である。事実、皇帝は生前、たびたび自らの帝廟を訪れては、蓮池に張り出した東屋《あずまや》などで釣りをしたり詩を詠んだりして一日を過ごしたという。とりわけ、ドンカイン帝以降のフランスの完全な「お飾り」に成り下がった皇帝にとっては、自らの帝廟は格好の現実逃避の場となったのであろう。

そんな歴代皇帝の帝廟が、フエには七つ現存している。帝廟は主に王宮の前を流れるフォン川の河岸近くに点在しているため、もちろん、車で回ることもできるが、観光船や自ら船をチャーターしてのボート・トリップ[13]が観光客には人気である。ただし、多くの観光客が行くのは、整備が進み、かつ見応えも十分のミンマン帝廟、トゥドゥック帝廟、カイディン帝廟の三ヵ所であり、そのほかの帝廟を訪れる人はほとんどいないのが現状だ。

私は今回の旅で、できるだけ多くの帝廟を回ってみたいと考えていた。そのため、ボー

(11) エジプト学の時代区分では、BC. 2650年〜2220年までを「古王国時代」、BC. 2040年〜1786年までを「中王国時代」と呼んでいる。

(12) 新王国時代になるともはやピラミッドは造られず、「王家の谷」と呼ばれる荒れ地の地中に王の墓を造るようになった。盗掘を恐れてのことである。

フエの王宮と歴代皇帝廟
旧市街
フエ宮殿美術館
王宮
レロイ通り
フンブォン通り
新市街
ティエンムー寺
フエ駅
ズックドゥック帝廟
ドンカイン帝廟
フォン川
トゥドゥック帝廟
ティエウティ帝廟
カイディン帝廟
ミンマン帝廟
ザロン帝廟

ト・トリップは魅力であるが、なかには船着き場から帝廟まで徒歩だとかなり時間のかかる帝廟もあること、加えて河岸にまったく隣接していない帝廟もあることなどの理由で、車をチャーターして行くことにした。まずは、新市街を抜けてトゥドゥック帝廟に向かう。

トゥドゥック帝[14]は初代ザロン帝、二代ミンマン帝、三代ティエウティ帝に続く、第四代皇帝である。皇帝はミンマン帝以来の鎖国政策とキリスト教への弾圧政策を継承するが、そのことがかえって西欧列強の猛反発を招く結果になった。一八五八年、ナポレオン三世[15]統治下のフランスは、スペイン人の宣教師が一八五七年に処刑されたことを口実にスペインとの連合軍を編成してベトナムへ侵攻し、この年ダナンを占領し、翌年早々にはサイゴンもその手中に収めた。一八六二年には、グエン朝はキリスト教の布教を認めるとともに、コーチシナをフランスに割譲するしかなかった。さらに、ハノイやクイニョンなどの開港や、王都フエに理事官を置くことなどをフランスは引き続きトゥドゥック帝に迫って、これを認めさせた。トゥドゥック帝の時代に、フランスの侵略はすでに具体的に目に見える形で進行していたのである。

しかしながら、トゥドゥック帝の帝廟はそんな現実とはまったく無関係に、世間から完全に隔絶された広大な敷地内に築山や池を配して人工の別天地を再現し、そのスケールはグエン朝最盛期のミンマン帝のそれに迫るものである。

(13) 料金は様々だが、マンダリン・カフェテリアなどのツアーデスクで頼めば３ドルくらいからある。フンブォン通りには有名なシンカフェのオフィスもある。
(14) (1829～1883)。儒教に造詣の深い文人皇帝として知られている。
(15) (1808～1873)。ナポレオン１世の弟の子で、フランス皇帝。

ここで、一般的な帝廟の造りについて説明しておこう。まず、帝廟の本来の役割である皇帝の墓の前には、必ず皇帝の事績を刻んだ石碑を納めた建物があり、その正面には左右対称に石造りの文武官や馬、象などの像が皇帝の墓を守護するかのように立ち並んでいる。石碑を納めた建物の後ろには高い塔がこれも左右対称に建てられており、半月型の池には橋が架けられ、それを渡り切るとようやく皇帝の墓に達する。もっとも壮麗な造りのミンマン帝廟では、その墓はあたかも池の上に浮かんだ緑の小島であり、スッカリ木々に覆われて、皇帝の墓を直接垣間見ることができないようになっている。

この皇帝の墓をはじめ、帝廟内にはさまざまな建物が建てられている。いずれも木造瓦葺きで、至る所に皇帝の象徴である龍が彫り込まれている。その建築様式は、カイディン帝廟を除き完全に中国様式であり、その意味で確かに美しいが、ベトナム独自のオリジナリティーには欠ける。

トゥドゥック帝廟は、その小宇宙に自然をそっくりそのまま封じ込めた、歴代帝廟のなかでも紛れもなく最高傑作の一つである。そのため、帝廟は皮肉にもいつも大勢の観光客であふれていて、ゆったりと廟内を散策するのには不向きである。先にミンマン帝の墓について書いたが、トゥドゥック帝の墓はその内部にまで入ることができる。のたうつ龍の彫刻が刻まれた石の壁で四方を囲まれたそのなかに、ポツンと石棺が置かれている。ガイドのアン君の話では、石棺のなかに本当に皇帝の遺体が納められているのかどうかは調査

トゥドゥック帝廟

帝廟を守護する家臣や馬などの像

トゥドゥック帝の墓

ドンカイン帝廟

されたことがなく、わからないとのことである。

トゥドック帝廟を訪れたなら、是非足を延ばしてもらいたいのがすぐ近くにあるドンカイン帝廟だ。ドンカイン帝はグエン朝九代皇帝だが、前述のようにフランスによる完全な傀儡《かいらい》皇帝でしかなかった。帝廟は小さく、荒れ果てている。

トウドゥック帝廟前に軒を並べている露店の間を抜けて、未舗装の小道をしばし歩く。周囲は背丈ほどの草が覆い茂り、誰一人として通る者はいない。ガイドのアン君がいなかったら、こんな所に帝廟があるとは絶対に思わないような所である。

草むらをかき分けるようにして進むと、やが塀と門が見えてくる。門といっても崩壊寸前で、何本もの鉄パイプで補強してようやく立っているという感じである。そこがドンカイン帝廟である。もちろん、れっきとした帝廟であるから、石碑を納めた建物や石造りの従者たち、左右対称の高塔などの「三点セット」も揃っており、内部に朱塗りの柱が林立する位牌を納めた建物などもちゃんとある。しかし、人がまったくいない。位牌を納めた建物内には裸電球がぶら下がっているだけで、内部は薄暗い。奥でかすかに人の声がするので行ってみると、はなから観光客など来るはずがないと決め込んで係員がくつろいでいた。私の姿を見て、慌てて販売するチケットを探しにどこかへ走っていった。

ティエウティ帝廟もトゥドゥック帝廟のわりと近くにあり、訪れる者のほとんどいない忘れ去られた帝廟の一つである。ティエウティ帝(16)は三代皇帝でトゥドゥック帝の実父であ

(16)（1807～1847）。グエン朝第３代皇帝。

るが、生前に帝廟を造らなかったため、トゥドゥック帝の時代に造営されたものであるという。グエン朝にはわずか三代にして、すでに落日の気配が漂い始めていたのである。

ティエウティ帝廟はフォン川の河岸にあり、それなりの敷地を有しているものの、現存する建物はきわめて少ない。平地に石の塀で囲まれた小さな森のようなものがあって、そこが皇帝の墓である。荒涼した敷地内を近所の子どもたちが格好の遊び場にしていて、その元気な声だけがあたりに響きわたっている。

ミンマン帝廟は約二五ヘクタールもの敷地を有し、歴代帝廟中文字通り最大規模の偉容を誇っている。それはグエン朝最盛期の、皇帝の絶大な権力を物語っている。

ミンマン帝廟はフォン川の対岸にあるので、河岸で車を降り、渡し船に乗っていく。以前、ミンマン帝廟に来たとき、その渡し船を降りた所で駆け寄ってきた一人の少女に手を握り締められてしまい、そのまま河岸から帝廟までの道を一緒に長々と歩いた。もちろん、少女は訪れる観光客目当ての物売りで、根負けして彼女から「ワンダラー」で缶入りコーラを買うと、小さな紙に名前と住所を書いたものを渡され、たどたどしい英語で「今度ここにまた来ることがあったら、是非寄って」といわれた。その少女のアドレスを書いた紙片は、今もそのまま私の『地球の歩き方』に貼りつけてある。もちろん、あれから五年以上の年月が経っている。少女はすでに娘さんといわれる年齢に達しているはずであり、ま

ミンマン帝廟

ミンマン帝廟への渡し船乗り場

たここで会えるはずもなかった。それでも、自然に目であの少女を探してしまう自分がいた。

対岸のミンマン帝廟に向かう道には、以前と同様多くの露店が出ているが、訪れる観光客にさかんに声をかけても、さすがに手まで握りしめてしまう売り子はいない。全体的に何が何でも売らなければならないという、そこまで切羽詰まった雰囲気ではないのである。

渡し船のなかでは、乗り込んできた売り子の商品は何と本だった。それはベトナム王朝時代の歴史を描いた本や、遺跡のガイドブック、それに絵葉書などで、もちろん英文のものもあるが、ベトナム語で記された本もかなりある。船に乗っていた若いベトナム人の観光客がそれを、しかも二冊も買った。

ベトナム人はかなりの本好きである。旅をしていて、入ったカフェなどに本を売りに来る売り子と何度も出会った。市場で商いをしている普通のおばちゃんが、たぶん小説本か何かをむさぼり読んでいるのにもよく出くわした。隣国のカンボジアでは、本を読んでいる庶民にまず出会ったことはないし、第一、クメール語で書かれた本というものがほとんどない。ある本は英語かフランス語表記のものだから、当然、読むのは一部のインテリ層ということになる。

ミンマン帝廟はほかの帝廟同様、半月型の池の向こうに周囲を石塀で囲まれた小山のような皇帝の墓があり、その規模の大きさは日本の天皇陵を思わせるほどである。皇帝の墓へと真っ直ぐ続く参道の周囲には、お決まりの石碑を納めた建物や石の従者たち、二本の高塔などのほかにも、さまざまな建物が実に効果的に自然のなかに配されている。修復されて鮮やかな色に着色された建物もあれば、老朽化の著しい崩壊寸前といった建物もある。池や緑が多く、起伏にも富んで、ゆったりと散策するのにはもってこいの遺跡である。

敷地内にある木造の建物の一つ「右配殿」と呼ばれる建物は、日大の重枝豊氏がトヨタ財団などの支援で保存・修復した建物であるとわかっていたから、とくに感慨深かった。今回の旅に出る少し前、私は有楽町（東京）の朝日ホールで開催された「世界の文化遺産を護る」というシンポジウムで、重枝さんの「ベトナム・フエの保存修復」という報告を聞いていたのである。

重枝さんのお話は短時間ながら、遺跡の修復にまつわる苦労から、実際に保存・修復に従事するベトナム人技術者・職人との付き合い方に及ぶ多彩なもので、ベトナム人の気質を表す一例として、車はセンターラインの上を堂々と走らせるという件には思わずニヤリとさせられた。これまでに述べた通り、本当にそうなのだもの。

ミンマン帝廟を出ると、もう夕暮れの気配が濃厚になっていた。長い参道を歩いてフォン川の河岸に戻り、渡し船がこちら側にやって来るのを待った。もちろん、あの少女と再会するなどという劇的なことは何もなかった。一応、近くの物売りに彼女の書いた紙片を見せて、こういう人を知らないかと聞いてみたが誰も知っている者はいなかった。今も元気ならば、恐らく中学の高学年か高校生である。あるいは学校へは行かず、どこかで働いているのか。もう結婚して子どもがいるなんてことも、まったくないとはいえないだろう。どんな暮らしをしていようと、幸せならばそれでいいのだが……。

いけない。年をとると、人はどうも感傷的になる。

最後の訪問地であるカイディン帝廟に向かう。翌日に行く予定のザロン帝廟には行けないことが、すでに判明していた。グエン朝初代皇帝であるザロン帝廟は、フエの市街からはもっとも離れていて足場がきわめて悪い。また、その荒れようも相当なものだという。グエン朝の開祖の墓を何としても見たいという熱い思いはあったが、道路事情で行けないものは致し方ない。

カイディン帝(17)は一二代皇帝で、その長男がグエン朝最後の皇帝となるバオダイ帝である。もちろん、カイディン帝には何の権力もなく、いわゆる単なる「お飾り」として、その一生を過ごすことを強いられた。しかしながら、彼の名を有名にしているのはその帝廟のユニークさであろう。

カイディン帝廟はそれまでの歴代皇帝が造ったような純中国式のものではなく、フランスのバロック建築の様式を大胆に取り入れている。もちろん、それまでの中国様式をも踏

(17)（在位：1916〜1925）。グエン朝第12代皇帝。

襲して、その巧みな折衷を図っているのである。帝廟は、屋根飾りや柱にのたうち巻きつく龍の姿を彫り込んだ白亜の荘厳な石造建造物で、付属する石碑を納めた建物からその前に整列する従者や馬、象の像までがすべて石造りである。また、山水の庭園がないことも、ほかの帝廟とは異なったその特徴であろう。

帝廟の内部に入ると、その鮮やかな色彩の乱舞にまた訪れた人は仰天する。中央の玉座に座る黄金のカイディン帝像。その下の棺には彼の遺体が納められているという。壁という壁、柱という柱、さらには天井に至るまで、鮮やかな色彩で着色された絵画や装飾文様が彫り込まれていると一見見えるのだが、近づいてよく見るとそれらはすべて中国製の彩色陶磁器を用い、大量のそれらを惜しげもなく砕いて、それをモザイクのように時間をかけて丹念に貼りあわせて絵や文様にしたものなのだ。なかには陶磁器

カイディン帝廟

片だけでなく、ガラス瓶の破片なども使われており、ローマ字で「SAKURA」と書かれた茶瓶まであった。日本製の清酒か何かの瓶なのだろうか。

このカイディン帝廟は皇帝が死んだ後もその造営が続けられ、ようやく完成したのは皇帝の死後六年目のことであったというから、いかに手の込んだ建物であったかがわかるというものである。そこには、その一生を「お飾り」として生きなければならなかった皇帝の、せめてもの意地というか怨念を感じ取ることができる。

残る帝廟は、行けないことがハッキリしたザロン帝廟を除けばズックドゥック帝廟のみである。ズックドゥック帝に続く第五代の皇帝で、在位期間は一年足らずという短さである。いや、正確にいえば一八八三年のたった一年間の間に、このズックドゥック帝をはじめ実に三人もの皇帝が相次いで即位したのである。即位したばかりの皇帝がそんなに次から次へと病死するとはとても考えられないから、激しい後継者争いで、皇帝の暗殺が横行していたのではないかということは、十分に想像できるところである。フランスがグエン朝の本拠であるフエを攻撃したもの、この年である。そんな大混乱のなかで造られた帝廟である。どんな有様であるのかは、行かなくてもだいたいわかっていた。ただ、この帝廟には、結局のところ時間がなくなり、本当に行くことができなくなってしまった。

(18)トゥドゥック帝(18)

(18)（在位：1883）。グエン朝第5代皇帝。

フエの主な見所としては、王宮や歴代皇帝廟以外では、旧市街のフォン川河岸にある「ティエンムー寺」(19)が有名である。一八四五年に建立されたレンガ造りの七層の高塔があることで有名な寺院であるが、本来はチャンパの女神信仰の場で、それがその後移住してきたベトナム人にも受け入れられて、次第に土地神として根づいていったものではないかといった見方もある。

ミンマン帝は、中国の制度や文化を積極的に取り入れることによってグエン朝の基礎を築いていった。その中国文化とはまったく異なるインド文化の影響を色濃く受けたチャンパとは、まさに水と油の関係だった。ミンマン帝の時代に、チャンパ王国は完全にその息の根を止められることになる。ミンマン帝は、すでにファンランの一地方勢力にすぎない存在になっていたチャンパの土地をグエン朝の直轄領にする決意をし、これに反発するチャンパの反乱を誘発して徹底的に叩いたのである。王国はついに滅亡し、多くのチャンパ人が隣国のカンボジアなどに逃れていった。こうして、地図の上から一つの国が消えた。ミンマン帝はチャンパの遺跡の上に、征服者としての威厳を示すために「虎園」という格闘競技場を造り、そこで象と虎とを戦わせて大いに楽しんだという言い伝えが残っている。その石造りの円形競技場の写真は、フエの王宮内のパネル展示室で今も見ることができる。

(19) フエ旧市街にある寺院で、七層の仏塔で知られている。その他、ベトナム戦争中に南ベトナム政府に抗議して焼身自殺した高僧の愛車が展示されており、自由に見学ができる。

ベトナムとはやっぱり相性が合わない

フエを離れる日、起きるとやけに静かに雨が降っていた。朝食のバイキングは中庭のカフェテラスではなく、屋内のカフェテリアでとってくださいとホテル・マンにいわれ、そのカフェテリアに行くとすでにテーブルはすべて埋まっていて、大勢の白人観光客が好みの料理を盛った皿やコーヒー・カップをかかえて右往左往している。前々日、宿泊の延長を申し出た客に対してフロント・マンが「全室満室でご希望に添うことができません」といっているのをそばで聞いていたが、それが本当であることがよくわかる大変な混雑ぶりである。

仕方がないので部屋に戻り、三〇分後にまた出直した。カフェテリアは相変わらず混んでいたが、二人用の小さなテーブルが空いたのを目ざとく見つけて、サッと腰を下ろしてしまう。搾りたてのオレンジ・ジュースをたて続けに二杯飲んで、それからスクランブル・エッグとカリカリ・ベーコン、それに小さなクロワッサン二個の朝食をとった。最後にコーヒーをブラックで飲んで、次の客に席を譲る。

今回の旅は幸い何のトラブルもなく、いい旅だったなと思う。というのは、実は私とベトナムの相性はこれまでまさに最低で、来る度にいつも必ず何らかのトラブルに巻き込まれて、それまでの好印象をいっぺんでチャラにしてしまうような嫌な思いをし続けていたからである。ベトナムに比べればはるかに危険度の高い隣国のカンボジアには、何度行っても不思議にトラブルらしいトラブルに見舞われたことがなく、たとえ仮に多少のトラブルがあったとしても、いつも最後に振り返っていい旅だったなぁと、そうしみじみ思うことができる。それに対しベトナムは、まさに対照的だった。

ベトナムで具体的にどんなトラブルにあったのかは、実のところあまり思い出したくもないし、またここではいちいち書かないが、もし書くとすればそれだけで丸々一つの章を費やしてしまうことができるくらいである。ベトナムとはどうも相性が合わない、というのが私の出した結論だった。

しかし、昨年のニャチャン、ファンラン、そしてクイニョンへの旅では旅の印象そのものをゆがめてしまうような、そんな深刻なトラブルに見舞われることはまったくなかった。それは、今回のダナン、ホイアン、フエと回ったベトナム中部の旅でも同様で、私はベトナムという国を不覚にも、相当好きになりかけていたのである。

正午のチェック・アウトタイムぎりぎりにホテルを出て、アン君とささやかなお別れ会をしてからフエの空港に向かうことにしていた。チェック・アウトをすませて外へ出ると、依然雨は降り続けているものの、傘を差さずに街を歩いている人もいるほどの取るに足りない小雨にすぎなかった。この程度の雨で、まさか飛行機が飛ばないなどという事態にな

ると は、まったく思ってもいなかった。

まだだいぶ時間があるので、途中で一度も行っていなかった、王宮の外堀近くにあるフエ宮殿美術館[20]に寄ってもらうことにした。王宮で使用されていたという家具や調度品の一部を展示してある美術館だが、ハッキリいって、それほど充実した内容の美術館とはいい難い。見学時間も、せいぜい三〇分もあれば十分である。私とちょうど入れ違いに、胸に揃いのバッチをつけた年配の日本人十数人の団体客がドヤドヤと入ってきた。

「何だぁ、これは。ずいぶんとちっちゃな博物館だなぁ」と、ご老人の一人が声を張り上げた。

「お別れにどこかで昼食でも……」と私が誘うと、アン君が連れていってくれたのは、新市街にある「アンフー・レストラン[21]」だった。実は、一九九五年にこの街に初めて来たときにもやはりガイドに案内されて入った店で、シーフードを中心にした、主に観光客向けの高級ベトナム料理店である。『地球の歩き方』や『個人旅行』などのベトナムのガイドブックには必ず載っている有名店だが、必ずしも値段に見合うほど美味しい店ではないというのが以前入ったときの私の印象だった。

卵でとじたシーフードのスープと生春巻、青菜炒めに、私は名物の「ブンボー・フエ」を頼む。アン君にはご飯を頼もうとしたが、風邪をこじらせてしまい、今朝、抗性物質を飲んだとかであまり食欲がないという。失礼ながら、それでなくても決して明るい性格と

(20) 王宮で使用されていた調度品などが展示されている。開館時間：7時～17時半。日曜休館。入場料は2万2,000ドン。時間がなければ無理に見る必要はない。

(21) 高いわりにたいしてうまくもない店を紹介するのは気が引けるが、有名店です。電話番号：826090。営業時間：8～22時。

はいえないアン君だが、よりいっそう無口になり、何だかお通夜のような寂しい昼食会である。ベトナムの将来について、あるいは彼自身の将来について、もっともっと話を聞きたいと思っていたのだが、とてもそんな雰囲気ではない。

ところで「ブンボー・フエ」とは、フエ独特の米粉の麺料理で、唐辛子色に染まった辛いスープがその特徴だ。もちろんまずくはないが、それほど美味しくもないといった味である。また、ベトナムで食べる生春巻はどうも米粉の皮が乾燥してバリバリで、ベトナムの人には申し訳ないが、日本のベトナム料理店で食べるそれのほうがよっぽど美味しいと私はひそかに思っている。中身もエビ以外ではビーフンに、名前を知らないが何らかの植物の青い茎、それに生のモヤシか何かが入っているだけで、二本も食べればもう十分という単調な味である。シーフードのスープと青菜炒めはモロ中華料理であるが、そちらのほうがよほど美味く感じてしまうのだから、この店のベトナム料理は相当に情けない。

フエにはほかに豪華絢爛な宮廷料理というのがあると聞いているが、私は一度も食したことがない。きっと見かけだけのたいして美味しくないフルコース料理に違いないとにらんでいるからだ。もっともそれは、もっぱら日本で騒がしいだけのタレントがグエン朝時代の王侯貴族の衣装なんかを着てそれを食べるなんていう、愚にもつかないテレビの旅グルメ番組を見せられ続けてウンザリしていたせいであって、実際には、単なる私の食べず嫌いの偏見であるのかもしれない。

その日は、フエの空港から午後四時五〇分発のホーチミン行きの便に乗り、ホーチミンで隣り合わせの国際線ターミナルからバクコク行きのタイ国際航空の便に乗り継ぐ予定だった。ホーチミン空港では三時間くらい待ち時間があるので、国内線が多少遅れても大丈夫だなと、そう楽観視していた。

食後、「少し早いですが、空港に行きませんか」とアン君にいわれ、体調も悪く早く仕事を切り上げたいのだろうと思ってＯＫをした。確かにまだ、少しではなくかなり早い時間なのだが、といって、これからどこかへ行くのには少なすぎる、いかにも中途半端な時間であった。

フエの空港はハノイとホーチミンへの便が一日に一～二便あるだけなので、それ以外の時間は閑散としている。一応、お土産物や飲み物などを売る店もあるにはあるのだが、売り子が店にいるのは離発着のある時間帯のみである。空港には着いたものの、私の乗るホーチミン行きが出るまだ二時間前なので空港にはまったく人気がなく、それどころか到着ロビーの出入口すら開いていなかった。仕方がないので、車内で本を読んで時間をつぶす。一時間半くらい前になって空港職員が三々五々やって来て、ようやく到着ロビーのドアも開いた。

私が重い荷物をベンチに置いてやれやれと思っていると、アン君が通りかかった空港職員をつかまえて何やら交渉し始めた。どうせ早くチェック・インをやれといっているのだろうと思っていたが、彼の表情が見る見る険しくなった。やがて、ベトナム人のサラリーマンや家族連れ、白人観光客なども次々に到着して空港は急に活気づいた。大きなスーツケースを持った初老の男が私の隣にドカリと腰を下ろし、コテコテの大阪弁で挨拶した。彼は出張帰りの商社マンで、今日の深夜の大阪行きに乗るのだという。初老と書いたが、年齢を聞くと私よりも五つも若い。

「へぇ、そんな年でっか。とても見えませんな」と、私の年を聞いて彼がいう。もちろん、本当は若く見えるのではなく、私がいい年をしていまだに、長髪にTシャツ、ヨレヨレのジーンズというウン十年前の学生時代とほとんど変わらない格好をしているからだ。日本に戻ってヨレヨレの背広を着て、たった一本しかもっていないネクタイをしめると、単なるくたびれた中年オヤジになる。

アン君は、まだ空港職員と険しい表情で話し込んでいる。やがて私の所へ戻ってきた彼は、暗い表情で「今日は天候不良で、ノン・フライトになるそうです。困りました。どうしましょう？」という。天候不良？　小雨が降っているだけでどうして天候不良なのか。ほかに何か理由があるのではないか。

脇で私たちの会話を聞いていた大阪の商社マンが猛烈ダッシュで空港職員に詰め寄り、まさに相手の胸倉をつかまんばかりの勢いで話している。そうした雰囲気が伝わったのか、白人観光客もザワザワとし始めた。私はアン君に、今日、ホーチミンでバンコク行きに乗り継げないと明日の早朝のユナイテッド航空の東京行きにも乗り継げなくなることなどを伝えて、もう少し詳しい事情やベトナム航空としての対応策などを職員から聞き出して欲しいと依頼する。

そうこうしているうちに、開店の準備をし始めた売店の職員が、いったん開けたショー・ウインドーに鍵をかけて帰り支度をし始めた。空港の職員は至る所で乗客に囲まれて激しく詰め寄られているが、よく見ると詰め寄っているのは外国人ばかりである。ベトナム人の乗客は、あきらめ顔でベンチに座り込んでいるばかりである。ベトナムではきっとよくあることなのだろう。

アン君が戻ってきて、「ベトナム航空ではダナンの空港から臨時便を出すといっています」という。フエからダナンまでは、どんなに車を猛スピードで飛ばしても二時間ないし二時間半はかかる。それではとても乗り継ぎには間に合わない。今度は私が直接空港の職員とかけ合うが、あなたの事情はよくわかったがどうにもならない、とにかくダナンへ行くしかほかに道はない、の一点張りである。

到着ロビーの前には三台のマイクロ・バスが横づけされ、「これに乗りなさい」と空港の職員が叫んでいる。大阪の商社マンもあきらめたのか、「土方さん、あれに乗るしかないよ」という。アン君に、とにかくエーペックスのホーチミン事務所に電話をして事情を説明しておいてくれと頼んで、すでにすし詰め状態のマイクロ・バスに乗り込んだ。すぐに車が動き出し、アン君とまともな別れの挨拶を交わす時間もなかった。

マイクロ・バスは、すっかり薄暗くなった田園風景のなかをかなりゆっくりとしたスピードで走っている。乗っている乗客の様子は対称的だ。今日中にホーチミンにたどり着けるだけでいい乗客は安心し切って笑顔で談笑しているし、私のようにホーチミンで乗り継ぐ乗客は心配顔で黙りこくっている。隣に座った大阪の商社マンは、これなら深夜の大阪行きには十分間に合うと踏んだのか、「土方さんの場合は、まず無理ですな。まぁ、焦っても仕方がない。向こうに着けばきっと何とかなりますよ」と、笑顔でのたまわった。そして、すぐに鼾《いびき》をかいて眠り込んでしまう。

満杯状態のマイクロ・バスは、それでなくともスピードが出ない。加えて山道に入ると霧が出始めて、車はさらに輪をかけてノロノロとしたスピードになる。これには隣のお気楽男も、もしや……と思い始めたのか、何度も腕時計を見たりしている。

ハイヴァン峠の道はとうとう霧に包まれ、まったく視界が利かなくなってしまった。霧のなかから、突然、対向車のライトがヌッと迫ってくるのだから、確かにこれではスピードを出しようがない。

私は以前、拙著『アンコールへの長い道』のなかで、ハイヴァン峠は中国の影響を強く受けたベトナム文化とインド文化の影響の濃厚なチャンパのそれとを分ける文化の境界線ではなかったか、と書いた。ベトナムとチャンパの本当の境界線はもっと北のガーン峠であるということは知っていたが、あえて、そう感じたままを記したのである。車で通過することができる今でも、ハイヴァン峠は相当の難所であることを改めて実感した。

結局、車は三時間以上かかってダナンの空港に着いた。時間は午後八時半。ホーチミンの国際空港からバンコク行きが出るのは九時ちょうどである。もちろん、どう考えても間に合わない。一方、商社マン氏の乗る大阪行きは一一時過ぎであるから、こちらは十分に間に合う計算で、彼の表情には再び余裕が戻りさかんに親父ギャグを連発する。

ダナンの空港でチエック・インを済ませ、ホーチミンのエーペックスの事務所に電話を入れる。アン君はちゃんと連絡を入れたのだろうが、電話に出た日本人のスタッフは「初めて聞いた」といった。

「とにかく、タイ航空にはキャンセルの電話を入れておきますが、あとはどうにもなりませんな。明日のバンコク行きでは間に合わんのですか？」

「間に合いません」

「それなら、う～ん、あとはそっちでベトナム航空と交渉してもらうしかありませんな」

当然、そういう話になるだろうなとは思っていたので、それで電話を切った。

私の乗る飛行機の出発時間までまだ多少時間があったので、ベトナム航空の制服を着た職員をつかまえて、こういうケースではベトナム航空としてどう責任をとってくれるのかを尋ねた。

「フエからの便がノー・フライトになったので、ダナンからの臨時便をご用意したのです。あとは私どもの責任外だと思うのですが……」と、その女性職員は満面の笑みを浮かべて、しかし、これ以上一歩も引かないぞとの姿勢をあらわにキッパリとそういい切った。

ホーチミンの空港で再びベトナム航空の職員と延々一時間かけて交渉をするが、向こうの主張は「うまく乗り継げなかったのはお気の毒ですが、私どもの責任外」、「キャンセルを入れたのなら、タイ航空の明日のバンコク行きの便を改めてお取りになったらどうですか?」というものであった。

仮にホーチミンで一泊して翌日のバンコク行きに乗ったとしても、翌日の東京行きは早朝七時の出発だからとても間に合わず、バンコクから日本に戻る足はない。アメリカ資本であるユナイテッド航空はベトナム内に現在オフィスをもっていないから、そのバンコクのオフィスに国際電話をかけるしかないが、うかつなことにその電話番号がわからない。もし日程的に余裕があるのであれば、バンコクのカオサン通りででも格安チケットを探して日本に戻る手もあるなと思ったが、生憎、明日の夕方には日本での仕事が入っている。

これ以上、ベトナム航空の職員と押し問答をしても無駄だと思ったので、国際線出発ロビーの日本航空のチェック・インカウンターに行くことにした。もしかしたら、深夜の東京行きか大阪行きにまだ空席があるかもしれないと思ったからである。

「エコノミーはすでに満席ですね。えっ、ビジネス・クラス？　それだったら、え〜と二席残席があります。八七四ドルですが、いかがされますか？」と、日本航空の職員はいった。八七四ドルといえば約一〇万円である。しかし、明日の仕事は変更不可能だった。こんなギリギリの日程で旅行に出た私が悪いのだと思って、泣く泣くカードでチケットを購入した。もう出発時間ギリギリだと慌てる私に、日本航空の職員が「今日は出発時間が一時間以上遅れるんです。だから、焦らなくても大丈夫」という。早くそういえ、早く。

出発ロビーに入るとファースト・クラスとビジネス・クラス専用のラウンジがあり、そこは別世界であった。ゆったりとしたソファーがあって、各種飲み物からお酒、お菓子や果物、軽食の類いに至るまで、まさに食べ放題飲み放題である。こんなことにいちいち驚いているのも情けないかぎりだが、何しろビジネス・クラスは初体験で、おそらくこれが最初で最後だろう。ただし、外見はスッカリつくろいでいるように見えていても、八七四ドルも無駄な金を支払ったのだからはらわたが煮えくり返っている。私が酒呑みなら高価なお酒でも自棄《やけ》呑みするところだが、私は生憎と酒が一滴も飲めない体質である。

出発ロビーでもう一度、例の大阪の商社マンに会った。

「いやぁ、チケット買えたんだねぇ。よかった、よかった」といって、それから彼は小声になって、「おたく、ビジネス・クラスでしょ。こっちではもう売店が閉まっちゃっててビール買えないんだけど、あちらのラウンジから一本持ってきてくれないかなぁ」といった。

こうして、今回の私の旅は終わった。夕方に出社するはずの私が午前中に出社したのだから、社員はびっくりした。日本でもう一度だけ、ベトナム航空のオフィスに出向いてみたが、「こういうケースでは、当社では何の保証もいたしません」と、取り付く島がなかった。

私は、ベトナムという国を不覚にも好きになりかけていたのを、大いに後悔している。私とベトナムとは、所詮、相性が合わないのだ。でも、今後もきっと、死ぬまでにはあと何回かベトナムに通うことだろう。いつも最後には手荒いしっぺ返しを受けることを半ば自覚しつつも、いそいそと出掛けるだろう。

「中華思想」に凝り固まった、傲慢にして勤勉で素朴、誠実な人々。とりわけ、決して美化するつもりなどないが、子どもたちの底抜けの笑顔と華奢《きゃしゃ》で芯の強いベトナムの大方の美しい女性たち。もはや時代遅れの社会主義思想の観念の大伽藍を、経済至上主義で何度も化粧直しすることに躍起な政府。それが案外うまくいってしまう、不思議。巷でいわれているほどにはそれほど美味しくない料理と、美しい風土……。

こんなことを書き連ねると、人はきっと「嫌い嫌いも好きのうち」と私に向かっていうだろうが、しかしながら私は本当に、ベトナムが大嫌いなのである。

第5章

プノン・クレーンからプリヤ・ビヘールまで

――もう一つの帝国――

プノン・ボックの顔面をえぐられた祠堂の女神像

隣国としてのカンボジア

カンボジアには一九九二年以来、ほぼ毎年のように足を運んでいる。カンボジアは私のもっとも好きな国である。そのカンボジアへの私の拙い旅行記『アンコールへの長い道』を見いだし、そればかりか立派な本として世に送り出して下さったのが本書の発行元でもある新評論である。その『アンコールへの長い道』のなかに、「『宿敵』としてのチャンパ」という章をあえて入れたのは、カンボジアのアンコール王朝のことをよく知るためには、不遜ないい方を許していただけるのならば、隣国であり「宿敵」でもあったチャンパ王国との比較研究のようなものが絶対に必要であると考えたからである。ところが、そのチャンパ王国の遺跡をめぐる旅は、地元旅行社の不誠実な対応と台風の直撃という、これは誰にも責任のない自然現象が不運にも重なったことによって散々なものとなってしまった。したがって、自分でもきわめて不満足な原稿しか書くことができず、しかし進行していた出版をそのことのみのために遅らせることもまたできず、上梓後もそのことが心のなかに大きくしこりとなって残ることになった。

本書の旅は、そうしたやむにやまれぬ思いにつき動かされながら、私の現在の主な収入源である業界紙の編集の合間をぬって、せいぜい一〇日ほどのまとまった休みを何とかつくり、断続的かつ、かなり綱渡り的に続けてきたものである。その間には、もちろんカンボジアにも何回か通い続けた。カンボジアに行く時間を、もっとベトナムへの旅に回せばいいとは考えたものの、カンボジアに一年も二年も行かないことなど私にはとてもできなかった。

子どもはいるが妻はいない私が、まるで遠距離恋愛の「恋人」にでも会いに行くようにカンボジアに通い続ける理由、そのカンボジアという国の底なしの魅力については拙著『アンコールへの長い道』を是非読んでいただきたい。ここでは、その前著では書き切れなかった最近のカンボジアの旅の話を書いて、それを通して隣国ベトナム、主にチャンパ王国との同時代的なかかわりについて考えてみたいと思っている。

前著に寄せられた読者からの読後感想や質問のなかに、「海洋国家だったチャンパが何故、内陸国家のアンコール朝を攻略したのか」という質問があった。もとより、私は一介の旅行者にすぎず、アンコール朝やチャンパの研究者ではないが、次のような手紙を質問者宛に出した。

「ご質問についてですが、まずアンコール朝による度重なるチャンパへの侵攻ということがあって、それへの報復という面が一番大きかったのではないでしょうか。アンコール朝によるチャンパへの侵攻は一二～一三世紀、つまりアンコール朝の最盛期にもっとも頻繁にくり返されますが、早くも一〇世紀の半ば、ラージェンドラヴァルマン二世の治世にチャンパの王都を攻略したとの記録が残っています。また、チャンパはアンコール朝だけではなく、隣国のベトナムやジャワの侵攻も度々受けました。もちろん、やられっぱなしではなく、何度となく反攻を試みたことも明らかになっています。チャンパがこうした周辺の大国から侵攻の対象となった背景としては、チャンパが海のシルクロードによる海上交易によって、極めて豊かな国であったことがあるのではないでしょうか。

また、アンコール朝にしてもチャンパ側にしても、その戦争の主たる目的は相手の王都の破壊や略奪、それを通した王の権力の誇示にあり、長期にわたる他国の支配を目指したものではなかったものと考えられます。したがって、戦いは必ずしも、相互絶滅戦的なものではなかったのです」

だから、アンコール朝もチャンパも、ともに互いの王都を攻略することはあっても、それが原因でいずれかの王権が壊滅的・致命的な打撃を受けるということはほとんどの場合なかった。アンコール朝とチャンパは、そういった意味での永遠のライバル「宿敵」であったのである。

ところが、リ・チャン時代以降のベトナムの歴代王朝は、それまでの東南アジアの比較的ルーズな王権には見られなかった強力な中央集権的な農業国家への進化というか、変貌を遂げていった。侵攻した土地には直ちに自国の農民を大量に送り込んで、急速なベトナム化を推し進めた。つまり、ベトナムが侵攻した土地はその後、決して以前の状態には戻らなかったのである。戦いはいきおい相互絶滅戦的なものとなり、チャンパはついに亡国のときを迎えることになる。ベトナムのグエン朝は、ついに一八四一年、シャム（タイ）との激しい利権争いの末、カンボジアの併合をも強行してしまうのである。西欧の列強、とりわけフランスがやって来るまでは、ベトナムは少なくとも東南アジア世界ではまさに無敵の存在であった。

ここで話を先に進めるために、もう一つの帝国としてのアンコール朝とは一体どのような存在であったのかについて、その概略をスケッチしておきたい。いうまでもないが、アンコール朝とは、九世紀の初頭から一五世紀の半ばにかけてカンボジアのアンコール地方を中心に栄えたクメール（カンボジア）人の王国のことをいう。クメール人とは、アウストロアジア語系のクメール語を話す民族で、現在のカンボジアの人口の約九割を占めている。

現在のラオス南部のチャンパサック地方が彼らの揺籃の地であったと考えられているが、もともとはその地名からもわかるように、チャンパサックはチャンパ王国の支配下にあり、それを遅くとも六世紀の半ばごろまでにクメール人が奪ったのだといわれている。このチャンパサック地方を拠点にしたプレ・アンコール時代のクメール人の国家を、中国の史料は「真臘《しんろう》」と呼んでいる。この真臘という国号の由来については、フランス極東学院のジョルジュ・セデス氏(1)によれば、「その古い発音であるツィエン・ラープに相当するサンス

（1）フランス極東学院の重鎮で、碑文学の最高権威。著書多数。

クリット語も、クメール語もわから」ず、「説明がつかない」という。

ところで、二世紀から七世紀半ばにかけて、カンボジアの南部のメコン・デルタのもたらす富を背景に海洋交易で大いに栄えた、これも中国の史料で「扶南《ふなん》」と呼ばれているクメール人の国家があったが、真臘はその扶南の属国であったと考えられている。この扶南という国号については、クメール語の「プノン(山)」のことではないかと考えられている。

しかし、次第に力をつけた真臘は六世紀の半ば、バヴァヴァルマン一世(2)の時代に扶南からの独立を勝ち取り、さらに南下を開始した。真臘は七世紀前半のイーシャーナヴァルマン王(3)の時代には、カンボジア北西部のサンボール・プレイクックに新王都「イーシャーナプラ」を築き、さらに七世紀半ばまでには扶南をも完全に併合し、ジャヤヴァルマン一世(4)という王によってカンボジアの統一がついに成し遂げられたのである。

ところが、そのジャヤヴァルマン一世が死ぬと、真臘はカンボジアの北部からタイ東北部を支配する「陸真臘」とカンボジア南部の「水真臘」とに大きく分裂し、後者はさらに小国に分裂して抗争をくり返し、ついにはジャワのシャイレンドラ朝と見られる王朝の支配下に組み込まれてしまうのである。

八〇〇年ころ、そのジャワから祖国カンボジアに戻って来たクメール人の王があった。彼は「ジャヤヴァルマン二世(5)」を名乗り、各地を転戦しつつ、分裂・抗争状態にあったカンボジアの再統一をほぼ成し遂げ、八〇二年にプノン・クレーンにおいて即位した。一般

(2)真臘王で、598年に即位。旧宗主国・扶南への攻勢を強める。
(3)616年に即位。カンボジア国内に新王都「イーシャーナプラ」を建設。
(4)7世紀後半に即位し、この時にカンボジアを完全に統一したといわれている。
(5)850年頃没し、息子のジャヤヴァルマン3世が王位に就いた。

的には、彼の即位をもってアンコール朝の時代が始まると考えられている。

もっとも、アンコール朝の基礎をつくったのはジャヤヴァルマン二世であることには間違いないが、どうやら国内の完全な平定が成し遂げられたのは、三代目の王インドラヴァルマン一世(6)の治世になってからのようである。また、その息子であり、八八九年に即位したヤショヴァルマン一世(7)は現在のアンコールの地に王都「ヤショーダラプラ」を築き、以降王都はコー・ケーに遷都されたごく一時期を除き、一四三一〜三二年ごろにシャム（タイ）の度重なる攻撃によって王都の放棄を余儀なくされるまでアンコールの地に築かれ続けることになるのである。

アンコール朝の黄金時代を築いたのは、一二世紀初頭のスールヤヴァルマン二世(8)と、一二世紀終わりから一三世紀初頭にかけてのジャヤヴァルマン七世である。

前者のスールヤヴァルマン二世は三〇年に及んだ国内の混乱を治めて王位に就くと、その四〇年ほどの治世の間にチャンパやベトナムと戦い、領土を確実に拡げていった。アンコール地方に残る数あるクメール建築のなかでも最高傑作といわれる「アンコール・ワット」を建立したのもこの王である。

スールヤヴァルマン二世の死後、カンボジアが再び混乱に陥ったのに乗じて、一一七七年にチャンパの水軍が王都アンコールを攻略し、王都は初めて異民族の支配下に置かれるという屈辱にまみれることになった。そのチャンパ軍を激戦の末に破って、失われたアン

(6)877年に即位し、新王都「ハリハラーヤ」を造営。
(7)インドラヴァルマン１世の子で、アンコール朝の基盤を不動のものとする。
(8)1113年に即位し、積極的に領土の拡大を図る。1145年にはチャンパの王都「ヴィジャヤ」を占領。

コール朝の威信を回復したのが後者のジャヤヴァルマン七世である。王は逆にチャンパの王都ヴィジャヤに攻め込んでこれを陥落させ、一時的にではあれチャンパ王国をその属州としたのをはじめ、領土の積極的な拡大に努め、本国カンボジアはもとよりタイやラオスの南部、ベトナムの一部にまでアンコール朝の領土は広がり、まさに過去最大のものとなった。王はチャンパの襲来によって荒廃した王都の再建にも着手し、それが私たちが現在この目で見ることのできる第四次アンコール王都、すなわち「アンコール・トム」の壮大な姿である。また、歴代の王のほとんどがヒンドゥー教徒だったアンコール朝のなかで、例外的に熱心な大乗仏教徒であった王は、現在、アンコール地方に残る仏教寺院のほとんどをその治世中に築かせている。

しかしながら、この二人の偉大なクメール王、スールヤヴァルマン二世とジャヤヴァルマン七世の死後、アンコール朝はゆるやかな斜陽の時を迎えることになる。それに伴い、アンコール朝の支配から独立して確実に自力をつけてきたタイ人による王朝「スコータイ」、そして「アユタヤ」が、次第にそのアンコール王都を脅かす存在になっていくのである。また、南進策を推し進めるベトナムの歴代王朝にとっても、北の紅河デルタを凌駕する豊かなメコン・デルタのもたらす富は、十分すぎるほど魅力的なものであった。かくして、シャム（タイ）とベトナムという二つの強国の狭間で、東南アジア最大の大帝国アンコール朝の落日はまさに目前に迫っていたのである。

ベンメリアの廃墟、そして始まりの地プノン・クレーンへ

かつてのアンコール王都のあったカンボジアのシェムリアプには、以前は首都プノンペンを経由して行くしかなかったが、今ではタイのバンコクから「バンコク・エアウェイズ」と「ロイヤル・カンボジア航空」の直行便がともに毎日数便飛んでいて、一時間あまりのフライトでダイレクトに遺跡のある街へ入ることができる。私はカンボジアは初めてという人にはプノンペン経由を、リピーターにはダイレクト便をすすめている。プノンペンにはアンコール地区をはじめカンボジア各地から出土したクメール美術の傑作の数々を一堂に集めた国立（王立）美術館(9)があり必見だが、プノンペンの街自体は貧富の差の凄まじいばかりの拡大とともに、殺伐とした実のところあまり魅力のない街に急速に変貌しつつあるからである。

その日も私は、バンコク・エアウェイズの早朝の便に乗って、すでに八度目のシェムリアプの大地を踏んだ。以前は主に治安上の問題で行くことができなかった、アンコール・ワットに先行するスールヤヴァルマン二世が造営した大遺跡である「ベンメリア寺院」や、ジャヤヴァルマン二世が即位したアンコール朝始まりの地「プノン・クレーン」にようやく行くことができるようになったという情報を日本で聞いて、いても立ってもいられなく

(9)クメール美術の至宝の数々を集めた必見の博物館だが、その施設の老朽化はいかんともし難いものがある。開館時間：8時〜17時半。月曜休館。入場料は2ドル。

なったためである。二〇〇〇年四月のことである。

シェムリアプでの定宿となっている「バイヨンホテル」(10)にチエック・インして、プノンペンとシェムリアプにオフィスをもっている「JHCアンコールツアー」(11)の加藤さんと連絡をとった。ホテルのロビーで、その加藤さんとガイドのサムさんに会った。ベンメリアには行くことはできるが、道路事情がきわめて悪く四輪駆動車をチャーターしなければとても無理であること、四駆でも途中で断念しなければならないケースもあること、またベンメリアに行くのには治安上、警察官の同行が義務づけられていて、その費用を当方で負担しなければならないことなどをその条件として告げられた。サムさんはそのベンメリアに何度も行っており、ごく最近、ロンリープラネットの記者を案内して行ったこともあるというベテランガイドである。四駆のチャーター料金や同行警察官への支払いをいくらにするかなどの交渉をして、出発は翌朝と決めた。

その日は、午後からアンコール・ワットへ行き、沈む夕日が遺跡を燃え上がる火炎のように染め上げていくのを見届けてからホテルへ戻った。アンコール・ワットは第三回廊への登頂口の一部が落雷（?）によって崩れてしまい、実に痛々しい姿になっていた。正面の西参道では民間のアンコール遺跡国際調査団を主体とする西参道保存修復工事が、また第一回廊に至る参道脇の北経蔵では、日本国政府アンコール遺跡救済チーム（JSA）による北経蔵修復プロジェクトが開始されていた。前者は上智大学と日本大学を中心にした

(10) 1泊シングルで35ドル。電話：015-631769、FAX：855-63-963993。「855」はカンボジアの国番号、「063（国際電話やFAXでは0をとる）」はシェムリアプの市外局番。ちなみに「015」というのは、な、何と携帯電話なのです。

アンコール・ワット全景

チームで、そのメンバーの一人には本書にもたびたび登場する、チャンパ建築研究の日本における第一人者である日大理工学部建築学科の重枝豊氏もいる。

私は今回の訪問で、その重枝氏のお弟子さんの一人であり、西参道修復の現地責任者として活躍されている三輪悟(12)さんや、シェムリアプにある上智大学アンコール研修所の責任者である荒樋久雄(13)さんのお二人に滞在中に会う約束をしており、それも今回の旅の楽しみの一つだった。

それにしても、ポル・ポト派の壊滅と、第一党である人民党と野党の間の一応の和解で平和が戻り、またそれに伴い観光客が急増するシエムリアプの

(11) プノンペンとシェムリアプにオフィスがあり、日本人駐在員がいるので、トラブルにあった時など安心。日本での連絡先は電話：03-3402-2545。

(12) アンコール・ワット修復委員会の日本人スタッフ現地事務所長。

街の変貌ぶりには目を見張るものがある。観光客の増加をさらに上回るペースでの相次ぐ中高級ホテルの建設ラッシュ（なかには、建設途上でいかなる事情からか工事がストップしたままのものもあるが）、市の中心部であるオールド・マーケットの周辺そのほかには、フランス料理やタイ料理、インド料理などの専門店から洒落たカフェやバー、マクドナルドより数段美味しいハンバーガー・ショップなどが次々とオープンし、これがわずか数年前に食事のとれる店を探して真っ暗闇のなかをさ迷い歩いたのと同じ街だとはとても思えないほどの変わりようである。

私の一番のお気に入りの本格的なエスプレッソ・コーヒーが飲め、パスタも美味しい「コンチネンタル・カフェ」[14]をはじめ、フランス人がオーナーで、当時は美少女のカンボジア人店員のいた「ジ・オンリー・ワン」[15]、西洋料理中心の「ロータス・レストラン」[16]などオールド・マーケット界隈の店には、夜遅くまで主に白人の観光客や長期滞在者が集まり、飲んで騒いで、言葉は悪いがちょっとした「租界」を形成している。

日本人観光客はというと、こちらは中高年主体のパックツアーが多いので、郊外の高級ホテルに泊まり、夜に街へくり出してくる姿はほとんど見られないが、それでも日本人バックパッカーの多く集まる国道6号線沿線の「タケオ・ゲストハウス」[17]や「チェンラー・ゲストハウス」[18]周辺には、その溜まり場になっていると見られる日本語でメニューを大書したレストラン（グリーンハウス・レストランなど）もある。

(13) 上智大学アジア文化研究所の共同研究員で、当時シェムリアプにある上智大学アンコール研修所の責任者。共著書に『アンコール・ワットへの道』(JTB)。

(14) シェムリアプ川を挟んでバイヨンホテルの真向かいにある、一応はイタリア料理店。うまいコーヒーを飲みに、私が１日１度は通う店です。

シェムリアプはおしゃれな街へと変わりつつある

シェムリアプの市街、少なくともその中心部は、ごく普通のカンボジア人の日常生活とはまったく無縁な空間になりつつあった。つまり、そうしたエリアにホテルや店をもって商売できるひと握りのカンボジア人だけが、裕福な生活を手に入れられる仕組みになっているのである。そして、少し郊外に出れば、そこには家には電気も水道も引かれていない、圧倒的多数派のカンボジア人による現金収入とはほとんど無縁の、貧しい自給自足的農耕生活が存在しているのである。

観光客にとってはとても居心地のいい街であるシェムリアプは、何を隠そう私も大好きな街だが、同時にこうしたカンボジアという国の厳しい現状の上につくり出された、砂上の楼閣のような街でもある。私たちはそのことに十分、自覚的でなければならないだろう。

(15) オールド・マーケットの真ん前にある店。バーですが、もちろん食事もOK。
(16) 「ジ・オンリー・ワン」の隣り。西洋料理中心の店で、深夜遅くまで、主に白人観光客が集まって大騒ぎします。オールド・マーケットの反対側には同じ系列の「ロータス・バーガー」があり、うまいハンバーガーが食べられます。

翌日、約一時間遅れでチャーターした四輪駆動車がやって来て、近くのレストランでガイドのサムさんと車のドライバー、そして同行する警察官と私用に、四人分のお弁当（発砲スチロール製の容器に豚肉入りチャーハンを入れたもの）をつくってもらい、大量の飲料水とともに車に積み込んだ。同行の警察官は、東メボン寺院近くの警察官の休憩所でサムさんが声をかけると、上半身裸でハンモックに揺られていた男が慌てて制服を着て、いかついライフル銃を片手に飛んできた。もちろん、正規の仕事であるはずもなく、アルバイトである。丸々一日我々に付き合ってUS五ドル。きっと安月給で、しかもそれすら遅配が続くことの多いカンボジアの公務員にとっては、割のいいアルバイトになっているのだろう。

ベンメリアは、シェムリアプの中心部からは東へ約四〇キロほどの距離の、プノン・クレーンの山麓にあるヒンドゥー教の寺院遺跡で、アンコール・ワットの造営者であるスールヤヴァルマン二世がその前任者の王から造営を引き継いだものといわれている。アンコール・ワットより少し早い、一一世紀の末から一二世紀の初頭に造られたもので、東西約九〇〇メートル、南北約八〇〇メートル、幅四五メートルの環濠で囲まれた境内には、三重の回廊によって囲まれた大寺院が建っていたと考えられている。その復元図や伽藍の配置図などを見たかぎりでは、やや小ぶりながらアンコール・ワットにきわめて類似しており、「アンコール・ワットの練習台」であったのではないかなどともいわれている。また、

(17) ご存じ、日本人バックパッカー御用達のゲストハウス。１泊３ドル程度。もちろん、電話なんかはありません。国道６号線とシヴォタ通りの交差点近く。

近くには東西約一五〇〇メートル、南北七五〇メートルもある大貯水池の存在も確認されており、これもアンコール地区同様、ここが水利灌漑都市として整備されていたことを物語っている。

四〇キロメートルという遺跡までの距離は、直線にすれば大したことはないと思われるかも知れないが、これが予想通りの悪路の連続であった。道路には至る所に大穴が開き、しかもそこに水が溜まって泥沼ないし池のような状態になっている。ドライバーはそれを巧みによけて行くのだが、どうしてもそのなかを突っ切らなくてはならない場合もある。四輪駆動車の馬力をもってしても、泥沼に車輪がはまって一歩も進めなくなってしまうことが頻繁にあり、その度に同行の警察官を含めて全員で、文字通り車を必死に押して何とか脱出する。ピカピカの四駆がたちまち泥まみれ、外に出て車を押す我々もまた泥まみれになる。

途中で橋が壊れて渡れない所も数ヵ所あった。この場合は、川の浅瀬を見定めて突っ切るしかない。

ついに泥沼の深みに車がはまり、いくら押してもビクともしない状態に陥ってしまった。とにかく、これでは進むこともできないが、かといって戻ることもできない。四人でしばし呆然とする。一応、こうした場合に備えてサムさんは無線機か何かを持ってきたというが、周囲に人家の影すらないここで、いつやって来るかわからない救援をひたすら待ち続

(18)「タケオ・ゲストハウス」の隣りにある、やはり日本人御用達のゲストハウス。こちらは1泊3ドルの部屋もあれば、トイレ・シャワー・エアコン・TV付きで15ドルの部屋もあるというように、様々なニーズに対応している。

けるというのはできることなら御免被りたい。しばらく休んだ後、再び気を取り戻して全員で車を押し、何とか脱出に成功した。

遺跡までかかった時間は、結局、片道三時間であった。ただし、これはまだいいほうで、四時間以上もかかったケースもあるとサムさんはいう。しかしこれとて、いずれ道路が整備されて、一時間か一時間半で遺跡へ到達できる日が、あるいは近い将来やって来るのかもしれない。

車を降りると、半ば草むらに埋もれるようにナーガの欄干が見える。ここが間違いなくベンメリア寺院への入り口、参道だ。鬱蒼としたジャングルのなかの道をしばらく進むと、特徴ある連子《れんじ》状の窓のある、おそらくは第一回廊の石壁が見えてきた。出入口の上部のまぐさや破風にはヒンドゥー教の神々の浮き彫りなども所々に残ってはいるが、スッカリ摩耗した上に苔に覆われ、判然としないものが多い。

その入り口からなかに入ると、遺跡の荒廃ぶりはさらに想像を絶するものだった。とにかく、崩壊した巨石の山が延々と続き、それすら旺盛な繁殖力を示す木々に半ば埋もれてしまっている。寺院の境内というよりは深い森のなかに近い。遺跡の警備についていた政府軍の兵士が先頭に立ってくれ、その瓦礫の山によじ登るようにして境内を歩く。倒れた石の表面は苔で覆われているのできわめて滑りやすく、歩行は困難をきわめる。

とにかく崩壊が著しく、一体今、寺院のどこを歩いているのかがまったくわからない。

ベンメリア寺院

境内はまったくの廃墟に……

ふと気づくと、いつの間にか回廊の下をではなく、回廊の屋根の部分を歩いていたりする。しばしば石と石の割れ目にはまってしまい、身動きができなくなって情けないかぎりだが、その度にガイドのサムさんや同行の警察官に救出してもらう始末である。

近くに上座部仏教の寺があるらしく、小坊主たちが三々五々集まってきて、崩れた回廊の屋根や大木の枝に腰掛けて珍しそうにこちらを眺めている。私が瓦礫の山の上でもたもたしていると、さっと駆け寄ってきて私の手を引いてくれる小坊主もいる。

結局のところ、どこが第二回廊でどこからが第三回廊なのか、また中央祠堂は一体どこなのか、最後まで判然としなかった。アンコール・ワットの練習台といわれるベンメリア寺院だが、アンコール・ワットの各回廊の壁面を文字通り埋め尽くすように刻まれたヒンドゥー教の神話世界や王の軍隊の進軍、あるいは女神デバターなどの精緻なレリーフはここにはほとんどない。摩耗してわからなくなってしまったというよりは、どうも最初からあまり刻まれていなかったようである。これを、どう解釈したらいいのだろうか。しかし、いずれにしても、この深い森のなかの瓦礫の山をキチンとした学術調査を行った上で、なおかつ観光客の観賞に耐えられる状態にまで修復するのはどう考えても到底至難の技であるように私には思われた。

遺跡のなかは風すら通らず、空気がよどんでいる。後から後から流れ落ちる汗が目に入って、痛くて目を開けていられないほどの蒸し暑さである。小坊主に手を引かれ、背中を押されながら、いつの間にか元のおそらくは第一回廊の開口部に戻っていた。時計を見ると、すでに一時間以上の時間が経過していた。このことからも、遺跡の規模の大きさがよくわかる。元の開口部と前述したが、回廊の開口部はどれも同じ造りなので、そこは別の出入口なのかもしれない。周囲は同じようなジャングルなので、自分がどこにいるのかまったくわからない。

サムさんのアドバイスもあって、先導して境内を案内してくれた兵士に五ドル、小坊主たちに「お布施」としてまとめて二ドルのチップをわたし、遺跡を後にした。

車に戻って、今度は約一時間ほどでプノン・クレーンのゲート、すなわち山頂への登頂路の入り口に着いた。山頂への道を管理している政府軍の詰め所があり、英語でばかに大きく、外国人観光客は「入山料二〇ドル」と書いてある。ドライバーが車を降りて兵士の詰め所に行き、何事か話し込んでいる。やがて戻ってくると、料金は私が立て替えておいたといって二〇ドルを請求された。ドライバーのクメール語を英語に訳すサムさんの口調もやや不自然にこわ張っている。おそらく兵士と話をつけてただか、ただ同然の料金を払って私の渡した二〇ドルは後で二人で山分けにするつもりなのだろうと見当はついたが、彼らには二日間の全日程が終了後、それなりのチップをはずむつもりでいた。それに、どうせ二〇ドルはもともと入山料として軍に支払わなければならない金額なのである。黙って、二〇ドルをドライバーに渡した。

平原の多いカンボジアでは、山はそれがわずか数百メートルの高さのものであってもきわめて重要な軍事拠点となり、内戦下では必ず政府軍や反政府軍の基地がその山頂に設けられた。一方、遥か昔のアンコール朝の時代には、山は彼らの信仰するヒンドゥー教の聖地、そこに神々が住む須弥山であるとされ、やはり山頂には寺院が建立されるのが常であった。たとえばアンコールの地に初めて王都を築いたヤショヴァルマン一世は、プンン・バケン(19)の山頂に王都の中心寺院を築くとともに、周辺のプンン・クロムとプノン・ボックの山頂にも同様の寺院を建立して王都の鎮守としたのである。

内戦が終了した現在、山頂の軍事基地はすでに無用のものとなっているが、多くの山は依然として政府軍の管理下に置かれているのが現状である。これまで行きたくとも行くことのできなかった山頂の遺跡を訪れようとする研究者や物好きな観光客から入山料を徴収し、それが軍にとっての一つの収入源ともなっているのであろう。

山はアンコール朝の時代、王都や寺院を建設する上で必要不可欠な石材の切り出し場としてもきわめて重要であった。なかでもアンコール王都の建設に使われた石材は、そのほとんどがこのプノン・クーンから切り出され、筏に乗せたり象に引かせたりしてはるばるアンコールの地まで運ばれたものであると考えられている。現在もプノーン・クレーンの山麓には、昔の石切り場の跡が至る所に残っている。

(19) 9世紀の末にヤショヴァルマン1世が築いた第1次アンコール王都の中心寺院。現在では、沈む夕日を見る最高のスポットとして人気。

プレ・アンコール時代やアンコール朝のごく初期には、カンボジアでも寺院はチャンパ祠堂同様、焼成レンガによって造られていたが、やがて建設素材にレンガに代わって砂岩が使われるようになる。もちろん、平地が大半のアンコールの地で上質な砂岩を手に入れることは容易なことではなく、構造材としてはラテライトが使われた。ラテライトとは鉄分を多く含んだ紅土のことで、切り出して大気中に放置すると内部の水分が蒸発して硬質の建設素材となるのである。そのほか、レンガや木材、漆喰などが補助的な建設素材に使われることもあった。

しかしながら、主要な建設素材に砂岩が使われることになったことが、クメールとチャンパのその後の寺院建設の大きな分岐点となった。砂岩の運搬を含め大量の人海戦術が必要不可欠になったクメール建築では、アンコール朝の興隆に伴い、次第に中央祠堂とさまざまな付属施設を中心に、それを何重もの回廊が取り囲む壮麗な伽藍建築が築かれるようになっていくが、あくまでも焼成レンガを主要な建築素材として使い続けることにこだわったチャンパのそれは、重枝豊氏によれば手づくりの要素が多く、工程の体系化が図りにくかったことなどもあって比較的規模の小さいものにとどまったのである。

もちろん、クメール石造建築の壮麗化の背景には、それを可能にした豊かな経済基盤と強力な王権の存在あったことはいうまでもない。事実、ジャヤヴァルマン七世の死後、緩やかな斜陽の時代に入ってからのアンコール朝では、二度と壮麗な寺院が新たに建立されることはなかったのである。

プノン・クレーンは高さにすれば五〇〇メートル足らずの小山にすぎないが、それでもアンコール地区では最大の山岳地帯である。随所に残る石切り場の跡を眺めながら、車は山頂近くの川辺に到着した。そこには駐車場があり、飲み物や食べ物を売る屋台が軒を連ねている。同行の警察官のリクエストもあって、大きなニワトリの姿焼きを買った。

川沿いには簡単な造りの涼み小屋が何軒か立っていて、それをカンボジア人の家族連れやグループが借り切って飲み食いをしているのである。私たちもまた、空いていたその涼み小屋の一軒を借りて、持参したお弁当とミネラル・ウォーター、それに床に新聞紙を敷き、その上で適当に引きちぎった焼き鳥の昼食をとった。

川は足首が浸かるほどの深さしかなく、堅い岩盤の川床には、よく見ると横たわるヴィシュヌ神の浮き彫りが刻まれている。それはアンコール時代のもののことで、ここが間違いなくアンコール朝にとっての聖地であったことがよくわかる。ヴィシュヌ神のレリーフの近くで、子どもたちや若いお嬢さんたちが服を着たまま水浴びをしていた。ずぶ濡れになり、くっきりと浮かび上がったお嬢さんたちの瑞々しい肢体が何とも目の毒である。

昼食を済ませると、そのまま昼寝の態勢に入ってしまったドライバーと警官を置いて、サムさんと二人でプノン・クレーンの山頂に登ることにした。山頂には遺跡はなく、上座部仏教の寺院が立っているという。寺院は今も周辺のカンボジアの人々にとって信仰の場で、どうやらそこへの参詣の帰りに、涼しい川辺でみんなでお弁当を広げ、あるいは酒を酌み交わし、終日ゆっくりとしていくというのが彼らの楽しみになっているようである。

山頂の寺院はけばけばしい色彩の粗雑な造りのもので、巨岩を掘って造り、金ピカに着色した涅槃仏が本尊になっていた。やはり、別の巨岩の上には仏陀と、それを慕うように寄り添うトラ、シカ、ウサギを描いた彫刻が安置されており、やはり極彩色に着色されている。周囲には大音量でチープな音楽が流され続けており、何ともいいようのない雰囲気である。

つい一、二年前までの内戦の痕跡の生々しく残る独特の緊張感はすでに微塵もなく、山頂の寺院は現世利益を求めて人々が殺到し、あたかもラッシュアワー時の通勤電車状態のごくありふれた退屈な「聖地」になっていた。これは旅人の身勝手な思いは別

聖なる川で水浴びをする少女たち

として、いうまでもなくカンボジアの民衆にとっては、もちろん歓迎すべき事態なのである。

涼み小屋に戻り、気持ちよさそうに眠っていたドライバーと警官を起こして帰路に着いた。幸い何のトラブルにも遭遇せず、一時間半ほどでシェムリアプの街に着いた。

翌日、再び四駆に乗って、今度は「クバル・スピィアン」に行った。クバル・スピィアンは、広い意味でのプノン・クレーンの山麓にある、やはり川床にシヴァ神の象徴であるリンガやヒンドゥー教の神像などが刻まれたアンコール時代の遺跡であり、かつて某テレビ局の番組でここが「プノン・クレーン」として、私にいわせれば間違って紹介されたこともある。この点について当時、私はある研究者に問い合わせてみたのだが、「まぁ、確かにプノン・クレーンの山麓であることには間違いないのだから……」ということであった。

クバル・スピィアンは、フランス極東学院のジャン・ブールべ[20]によって発見された。ブリュノ・ダジャンス[21]は、その著書『アンコール・ワット』（創元社）のなかで、この発見について次のように書いている。

「フランス極東学院の民族学者、ジャン・ブールべはアンコール王朝発祥の地プノン・クレーン丘陵で調査を始めた。周辺の村人たちは好意的で、不思議なものがあるからといっ

(20) フランス極東学院の研究者の一人。民族学が専門。

(21) 元フランス極東学院の研究員で、同国におけるアジア考古学の第一人者。

てはブールベを連れ出し、あちこち案内してくれた。（中略）そんなある日、『長髪の賢人』として評判の長老が、川を逆のぼると『景色のよいところに美しい岩がある。その岩には、かえるや雄牛の彫刻があって、そばには文字も刻まれている』と教えてくれた。

ジャン・ブールベが見たものは、噂以上にすばらしかった。川の途中に段差があって小さな滝になっている。その上に覆いかぶさるような岩の橋、これがクバル・スピィアン（橋頭）の名前の由来だった。岩の彫刻はかえると雄牛だけでない。数限りないシヴァ神のリンガ（男根）、大蛇の上で眠るヴィシュヌ神など、どれも常に水で洗われている。滝の背後の岩は柱廊にも似て、その下に立ち姿の神像があり、上には大トカゲが置かれている。そばには長老が言ったとおり碑刻文があった。この『千体リンガの川』は、川下のアンコール地方を潤し灌漑に用いられていたのである」

ほんの数年前には行くこと自体ができなかった、今では連日訪れる多くの観光客で賑わう観光名所になっている一〇世紀後半の美しい小寺院遺跡「バンテアイ・スレイ」(22)を通りすぎて、さらに車で二〇分ほど走った所にそのクバル・スピィアンの入り口はある。とはいっても、看板が立っているわけでも何でもなく、さらに山中を三〇分ほど歩くのである。険しい山道には所々に目印として木の幹に赤と白のインクが塗られているものの、ガイドなしに遺跡に到達することはまず不可能であろう。

(22)ラージェンドラヴァルマン２世の治世、967年にバラモン僧のヤジュニャヴラーハが建立した小寺院だが、その精緻なレリーフはクメール美術の至宝。

確かに、ブルノ・ダジャンスの表記する通り、山中を流れる川床一面に無数のリンガが彫り込まれている。岸辺の岩肌にはこれもダジャンスのいう通り、さまざまなヒンドゥー教の神々の姿も描かれている。また、山中の岩盤がむき出しになった所には岩を切り出した跡もあり、ここもまた王都や寺院建設のための石切り場になっていたことがよくわかる。

アンコール時代のクメール人にとって、王都は文字通り聖なる山から流れ出した水が集まる場所であり、またその聖なる山から切り出した石材を使って街や寺院を造ることによって、王都はまさに神々によって守護された街であるという実感を強くもっていたのであろう。つまり、その王都の放棄は、彼らにとってそのアイデンティティそのものの崩壊をもまた意味したのであろう。

バインテアイ・スレイに戻って、寺院前の露店でそばを頼んで昼食にした。そばは日本円にして五〇

クバル・スピィアン

円ほどの値段だったが、明らかにタイ産か何かのインスタント・ラーメンに肉と臓物、ザク切りにした野菜をぶち込んでクタクタになるまで煮たものであった。

最後に、「プノン・ボック」へ登った。プノン・ボックは、前述の通りヤショヴァルマン一世が築いたアンコール三山の一つである。ここも山頂に軍事基地が置かれ、今も軍の管理下に置かれている。ごく最近まで行くことのできなかった遺跡である。

プノン・ボックの登頂路の入り口にも、プノン・クレーン同様に軍の詰め所があり、外国人観光客からは入山料を徴収していたが、こちらは五ドルとだいぶ良心的（？）である。プノン・ボックは、その高さはわずか二一二メートルにすぎないが、登頂路はむしろ勾配がきつく、しかもすべりやすく歩きにくい瓦礫と小石の道で、三〇分ほどの登頂は困難をきわめる。

決して大袈裟ではなく死ぬ思いで到達した山頂には、九世紀の後半から一〇世紀初頭の遺跡と、軍の基地と、上座部仏教の荒れ果てた寺院とが共存していた。山頂には眼下の平原を睨んで何台もの砲台が据えつけられたままで、何とも生々しく、そのせいかここの寺院には参拝する人々の姿は皆無だ。サムさんに聞くと、寺には僧侶がいるにはいるらしいが、まるで無人の寺のようにひっそりと静まり返っていた。

アンコール時代の遺跡のほうは、上部構造を欠いた中央祠堂をはじめその左右に並んだ

プノン・ボックの祠堂

山頂に据え付けられた砲台

副祠堂が残っているが、あとは瓦礫の山状態になっている。祠堂壁面を飾る女神デバターのレリーフなども顔面をえぐられたように欠いているものが多く、盗掘が組織的に行われている。ただ、残っている祠堂の保存状態はそれほど悪くはなく、あるいは一度、修復の手が入ったのかもしれない。

後日、最近このプノン・ボックに、イェール大学のマイケル・D・コウ博士[23]がお弟子さんたちに手を引かれ、お尻を押されて登頂したという話を聞いた。コウ博士は、私のもっとも尊敬するメソアメリカ研究者の一人である。高齢の博士がいまだ現役の一研究者として、しかも畑違いのアンコール遺跡群を比較研究のために訪れ、しかも決してメジャーとはいえないプノン・ボックにまで苦労して登頂されたことは、ここ数年さまざまなことがあって、ともすれば気力がなえがちな私に大きな勇気を与えてくれた。

天空の大遺跡、プリヤ・ビヘール

ベンメリア、プノン・クレーン、クバル・スピィアン、プノン・ボックと回った翌日、上智大学のアンコール研修所を訪問し、責任者の荒樋さんからお話をうかがった。前述のアンコール・ワット西参道修復の現地責任者である三輪さんを交えて、「夕食でも……」

(23) ニューヨーク生まれの著名な文化人類学者。詳しくは、拙著『マヤ終焉　メソアメリカを歩く』（新評論）を参照下さい。

という話になり、夕方、ホテルまで迎えに来てくださった二人の車に乗って、オールド・マーケットからは少し離れた、現地の人もよく利用するという安いカンボジア料理のレストランに行った。

三輪さんは私の本をちゃんと読んでいてくれて、私が一九九七年に政情きわめて不安定なカンボジアに行ったとき、ほとんど観光客のいないバイヨンホテルに泊まっていた「正体不明の若い日本人二人組」というのは、何を隠そう自分とその友人であると教えてくれた。まったくもって世間は狭い。私は当時、実のところ愛想のない得体の知れない二人組だなと思っていたのだが、向こうも向こうできっと、こんなぶっそうな時期にわざわざカンボジアにやって来るとは怪しい中年オヤジだなと、そう思っていたに違いない。

大いに食べ、大いに語った。数年前の誤解が解け、三輪さんが実に好青年であることもよくわかった。そんな彼が話してくれたのは、コンポン・トムから陸路でタイとの国境近くにある大遺跡「プリヤ・ビヘール」へ行ったときのエピソードだった。プリヤ・ビヘールには私も前年の一九九九年に行っているが、私の場合はタイ側から国境を越えての楽なアプローチである。そうか、陸路でカンボジア側からプリヤ・ビヘールへ行くことも可能なのかと、年甲斐もなく血が騒いだ。

アンコール遺跡群というと、シェムリアプ近郊のアンコール地区にある遺跡を思い浮かべられる方がほんとどであろうが、アンコール時代の遺跡はアンコール地区以外のカンボジア各地や、タイやラオスの南部にも多数存在している。最盛期のアンコール朝の勢力範囲は国境を越えてそれらの各地にまで拡がっており、王都からは放射線状に各地への道が設けられていたのである。拙著『アンコールへの長い道』は、そうしたアンコール王都へ至る、今は幻の道を巡る貧しい私の旅の記録であるが、その本を書いた時点ではどんなに行きたくとも行くことのできない遺跡が実のところかなりたくさんあったのである。今回、ようやく訪問することができたプノン・クレーンやベンメリア、プノン・ボックなどがそうであったし、また、現在もなお行くことのきわめて困難な遺跡には以下のようなものがある。

たとえば、これもタイとの国境近くにある「バンテアイ・チュマール寺院」。一三世紀の初頭にジャヤヴァルマン七世によって建立された東西八〇〇メートル、南北六〇〇メートルもの規模の大仏教寺院である。同じく、ジャヤヴァルマン七世がベンメリア寺院からさらに東に三九キロも離れた土地に造営した「大プリヤ・カーン寺院」（アンコール地区にも同名の寺院があるため、それと区別するためにこう呼ぶ）は一辺四・七キロの大環濠に囲まれ、その敷地面積はアンコール・ワットの実に四倍という、信じられないほどの規模の大伽藍を擁している。一〇世紀の前半にジャヤヴァルマン四世[24]によって造営され、アンコール時代中、唯一アンコール地区以外で王都となった「コー・ケー」もまた、諸事情により行くことが現状では不可能に近い遺跡の一つであり、あたかも自然の森のような状

(24) 928年に即位。前王と対立してコー・ケーに居を構えていたので、同王の即位に伴いコー・ケーがアンコール朝の新王都となるが、944年にラージェンドラヴァルマン２世が即位すると再び王都はアンコールの地に戻された。

態になった王都の中心部には高さ三七メートルもの大寺院「プラサット・トム」が聳え立っている。これらの遺跡にはいずれもＴＢＳなどのテレビ局のカメラが入っているが、カンボジア政府軍の軍用ヘリに同乗して遺跡まで行き、その厳重な警備の下で撮影されたものであり、とても一観光客のできるようなことではない。

タイとの国境の近くにある「プリヤ・ビヘール」もまた、数年前まではそうした行きたくとも行くことのできない幻の遺跡の一つであった。同遺跡は、長年その所有権をめぐってカンボジアとタイ両国の間で争われてきたが、一九六二年にオランダのハーグ国際司法裁判所(25)が出した裁定でカンボジア領とされた。ところが、今度はカンボジア政府とポルポト派の間で、格好の軍事拠点でもある同遺跡の激しい争奪戦が繰り広げられることになった。一九九二年にいったんは政府軍の支配下に置かれてタイ側からの遺跡観光が可能になったものの、すぐにポル・ポト派によって奪還されてしまい、遺跡への道は再び閉ざされてしまったのである。

ポル・ポト派が壊滅した現在、遺跡へのタイ側からの観光は再び可能になったが、道路事情などによりカンボジア側からの遺跡観光は現在でも不可能とされている。もちろん、いくら道路事情が悪いといってもそこにはちゃんと住む人がいるのであり、決して未踏の土地ではない以上、行って行けないはずはない。あとは、そんな努力をしてまでカンボジア側からわざわざ行く必要が果たしてあるのかどうかという問題であるだろう。

(25)オランダのデン・ハーグにある国連管理下の国家間の争いに関する調停機関。

私がプリヤ・ビヘールへ行ったのは、一九九九年の四月のことである。

タイでは「カオ・プラ・ウィーハン」と呼ばれているプリヤ・ビヘールへは、東北タイ最大の街であるウボン・ラーチャタニー[26]もしくはシー・サケットから国境を越えて、日帰り観光で行くのが一般的である。一番近いのはシー・サケットからだが、ウボン・ラーチャタニーへはタイの首都バンコクより一日二便飛行機が飛んでおり、小さいとはいえ東北タイ最大の街であるためホテルなどの設備も充実している。加えて私は、以前ウボン・ラチャタニーに行ったことがあるため、勝手のわかっているウボンの街から車をチャーターしてプリヤ・ビヘールまで行くことにしたのである。

ウボンの街から遺跡までは、車を飛ばせば一時間半ほどの距離である。ちなみに、ウボンからでもシー・サケットからでも遺跡までの公共的な交通手段はない。ウボンの街でタクシーを雇った場合、もちろん交渉次第だが、街と遺跡の間の往復と遺跡での二～三時間の待ち時間を含めて、日本円で四～五千円は必要なのではないかと思う。

タイ側の遺跡への道は舗装されていて、ドライブはきわめて快適だ。その道路の途中で検問所があり、そこでタイ側の係員にパスポートを見せるだけでよく、正式な出国手続きなどは一切不要である。カンボジアとの国境近くの駐車場で車を降りて、あとは徒歩で国境に向かう。駐車場にはレストランやお土産物店などもあり、外国人やタイ人の観光客でいつも賑わっている。鉄柵でできた国境のゲートを越えてしばらく行くとカンボジア政府

(26) カンボジアやラオスとの国境の近くにある東北タイの街。バンコクからは飛行機で約１時間。列車やバスでも行けるが、10～13時間もかかる。

軍の詰め所があり、ここで遺跡の入場料を支払う。入場料は一〇〇バーツ、日本円にして約三〇〇円あまりで、手続きはこれだけである。ここでは、パスポートを提示する必要すらない。

「プリヤ・ヴィヘヤ」などと表記されることもあるプリヤ・ビヘールが建立されたのは、九世紀末から一〇世紀初頭、アンコールの地に初めて王都を建設したヤショヴァルマン一世の治世であったらしいが、このときの寺院は碑文によれば木造であったといわれている。その後、一〇世紀の半ばから後半にかけて、ラージェンドラヴァルマン二世とその子ジャヤヴァルマン五世(27)が祠堂や経蔵、塔（楼）門、回廊などの付属施設を砂岩やラテライトなどで造営し、さらに一一世紀の前半にはスールヤヴァルマン一世(28)が寺院の大規模な増改築を行い、ほぼ現在、私たちが目にすることのできるプリヤ・ビヘールの姿になったと考えられている。

もちろん、寺院の増改築はその後も歴代の王によって続けられ、そのなかにはアンコール・ワットの造営者であるスールヤヴァルマン二世の名も含まれている。アンコール朝の歴代の王が、この天空の大寺院をいかに大切なものと考えていたのかがよくわかる。ちなみに、私の手元にある、今は使われていない昔のカンボジアの一〇〇リエル紙幣には、その表と裏にそのプリヤ・ビヘールの壮麗な姿が描かれている。プリヤ・ビヘールはアンコール・ワットなどと並ぶ、カンボジア人にとっての心の拠り所、その誇りであったのだ。

(27) ラージェンドラヴァルマン２世の子で、父王の死去により969年に幼少で即位した。そのため、ヤジュニャヴラーハが摂政として権勢を振るった。
(28) 1010年に即位し、タイのチャオプラヤー川流域にまで勢力を拡大した。

「プリヤ・ビヘール」とは、「聖なる寺院」との意味であるという。寺院はタイとの国境に接するその高さ六〇〇メートルほどのダンレック山脈の断崖絶壁の上に、文字通り築かれている。山頂に中央祠堂を建て、その西側の麓からは約八五〇メートル（八九七メートルないし約九〇〇メートルなどと表記した著書もある）の急勾配な石畳と石段の参道が続いている。自然の山や丘を利用して、その斜面にさまざまな付属施設を配しつつ、最後に山頂の中央祠堂に至るという、典型的な山岳テラス型のクメール寺院遺跡である。寺院はヒンドゥー教の三大主神の一人であるシヴァ神に捧げられたもので、山自体がヒンドゥー教の神々の住む世界、すなわち須弥山を意味しているのである。

料金所をすぎると、両サイドに日本の狛犬のような石の獅子像や七つ頭のナーガの欄干を配した石段が、いきなりすぐに始まっている。石段は一段一段

旧100リエル紙幣

がとても高く、また勾配がきついため、登頂は困難をきわめる。大勢の、主にタイ人の参拝客たちが苦しそうに休み休みゆっくりと登っている。

　帰路に英語を話す若いタイ人と少し話すことができたが、彼はバンコクから北へ一五三キロほどの街、ロッブリーから一家で揃って参拝にやって来たのだという。ロッブリーは私も以前に一度行ったことのある古い街で、六世紀から一〇世紀にかけてモン人[29]の国家ドヴァラヴァティー王国[30]の一部として栄え、一一世紀になるとこれに代わってタイに進出してきたクメール人の重要な拠点の一つとなった。そのため同地には、プラ・プラーン・サム・ヨートやワット・プラ・シー・ラタナ・マハタート寺院といったクメール様式の寺院が今も残っており、タイで出土したヒンドゥー教の神像や仏像などのクメールの美術品はすべて「ロッブリー美術」の名で呼ばれている。そのロッブリーから、彼らは車でプリヤ・ビヘールまでわざわざやって来たというのである。本来はヒンドゥー教寺院であるプリヤ・ビヘールだが、タイ人にとっては上座部仏教の聖なる寺院の一つであり、また、ちょっぴりだが異国気分を味わえる格好の観光地でもある。

　参道の途中には、合計四つの十字型をした塔（楼）門がある。塔門は多くが崩れてほぼ骨格だけになっているが、そのまぐさや破風、側柱などには見事なヒンドゥー教の神話世界を再現した浮き彫りやクメール独特の精緻な装飾文様が残っている。なかでも第二塔門の南面にある破風彫刻は、アンコール・ワットの第一回廊の壁画で有名な「乳海撹拌」の

(29) 現在は、ビルマやタイに住む少数民族で、総人口は40万人あまりと考えられている。モン・クメール語族に属し、モン語を話す。

ストーリィを再現したもので見事である。また、第三塔門は、左右に「東翼室」「西翼室」と呼ばれる建物を伴っている。参道沿いには随所に聖池などが効果的に配され、自然の景観と相俟って、まさに思わず息を飲むほどの美しさである。ここを、神々が住む天上世界になぞらえたクメール人の意匠が実によくわかる。

第四塔門をすぎると、そこには前柱殿や経蔵などの付属施設を伴い、さらに回廊で四方を囲まれた中央祠堂が立っている。中央祠堂は、背後が崩れて瓦礫の山となっているが、かろうじて全壊を免れている。

しかし、ここでの最大の見どころは、実は祠堂それ自体ではなくて、その背後の断崖絶壁から見るカンボジア大平原の眺望であろう。まさに見渡すかぎりの緑の海、そのなかを実に頼りなげに何本もの白い線、すなわち人間の造った道路が遥か彼方まで延びていて、やがて緑の樹海のなかに没している。遠くには霧が立ち込め、そのなかで平原と空とが一つに溶けあっている。肉眼で見える人家などはまったくない。人の営為を示すものは、大海原のなかの道のみである。

断崖の上には大砲が備えつけられて眼下を睥睨していたが、それも今はすっかりさびついて無用の長物と化している。参道の途中には、墜落して大破した政府軍の軍用ヘリの残骸もあった。ポルポト派と政府軍との激しい覇権争いもようやく終結し、その傷跡はいまだこのように生々しく残っているものの、ブリヤ・ビヘールは多くの参拝者が訪れる観光

(30) 7世紀から11世紀にかけてタイのチャオプラヤー川流域に栄えたモン人の王国で、上座部仏教の仏像が大量に出土し、ドヴァラヴァティー様式といわれている。その歴史については不明な点が多い。

プリヤ・ビヘールの第１塔門

プリヤ・ビヘールの第３塔門

プリヤ・ビヘールから見たカンボジア大平原

プリヤ・ビヘール遺跡と僧侶の集団

地としての賑わいを急速に取り戻していた。

反面、内戦下で保存および修復の手がまったく入らず、まさに倒壊寸前の遺跡は、急速な観光地化の波の前にもろに洗われて声にならない悲鳴を上げているかのようでもあった。塔門などの側柱に刻まれた、心ない観光客の落書きの数々、広い境内のあちらこちらに打ち捨てられたように転がっている石造彫刻には、その一部が明らかに人為的に削り取られた、すなわち盗掘の痕跡が無数にある。それは、あるいはポル・ポト派の時代に行われたものであるのかもしれないが、カンボジア政府軍の兵士がかかわっている可能性もあるのではないか。

天上の世界から、再び参道を下って地上の世界に戻る。途中で、揃いの黄色い衣を着た僧侶の一群とすれ違った。タイから来た僧侶なのか、あるいはカンボジアの僧侶なのか。夕日の残照で骨格だけの塔門がキラキラと光り、その間を黄色い衣の集団が静かに幻のように通りすぎていった。

国境のゲートを越えてタイ側に戻ると、すでに四時間近くが経過していて、駐車場ではドライバーが怒っていた。いくら何でも四時間は時間のかけすぎ。でも、遺跡はきわめて広範囲に点在しているため、最低でも二時間から三時間程度は見学時間をとっておく必要があるだろう。

そんなことを思い出しながら、私は三輪さんの話を聞いたのである。

トンレサップ湖の湖畔で

タイのバンコクを経由して日本に戻るその日、オールド・マーケット近くのバイク溜まりでバイク・タクシーをチャーターしてトンレサップ湖まで出掛けた。トンレサップ湖までは、シェムリアプの中心部からなら、車を飛ばせばせいぜい三〇分あまりである。

この雨季には乾季の三倍近くにまで膨張するカンボジアの巨大な水瓶には、水上生活をしながら漁業や水産加工業に従事する人々がいる。家や学校、商店から警察署まで、すべてが湖の上にある。そうした人々の多くが、チャム人やベトナム人であることを私は知っていた。ベトナム人はほかにもプノンペンなどの都会で建築業や自動車やバイクの修理工、縫製業などに従事している人も多いが、チャム人はもっぱら漁業か水産加工業従事者である。その居住地区も、当然、トンレサップ湖の湖畔かトンレサップ川、メコン河などの河畔地域にかぎられていた。

カンボジアの国内で暮らすチャム人は約二〇万人といわれ、これはベトナムで暮らすチャム人の数よりはるかに多い。チャンパ王国の滅亡によって国外に脱出し、このカンボジアに安住の地を求めたチャム人であったが、ポルポト政権下では人口の三分の二が虐殺されたといわれている。イスラム教徒かヒンドゥー教徒が多く、クメール人とは明らかに異なった生活習慣をもっていたチャム人がポル・ポト政権によって狙い撃ちにされたためである。同国に一〇〇以上あったといわれているイスラム教のモスクも、そのすべてが破壊し尽くされたが、長い内戦が終結しようやく平和の訪れた今日、各地でその再建が進んでいるという話を確か新聞で読んだ。

湖畔近くでバイクを止めてもらい、周辺を散策する。「ボート?」という声がさかんにかかるが、今日はここでの観光客の定番となっているボートをチャーターしてのトンレサップ湖遊覧はせずに、堤のように土を盛り上げて造った湖畔の車道をただただ歩き回った。私には無論、その道を行き交う人々の誰がチャム人で、誰がカンボジア人か、はたまた誰がベトナム人かなどまったくわからない。また、そんなことをいちいち知りたいとも思わなかった。

エンジンを搭載した船や、手漕ぎの小型船が湖畔を頻繁に行き交い、そうした船にさまざまな物資をトラックから積み込んでいる人もいる。湖上にある商店などでそれらは売られるのであろう。いくら平和が戻ったからといって、カンボジア人の心の奥底から他民族への差別意識が完全に払拭されたなどとはもちろん思わないが、少なくともそれは平和な時代にはむき出しの排外主義、少数民族への敵視と暴力という形をとってはなかなか現れにくい。そうした、たとえ見せかけであれ平和な日々ができるだけ長く続くことを、私は心から願わずにはいられなかった。

アンコール朝の壮麗な遺跡を回る旅は、そうした繁栄は決して永遠に続くものではないということをもまた私たちに教えてくれる。しかしながら、たとえアンコール朝は滅びても、カンボジアの人々は今日もなおこうして生きている。チャンパは、カンボジアやベトナムとは違って国家そのものも地図の上から消滅してしまったわけだが、「地図にない国」の住人となった彼らもまた、こうしてカンボジアという異国の地で、あるいはベトナム本国で「少数民族」として生き残り、生活しているのである。たとえ国は滅びても、そこで暮らす人々までが一緒に滅びてしまうことはまずない。それが救いである。

待ってもらっていたバイクに戻り、チェック・アウトをするためにホテルへ戻った。こうして一つの旅が終わり、私はまた少し年をとる。いつか、とても旅になんか出られないような体になってしまう日もきっと来るのだろうが、それまではできるかぎりこうして旅を続けていたいと思う。

エピローグ……ハノイ

現在のベトナム、すなわちベトナム社会主義共和国は、地図で見れば一目瞭然だがインドシナ半島の東端に位置し、南北約一六五〇キロメートルという、南北に実に細長い国土の国である。また、その国土の七割以上が山岳地帯であり、平地らしい平地は北の紅河デルタと、南のメコン・デルタ以外にはほとんどない。前者の紅河デルタは、中国の雲南省に端を発し、ベトナムの首都ハノイの近くで幾つにも分流してトンキン湾に注ぐ紅河の水系がつくり出したデルタで、約一五〇万ヘクタールほどの水田が広がるベトナム有数の稲作地帯である。

ハノイは漢字で「河内」と書くことでもわかる通り、紅河とその支流に囲まれた中州にある都市で、市街地の大部分は紅河の最高水位より低いといわれている。つまり、ハノイは、その周囲をグルリと堤防で囲った人工の都市なのである。

このハノイという都市が生まれたのは一〇一〇年のことである。当時、レ朝の近衛隊長の要職にあったリ・コン・ウアンが幼帝を殺害して自ら皇帝となってリ朝を開き、その首都を現在のハノイに定めたのである。もっとも、当時のハノイは「タンロン（昇龍）」と

ベトナム社会主義共和国（Socialist Republic of Viet Nam）

・人口：7,251万人　　・面積：33万1689km^2

・通貨：ドン　　・GNP：1人当たり190ドル

・気候：熱帯モンスーン気候。5～10月が雨季

呼ばれ、リ朝の都城「タンロン城」をあくまで中心にした、農村の真っただ中に突然出現した、皇帝の命によって造られた政治都市にすぎなかったといわれている。つまり、東南アジアの多く都市がそうであるように、近くに良港を有した国際貿易都市とはまったく異なる生い立ちをハノイはもっていたというのである。たとえば、桜井由躬雄氏は『もっと知りたいベトナム』(弘文堂)のなかで次のように書いている。

「商業は本来、無思想なもので国籍やイデオロギーをもっていてはもうからない。だからシンガポールはもちろん、マニラもバンコクも無国籍、無思想の臭いがする。ところが、ハノイは最初は王権が、一九世紀末からはフランス総督府が中心で、それ以外はいわばその付属物に過ぎない。ハノイは政治の町だ。だから大きな商業組織はなかったし、都市ブルジョワジーも生まれにくかった。小さな小さな商店がえんえんと連なるハノイの商店街、閉鎖的な雰囲気、投資市場の活気のなさは、国際交易から歴史的、地理的に切り離された農民的政治都市が作ったものだ」

なるほど、それがベトナム社会主義共和国のれっきとした首都でありながら、南の玄関口であるホーチミンとはまったく異なるハノイの商業的な活気のなさ、無秩序的なところのあまりない整然とした街の雰囲気、もちろん、ハノイの市民の間にも貧富の差が年々拡大していることは厳然たる事実であるにしても、市民生活の一見均一的に見える質素さな

どは、ハノイのそうした街の成り立ちに由来するものなのだろう。

しかし、ハノイは紅河の中州にできた街であるため、至る所に湖や沼が多く、それを取り巻く緑に満ち溢れた、半ば時代に取り残されたような美しい街でもある。たとえば、ハノイのノイバイ国際空港に降り立った旅人が車などで市街地に入ると必ず目にすることになるのは、ホアンキエム湖と、その湖畔のハノイ市民の憩いの場となっている公園であろう。このホアンキエム湖の北側には「ハノイ36通り」とも呼ばれる有名な旧市街が広がり、またホテルやレストラン、お土産物店、旅行社などの、観光客にとって必要な施設の多くがこの美しい湖の周辺に集まっているからである。ハノイにはほかにタイ湖という大きな湖もあるが、あまり大きすぎて、どうも湖であるという実感がもちにくい。

湖畔の公園は、ハノイでもっとも心が安らぐ空間である。木々の緑と陽光を受けてキラキラと輝く湖面。湖には小さい祠のある島が浮かび、また湖畔から張り出すように「玉山祠」と呼ばれる一八世紀に造られた文武の神々をまつる中国式寺院が立っている。やはり湖畔に立つひときわ目立つクラシックな建物は国立の水上人形劇場で、私は未見だが、毎晩ベトナムの伝統的な水上人形劇が演じられ、主に観光客で賑わっている。

湖畔にはベンチが並び、昼間は老人や観光客、夕方になると若い恋人たちの姿が多い。カメラを持たないベトナム人観光客目当てに、記念写真を撮る観光カメラマンがあちこちにスタンバッている。飲料水やスナックを売る売り子や靴磨きの少年などの姿も多く、と

きどきやって来た警官に追い払われるものの、緊張感はあまりなく、警官の姿が見えなくなるとまたすぐにどこかから集まってくる。夕方になると、湖畔の至る所に人だかりができる。勤め帰りの大人が、日本でいえば将棋のようなゲームに興じているのだ。

湖畔を取り巻く通りの一つであるチャンティエン通りは、ハノイのメイン・ストリートの一つである。メイン・ストリイートといっても、車より自転車やバイクの通行のほうがむしろ多い。ホテルや、いかにも観光客の好みそうな洒落たカフェが数多く集まっているのもこのチャンティエン通りである。

この通りとは湖を挟んで反対側に、前述のように旧市街が広がっている。旧市街は、リ朝時代の王都「タンロン」があったころから栄えていた古い街並みであるといわれているが、もちろん、現在の街並みはフランス植民地時代の面影を残す老朽化した西洋建築が大半である。旧市街は迷路のように交差する無数の狭い通りの両端に、桜井氏のいうように小さな

ハノイ旧市街

商店が延々とどこまでも連なり、何度歩いてもいつの間にか道に迷ってしまう。地元の人も、「よっぽどの遊び人じゃないと、すべての通りを案内するのは無理」というほどだから、旅人が道に迷わないのは奇跡に近い。とはいうものの、それほど大きな街並みではないので、グルグル回っているうちに、私の経験からいえばいつか必ず地図にその名が載っているような大きな通りに出て、ホアンキエム湖の湖畔に戻ることができる。

旧市街には、衣料品扱う店や、靴やカバン、サンダルなどを扱う店、菓子類、鍋・釜の類い、仏具店など専門店ばかりが集まったエリアが至る所にあり、いわゆる問屋街のような趣である。その狭い通りの歩道にはさらに野菜やベトナムうどんのフォーなどを商う露店も店を出し、商店のおかみさんなどが自分の店先でしゃがみこんで露店からとったフォーをすすっている。ビルとビルの谷間には、建物の壁際に椅子を置き、壁

ハノイ旧市街

に鏡をつるしただけの床屋が随所にあり、のんびりと散髪をしてもらっている親父さんがいる。

　着飾ったところの一つもない街である。建物の二階以上は住居となっており、半ば崩れたようなベランダには多くの洗濯物が翻っている。所々に、そんな町並みとはまったく不釣り合いな、少なくとも外観だけは綺麗にリフォームされた洋館が立っているが、そのほとんどがミニホテルである。そうかと思えば、洋館と洋館の間に、突然、のたうつ龍の屋根飾りを乗せた、いかにも古めかしい瓦葺きの中国寺院が出現したりする。

　通りにはバイクや自転車が行き交い、その間をぬうようにして天秤棒を担いだ行商のおばさんが歩いている。沸き立つような活気はないが、そうかといって決してさびれているわけではない街。実は、まだ一度も行ったことがないのだが、長くあこがれていたキューバのオールド・ハバナ[1]を思い起こさせるような、ハノ

「市場にて」1999年、画：橋本利明

イの旧市街はそんな街並みだ。

もちろん、ベトナム社会主義共和国の首都であるハノイには、それとはまったく別の顔もある。それは白や黄色、クリーム色などの鮮やかな外壁の、政府機関や各国の大使館などの見るからに立派な建物が建ち並ぶ、政治の中心地としての顔だ。何車線もある幅の広い通りは、チリ一つないほどにいつもキチンと清掃され、もちろん歩道に露店が店開きすることもなく、昼間ですら人通りのほとんどない一角。車やバイクがスピードを上げて、ただ通りすぎていくだけのエリアである。

バーディン広場のあるフンブオン通りは、観光客がそうしたもう一つのハノイの表情をウォッチングできる格好の場所で、周囲には「ホーチミン廟」や「ホーチミンの家」などの観光名所（？）も多く集まっている。バーディン広場は、ホーチミン廟の前にある広大にして何もない広場で、一九四五年九月二日にここで、ホーチミンが自ら起草したベトナム民主共和国の独立宣言を読み上げた場所として知られている。

ホーチミン（正確にはホー・チ・ミンと表記すべきであろう）は、ベトナム共産党の創立者にして、ベトナム民主共和国の初代国家主席である。フエのクォック・ホック（国学中学校、現在は高校）で学んだのちフランスに渡り、そこでフランス共産党に入党し、瞬く間に国際共産主義運動の有力なリーダーの一人として頭角を現した。一九四一年に、実に三〇年ぶりに祖国に帰国した後は、ベトナム独立運動の指導者として、一九六九年に祖

（1）キューバの首都・ハバナの旧市街。映画『ブエナ・ビスタ・ソシアル・クラブ』でその魅力を堪能された方も多いのではないでしょうか。

国の統一をその目で見ることなくこの世を去るまで終始第一線に立ち続け、フランスやアメリカ、その傀儡《かいらい》政権としての南ベトナム政府（ベトナム共和国）との戦争を、文字通り国民を挙げての総力戦として戦い抜き勝利に導いた。その不屈の精神とともに、飾らない性格、質素な生活ぶりは多くのベトナム人の心をとらえ、今でもホーチミンは「ホーおじさん」の愛称で広く国民に親しまれている。

たとえば、グエン朝最後の皇帝バオダイ帝の宮中官房長官の要職にあったファム・カク・ホエ氏は、ホーチミンとの初めての出会いについて、その著書『ベトナムのラスト・エンペラー』のなかで次のように書いている。

「ホー主席の執務室に足を踏み入れると、私の胸は高鳴った。一人の背の高い痩せた老人が立ち上がって、笑いながら私と握手した。その額は広く、目は輝き、細長い顎鬚を貯え、カーキ色のハイネックの上着を着ていた。（中略）

ホー主席は目の前の椅子からすくっと立ち上がり、冷静ではっきりした口調で、私の家族や両親、妻子のこと、フエの情景やフエの人々のことなどを尋ねた。翁の質問に対して私は全て手短に答え、敢えて何か言い足そうとはしなかった。そして、（ホーチミンは大変多忙なので、長居をしてはだめだという）ザム君の忠告を思い出し、立ち上がって暇を乞おうとした。しかし、主席は両腕を私の両肩に置いて座り直らせ、今少し話をするように勧めた。そして、微笑みながら尋ねた。

『あなたはどこかに勤め先を持っていらっしゃいますか』
私がまごついて、返事ができないでいるのを見ると、ホー主席は言葉を続けた。
『きっと法律や行政について、非常にお詳しいのでしょう』（中略）
それから部屋の出口まで私を見送り、握手しながら優しい口調で言った。
『国事を共にする中で、今後久しくお目にかかれることを、期待していますよ』」

次に会ったとき、ホーチミンは会談を終え退席しようとするホエ氏を呼び止め、「先ほど、シーズン始めのオレンジを貰ったところです。幾つか子供さんのために持ち帰って下さい」といって、その手にオレンジを二つ握らせる。相対するグエン朝の高官をたった一度の出会いで、何としてもホーおじさんの下で一緒に働きたいと心底思わせてしまう、ホーチミンという人の謙虚で暖かい人柄やその魅力が、よくわかるエピソードである。

バーディン広場の前には、周囲を威圧するような、あたかもギリシャのパルテノン大神殿を想起させるコンクリートの建物がそびえ立っている。それが「ホーチミン廟」である。そのなかには、ホーチミンの遺体が完全な防腐を施されて、ガラスケースに入れられて安置されている。見学は可能だが、私はあえて廟内に入る気がしなかった。自分の死後、その神格化を強く否定したというホーチミン。彼の意志はその後継者たちによって完全に踏みにじられ、今も昔のままの肉体をもった「神」として、多くの参詣者に崇拝の対象となっている。そんな無残な彼の姿を、私は絶対に見たくはなかったのだ。

　バーディン広場を挟んでホーチミン廟の反対側には、国会議事堂が立っている。こちらは拍子抜けするほどいかにも質素な建物であるが、「ホーチミン廟との関係で、それより立派な建物にするわけにはいかなかった」のだという。というよりも、むしろ経済的には開放政策の進むベトナムではあるが、政治的には共産党の一党独裁という旧態然とした体制が維持されている。形式だけの国会議事堂をそんなに大きな建物にする必要性はもともとなかったのではないかというのが、もちろん私の独断的な見方である。

　ホーチミン廟の入り口にはカーキ色の制服を着て、銃剣を手にした衛視が二人ポツンと立っていた。その前の広場を、無数の自転車が通りすぎていく。

　ホーチミン廟の裏手には黄色い外観の立派な洋館

ホーチミン廟

が立っていて、現在は迎賓館として使われている。その広大な敷地の一角に高床式の小さな木造家屋があり、それがホーチミンが生前に住んでいた家である。ここも有料だが、外観を見学できる。質素で、必要最低限の家具や生活用品しか揃っていない家。そこにも、ホーチミンという人の人柄を垣間見ることができる。

ホーチミン廟の裏手には有名な「一柱寺」もあって、ここも観光名所となっている。一柱寺は一一世紀のリ朝時代に建てられた古刹であるが、驚くほど小さな寺院だ。蓮池のなかに一本の柱を立てて、その上にお堂が建てられている。つまり、一本の柱でお堂のすべてを支えているので「一柱寺」と呼ばれているわけである。お堂そのものは木造瓦葺きであるが、それを支える柱はコンクリート製で、後世に建て替えられたものであるとわかる。寺は蓮の花の咲く池のなかにあるが、遠くから見るとお堂そのも

一柱寺

のもまた蓮の花の格好をしていることがよくわかる。堂内には金ピカの観音菩薩像が安置されており、今でもハノイ市民の信仰の対象になっているようである。狭い堂内は花やお供え物で埋め尽くされており、線香の煙がいつも途絶えることなく漂っているのである。わざわざここに見学に来た人は〝なぁんだ〟と思うだろうが、ハノイで王朝時代の面影が多少なりとも残っている所はこの一柱寺以外にはほとんどない。

今回の訪問においてハノイで私がしたことは、終日旧市街を歩き回って、疲れたら旧市街のカフェやホアンキエム湖の湖畔で休憩しただけである。ハノイに滞在した観光客がほぼ確実に足を延ばすハロン湾へは、もちろん日程的にきつかったこともあるが行かなかった。ハロン湾はベトナム有数の景勝地といわれ世界遺産にも登録されているが、私にはあま

旧市街のカフェは若者のたまり場

り興味がわかなかったのである。失礼だが、ハロン湾は海面から大小さまざまな奇岩がそびえ立つベトナム版の松島のような所であり、私は何故か、こうした風景にあんまり感銘を覚えることがない。松島でも、遊覧船に乗ってほんの五分で飽きてしまった。

今度ハノイに行ってちゃんとたどり着く自信はあまりないが、旧市街で一番好きな所は、これも記憶が不確かだがハンムン通りである。旧市街にはハンボー通り、ハンガン通り、ハンガイ通りなど似たような名前の通りが実にたくさんあるので、果たしてハンムン通りだったのか、それに似た名前の通りだったのか、うかつにもその場でメモをとらなかったため今となっては判然としないのである。とにかく、間違っているかもしれないが、そのハンムン通りにはカフェがたくさん集まっていて、バイクで乗りつけた若者の溜まり場になっていた。

私はそのなかの一軒に入ったのだが、それ自体古い遺跡のような三階建ての西洋建築がそのままカフェとして使われていて、私はその最上階の三階の窓際の席に座り、眼下の街と行き交う人々を眺めながら一杯のブラック・コーヒーで一時間半も粘った。窓には窓枠も窓ガラスもなくて、風が入って少し寒いほどだが、店内は若者やカップルでいっぱいで、話し声とタバコの煙が充満している。テーブルも椅子もガタガタ、床にはタバコの吸い殻や食べこぼし、丸められて捨てられたごわついた口拭き用のトイレットペーパーに近い感触のティシュなどが散乱し、お世辞にもきれいな所ではないのだが、何故かとても懐かしなのだ。


い光景だった。ウン十年前の、私の学生時代の、いかにも学生街の喫茶店といった雰囲気なのだ。

旅の初めにホーチミンでも街歩きに疲れるとよくカフェに入ったが、ここはホーチミンのカフェとはまったく違っていた。

一年二年行かないと街の表情がまったく異なってしまうほど猛烈なスピードで成長し続け、変わり続けるホーチミンという街のカフェは、その大半が今ではそこに集う人々を含め、日本の街の喫茶店とそう違わない表情になってしまっている。しかしながら、ハノイのカフェは表通りの完全な観光客向けのものは別として、貧しさと猥雑さ、ギラギラした若者の向上心と、反面、未来のまったく見えない屈折した思いとに、まさに満ち溢れていた。つまり、今の私にはないものがそこにはあった。

コーヒーを飲みながら観察していると、若者たちはタバコを箱ではなく二本三本とバラで買って吸っている。機関銃のように喋り続けている奴もいれば、うつろな目をして、黙ってタバコを吸い続けている奴もいる。昼間でもこの賑わいだから、夜はきっともっとすごいことになるのだろう。男女のナンパの、恰好のメッカになっているのかもしれない。

大学受験に失敗し、親には予備校に行くといって家を出て、新宿の「ピットイン」（ジャズ喫茶、今でもある）や「風月堂」（外見は普通の喫茶店だが、長時間そこで過ごす若者の溜まり場になっていた。今はない）あたりでとぐろを巻く毎日。ヘルメットをかぶって竹竿やゲバ棒を担いだデモがどんなに吹き荒れても、それに一緒に加われないもどかしさ。主義主張とはまったく関係なく、女を抱きたいという衝動。それらをすべて押し殺してひたすらタバコを吸い、苦くて不味いコーヒーを飲む。遥か忘却の彼方へ飛び去った遠い私の過去が、幻のように脳裏に浮かび上がってはまた消えた……。

歴史紀行と銘打ちながら、とんだ感傷旅行だなと苦笑いしつつ、そろそろこの旅行記にピリオドを打つことにしよう。

フランスの植民地になってから後のベトナムの歴史については、本書では意図的にほとんど触れなかった。そうした歴史を知りたければほかにいくらでも良書があるからである。もちろん、ベトナム王朝時代やチャンパの歴史をより詳しく知りたいという人には、こちらも今では多くの研究と著作があるので、そうしたものをさらに読み進んでいっていただきたい。短い本一冊分の旅をともにして下さった読者に心から感謝しつつ、この旅行記を閉じる。

さぁ、今度はどこへ行こう。

あとがきのあとがき

一九九九年の四月に新評論から『アンコールへの長い道』という本を出して、その後一番気になっていたのは、第二章「『宿敵』としてのチャンパ」の、きわめて不十分な内容であった。同書で書いたベトナムへの旅は、地元旅行社の不適切な対応と台風の直撃とによって散々なものとなってしまい、十分な取材ができなかったためである。私はその章の最後に、「目的だったチャンパの遺跡をきちんと見るためにも、ベトナムにはいずれもう一度行かねばならない」と書いた。つまり、そうした思いを果たすための、主に二〇〇〇年から二〇〇一年にかけての、私のベトナムへの貧しい旅の記録をまとめたのが本書である。もちろん、前著の続編ではなく、まったく独立した読み物となっている。

旅行書の世界ではベトナム紀行は人気の高い、いわば定番商品の一つで、実にさまざまな本が書店の店頭に並んでいる。私もその多くを購入したり図書館で借りたりして読んだが、いろいろ教えられることの多かったすぐれた著作から、読むのは時間の無駄というひどいものまで実に玉石混交だった。そうした多くの類書の並ぶなかに、この本を送り出すのである。何をどう書くかいろいろ悩んだが、やはり自分が興味をもったことを自分なりの視点で書くしかないという、しごく当たり前の結論に落ち着いた。どうか本書を手に取って下さり、なおかつ購入して下さった方にとって、この本が「読むのは時間の無駄」の本に分類される一冊だけにはならないことを心から願っている。

私も五〇の大台を目前にし、とにかく体力・気力の低下をつくづく自覚するこのごろである。私の周辺でも急にバタバタと病人が増え、そのなかの何人かはすでにこの世を去った。四〇代、五〇代で死んでしまうのはいくらなんでも早すぎると思うが、そういう年齢になったのだなぁという実感はある。

私としてもどこまでこのまま走り続けられるかはわからないが、たとえ体内に時限爆弾を抱えたままであれ、とにかく行ける所までは行ってやろうと考えている。ということで、次はタイやラオス、ビルマなど上座部仏教の国々への旅を、もう一つのライフ・ワーク（？）である中米への旅とともに再開します。もし近い将来、それらの旅の記録を一冊の本にまとめることができ、読者の皆さんと紙上で再会することができるのならばこんなに嬉しいことはない。ではまた、いずれ後日。

本書の執筆に際しては多くの本を読み、その一部を引用させていただいたり、参考にさせていただいたりした。最後に、参考文献一覧で挙げたそれらの著書の著者・訳者の皆さんに対しても感謝の言葉を捧げたい。また、本書を『アンコールへの長い道』『マヤ終焉

——メソアメリカを歩く』に続き、立派な本として世の中に送り出して下さった株式会社新評論の武市一幸さん、そして旅行の手配を引き受けて下さった西遊旅行とＪＨＣアンコールツアーのみなさんにも心からの感謝の言葉を贈ります。

拙著を読んでお手紙やメールを下さった読者の皆さん、皆さんの暖かい励ましがもしなかったならば、本書を書き続ける気力も私にはわいてこなかったでしょう。本当に、ありがとう。そして、引き続き本書を読まれてのご意見、ご感想、あるいは誤りの指摘などを、是非、出版社経由か、あるいは私宛にメールでお寄せ下さい。

二〇〇一年八月三日　Ｃｏｃｃｏの『焼け野が原』を聴きながら

土方美雄

主な参考文献一覧

・チャン・キィ・フォン、重枝豊『チャンパ遺跡』連合出版、一九九七年
・桃木至朗、樋口英夫、重枝豊『チャンパ　歴史・末裔・建築』めこん、一九九九年
・チャンパ王国の遺跡と文化展実行委員会「チャンパ王国の遺跡と文化」トヨタ財団、一九九四年
・ベトナム社会科学院編／石澤良昭訳『チャム彫刻』連合出版、一九八八年
・樋口英夫『風景のない国・チャンパ』平河出版、一九九五年
・チャンヴェトキーン／本多守訳『ヴェトナム少数民族の神話　チャム族の口承文芸』明石書店、二〇〇〇年
・ジョルジュ・セデス／山本智教訳『東南アジア文化史』大蔵出版、一九八九年
・千原大五郎『東南アジアのヒンドゥー・仏教建築』鹿島出版会、一九八五年
・J・ボワスリエ／石澤良昭他訳『アジア美の様式（下）』連合出版、一九九四年
・レジナルド・ル・メイ／駒井洋監訳『東南アジアの仏教美術』、明石書店、一九九九年
・レン・タン・コイ／石澤良昭訳『東南アジア史』白水社、一九七〇年
・石井米雄、桜井由躬雄編『東南アジア史1　大陸部』山川出版、一九九九年
・桜井由躬雄、石澤良昭『東南アジア現代史3　ヴェトナム・カンボジア・ラオス』山川出版、一

九九五年
・石澤良昭、生田滋『世界の歴史13　東南アジアの伝統と発展』中央公論社、一九九八年
・小倉貞男『物語ヴェトナムの歴史』中央公論社、一九九七年
・坪井善明『ヴェトナム「豊かさ」の夜明け』岩波書店、一九九四年
・ファム・カク・ホエ／白石昌也訳『ベトナムのラスト・エンペラー』平凡社、一九九五年
・桜井由躬雄編『もっと知りたいベトナム』弘文堂、一九九五年
・坪井善明編『アジア読本／ヴェトナム』河出書房新社、一九九五年
・桜井由躬雄『ハノイの憂鬱』めこん、一九八九年
・大橋久利、トロン・メアリー『ヴェトナムの中のカンボジア民族』古今書院、一九九九年
・ハ・ヴァン・タン編著『ベトナムの考古文化』六興出版、一九九一年
・NHK取材班他『NHK美の回廊を行く／東南アジア至宝の旅3』NHK出版、一九九一年
・坂井隆『「伊万里」からアジアが見える――海の陶磁路と日本』講談社、一九九八年
・古田元夫他編『日本・ベトナム関係を学ぶ人のために』世界思想社、二〇〇〇年
・石井米雄他監修『東南アジアを知る事典』平凡社、一九八六年
・石井米雄監修『ベトナムの事典』同朋舎、一九九九年
・『地球の歩き方／ベトナム』ダイヤモンド社
・『個人旅行／ベトナム』昭文社

・下川裕治他『ベトナム縦断鉄道途中下車の旅』双葉社、一九九九年

（本書で直接触れなかったベトナム近現代史関係の書籍やベトナム文学、また、さまざまな方がお書きになったベトナム旅行記については、多数読みましたが掲載いたしません。また、カンボジア関係の書籍については、『アンコールへの長い道』の参考文献一覧を参照下さい。ここでは、同書には未掲載の以下の書籍のみ挙げておきます。）

・石澤良昭他『アンコール・ワットへの道』ＪＴＢ、二〇〇〇年
・中尾芳治編『アンコール遺跡の考古学』連合出版、二〇〇〇年
・盛合禧夫編『アンコール遺跡の地質学』連合出版、二〇〇〇年
・片桐正夫編『アンコール遺跡の建築学』連合出版、二〇〇一年
・坪井善明編『アンコール遺跡と社会文化発展』連合出版、二〇〇一年

著者紹介

土方　美雄（ひじかた・よしお）

1951年、神奈川県生まれ。

漫画原作者、フリーライター等を経て、現在は主に業界紙の編集に従事しつつ、年に数回、東南アジアや中米への旅に出掛ける日々。古代アメリカ研究会会員。

主な著書に、『靖国神社』（社会評論社、1985年）、『京セラ　その光と影』（れんが書房新社、1988年）、『検証国家儀礼』（戸村政博・野毛一起との共著／作品社、1990年）、『君はオリンピックを見たか』（共著／社会評論社、1998年）、『アンコールへの長い道』（新評論、1999年）、『マヤ終焉』（新評論、1999年）、『写真でわかる謎への旅／メキシコ』（辻丸純一との共著／雷鳥社、2001年）など。

Eメールアドレス　hijikata@kt.rim.or.jp

北のベトナム、南のチャンパ
――ベトナム・遠い過去への旅――

（検印廃止）

2001年9月25日　初版第1刷発行

著者　土方美雄
発行者　武市一幸

発行所　株式会社　新評論

〒169-0051
東京都新宿区西早稲田3-16-28
http://www.shinhyoron.co.jp

電話　03(3202)7391
FAX　03(3202)5832
振替・00160-1-113487

落丁・乱丁はお取り替えします
定価はカバーに表示してあります

印刷　フォレスト
製本　協栄製本
装丁　山田英春

Printed in Japan
ISBN4-7948-0535-7 C0022